THE MODERN GAELIC-ENGLISH DICTIONARY

(AM FACLAIR UR GAIDHLIG-BEURLA)

Robert C. Owen

GAIRM: Leabhar 108

THE MODERN GAELIC-ENGLISH DICTIONARY

Specially recommended for learners, containing pronunciation, irregular verb tables, grammatical information, examples of idiomatic usage

by

ROBERT C. OWEN

AM FACLAIR UR GAIDHLIG-BEURLA

le

RAIBEART C. MACEOGHAINN

GAIRM

Foillsichte 1993 le
GAIRM, 29 Sràid Bhatairliù,
Glaschu G2 6BZ, Alba

Published 1993 by
GAIRM PUBLICATIONS,
29 Waterloo St., Glasgow G2 6BZ

Typeset by EMS Phototypesetting, Berwick on Tweed
Printed by Martin's The Printers Ltd, Berwick on Tweed

ISBN 1 871901 29 4

ROI-RADH/FOREWORD

This dictionary appears at a very opportune moment. Not only is the Gaelic language at this time as progressive as any other modern European language but interest in this beautiful and subtle tongue is now world-wide. Apart from regular broadcasts in Gaelic on television and radio there are Gaelic courses in contemporary subjects, a bilingual policy in education, Gaelic-medium schools in some places, Gaelic nursery schools and some text-books on technical subjects.

There has been an enormous and steady increase in the number of students of the language and a number of new and attractive courses have become available. It is to satisfy the needs of these students that this Modern Dictionary has been compiled, and apart from the inclusion of many modern words and phrases the following information has been included:

> The pronunciation of every word
> The gender, genitive and plural forms of nouns
> All irregular comparison of adjectives
> The verbal noun of every verb
> Indications where aspiration or the genitive case is required
> An appendix containing the Gaelic verbs, regular and irregular forms, with meanings and examples
> An index of Gaelic names of persons and places.

It is suggested therefore that this Modern Dictionary is used in conjunction with the most comprehensive modern English-Gaelic dictionary, Professor Derick Thomson's *New English-Gaelic Dictionary*, since all essential grammatical information is provided about words found in Professor Thomson's work.

I received much help and encouragement with this work. It is the culmination of eight years' study of the Gaelic language. I am very grateful to Mr John Angus MacLeod of Tarbert, Isle of Harris, for constant help and advice and the gift of books during all this time. I also owe a great debt of thanks for valuable help and advice to Chrissie MacLeod of Balallan, Isle of Lewis, Mary Anne MacDonald of BBC Highland, Angus Patrick Campbell of Grampian Television, Christine Primrose of Sabhal Mòr Ostaig, Janet MacPhail of Lewis Castle College, Donald John Maciver of the Nicolson Institute, Catriona Dunn and Ann MacSween of the

Western Isles Council. Most of all I owe a debt of gratitude to Professor Derick Thomson who enthusiastically accepted my project after seeing my original rough notes. Without his encouragement and the use of his new dictionary this work would not have been possible.

Thanks are also due to Gairm Publications for editorial work on this edition.

Talysarn, Wales   Robert C. Owen

Gairm Publications regret some considerable delay in publishing this work.

CLAR-AMAIS/INDEX

GIORRACHAIDHEAN/ABBREVIATIONS

a — adjective
adv — adverb
art — article
asp — aspiration
conj — conjunction
def — defective, definite
demon — demonstrative
f — feminine
gen — genitive
interr — interrogative
ir — irregular
leg — legal
m — masculine
n — noun
part — particle
pl — plural
poss — possessive
prep — preposition
pron — pronoun
v — verb

PRONUNCIATION

Nearly all Gaelic words are accentuated on the first syllable. The vowel sounds in unaccentuated syllables tend to be obscure as in English. In the name Barbara, for example, only the first **a** has the clear 'a' sound. In the imitated pronunciation used in the dictionary the vowel 'a' has been used to express the obscure sound occurring in unaccentuated syllables. Thus the imitated pronunciation of the English word 'comma' would be given as 'koma'.

Other features of sounds and spelling familiar to English-speakers have been used in the imitated pronunciation in order to make Gaelic pronunciation as easy as possible, short of using phonetic symbols. Thus the rather formidable-looking Gaelic expression **a dh' ionnsaigh** (towards) has its pronunciation given simply as 'a yoonssee'.

IMITATED PRONUNCIATION

a   =   a in cat in first syllable
       =   a in soda in other syllables

e   =   e in pet

i   =   i in pit

o   =   o in cot

oo   =   oo in foot (Gaelic **u**)

ah   =   a in calm (Gaelic **à**)

eh   =   e in eight (Gaelic **è**)

oh   =   o in comb (Gaelic **ò**)

oo	=	oo in loom (Gaelic **ù**)
ow	=	ow in cow
ahee	=	i in sigh
ao	=	French oeu in soeur
u	=	u in ugh
y	=	y in yet
kh	=	ch in loch
gh	=	is a voiced guttural pronounced deep in the throat as 'gamma' in Modern Greek

In common with all languages various dialects are to be heard in Gaelic. In some instances two alternative pronunciations are given to indicate some standard variations e.g. bohrt and bohrst (table) illustrate the intrusive **s** that is common in several island dialects.

A

a (*asp*) *part* used to address people directly or in correspondence **a Mhàiri!**, Mary! **a dhaoin' uaisle!**, gentlemen! **a dhuin' uasail**, dear Sir **a charaid**, dear friend, dear Sir.

a (*asp*) *poss pron* his, its (*elided before vowels*) **a chù**, his dog **'each**, his horse.

a *poss pron* her **a cù**, her dog **a h-each**, her horse.

a *rel pron* who, that **'s e a' chaileag a tha a' seinn**, it is the girl who is singing.

a' *def art before fem nouns in the nom case and in oblique cases generally* **a' chearc**, the hen **ceann a' bhalaich**, the boy's head **air a' bhòrd**, on the table.

a' *short for* **ag** *used before verbal nouns beginning with a consonant* **tha mi a' bualadh**, I am striking.

à, às (ah, ahss) *prep* out (of), from **à Glaschu**, from Glasgow **às an sgoil**, out of school **uisge ann no às**, rain or not.

a-bhos *adv* (a voss) this side **thall 's abhos**, here and there, hither and thither.

a-chum *conj* (akhoom) for the purpose of, in order to **a-chum an obair a dhèanamh**, in order to do the work.

a-ghnàth *adv* (aghnah) continually, habitually.

a-mach *adv* (amakh), out (motion) **rach a-mach**, go out **o seo a-mach**, henceforward, from now on **a-mach air**, apart from.

a-màireach *adv* (amahrakh) tomorrow.

a-mhàin *adv* (avaheen), only **chan e amhàin na fir ach na boireannaich cuideachd**, not only the men but the women also.

a-muigh *adv* (amooi), outside, out (*place*) **tha e a-muigh air a' mhòintich**, he is out on the moor.

a-nall *adv* (anowl), to the other side, across.

a-nìos *adv* (aneeass), up, upwards (*from below*) **tha e a' tighinn a-nìos**, he is coming up.

a-nis *adv* (anish), now.

a-nochd *adv* (anokhk), tonight.

a-nuas *adv* (anooass), down, downwards (*from above*) **tha e a' tighinn a-nuas**, he is coming down.

a-null *adv* (anool), to this side **a-null 's a-nall**, this way and that, hither and thither.

a-raoir *adv* (a raoir), last night.

a-rèir (*gen*) *prep* (a rehr), according to.

a-riamh *adv* (a reeav), ever, never **bha e riamh mar sin**, he was ever thus **chan fhaca mi riamh e**, I never saw him.

a-rithist *adv* (areeshch), again.

a-staigh *prep* (astahee), in (*at rest*).

a-steach *prep* (astyakh), in (*motion*) **thig a-steach**, come in **thàinig e a-steach air**, it occurred to him **chaidh e a-steach don taigh**, he went into the house.

a-thaobh (*gen*) *prep* (a-haov), regarding, as regards, concerning.

ab *n* (ap) -a, -achan, abbot.

abaich *v* (apeekh) -achadh, ripen.

abaich *a* ripe.

abaid *n* (apech) -e, -ean *f*, abbey.

abair (**ri**) *v irr* (aper), say, tell. *See App. verb* **abair abair casiteal!** what a castle! **abair gun robh i toilichte!** how pleased she was!.

àbhachd *n* (ahvakhk) *f* humour.

àbhachdach *a* (ahvakhkakh), humorous.

abhag *n* (avak) -aig -an *m* terrier.

abhainn *n* (aveen) aibhne (aheena) aibhnichean (aheenikhan) *f* river.

àbhaist *n* (ahvishch) -e -ean *f* custom, habit. **mar as àbhaist**, as usual.

àbhaisteach *a* (ahvishchakh), customary, normal.

abharsaic *n* (avarssekhk) -ean *f* haversack.

abhcaid *n* (afkech) -e -ean *f* joke.

abhcaideach *a* (afkajakh), humorous, jocular.

abhlan *n* (avlan) -ain *m* wafer.

ablach *n* (aplakh) -aich *m* carrion.

abstol *n* (apstol) -oil -an *m* apostle.

aca *prep pron* (aka/akhka) at them.

Acadamh *n* (akatav) -aimh -an *f* National Academy.

acair *n* (aker/akhker) acrach acraichean *f* anchor.

acaire *n* (akara/akhkara) -ean *f* acre.

acarsaid *n* (akarssech/akhkarssech) *f* anchorage.

acainn *n* (akeen/akhkeen) *f* tools, equipment.

acfhuinn *n* (akeen/akhkeen) -e -ean *f* ointment.

ach *conj* (akh), but. **Chan eil e ach òg**, he is only young; **ach a-mhàin**, except.

achadh *n* (akhagh) -aidh -aidhean *m* field.

achd *n* (akhk) -an *f* act (legal).

achlais *n* (akhlish) -aise -ean *f* armpit. **le leabhar fo achlais**, with a book under his arm.

achlasan *n* (akhlassan) -ain *m* armful.

achmhasan *n* (akhvassan) -ain *m* rebuke. **thoir achmhasan do** *v* rebuke.

acrach *a* (akhkrakh) hungry.

acras *n* (akrass/akhkrass) -ais *m* hunger. **tha an t-acras orm**, I am hungry.

actair *n* (akter) -ean *m* actor.

ad *n* (at) aide adaichean *f* hat.

adag *n* (atak) -aige -an *f* haddock; shock of corn.

adha *n* (aogha) *m* liver. **adha 's àirne** (ahrna) offal.

adhaltraiche *n* (aoltrikha) -ean *m* adulterer.

adhaltranas *n* (aoltranass) -ais *m* adultery.

adhar *n* (a-ar) -air *m* sky. **Adhar Luingeas Bhreatainn**, British Airways.

adharc *n* (aoark) -airce -an *f* horn.

adharcach *a* (aoarkakh) horned.

adharcan-luachrach *n* (aoarkan looakhrakh) -ain *m* lapwing.

adhart *n* (aoart/aoarst) -airt *m* progress. **air adhart**, forward; **tighinn air adhart**, coming on.

adhartas *n* (aoartass) -ais *m* progress, improvement.

adhartach *a* (aoartakh), progressive, advanced.

adhbhar *n* (aovar) -air -an *m* reason, cause, issue; material **air an adhbhar seo**, for this reason.

adhbharach a (aovarakh) causal.

adhbrann *n* (aopran) -ainne -an *f* ankle.

adhlaic *v* (aolek) -acadh, bury.

adhnadh *n* (aonagh) -aidh *m* ignition (*car*).

adhradh *n* (aoragh) -aidh *m* worship. **dèan adhradh** *v* worship.

aer-ghath *n* (ehr gha) -a -an *m* aerial.

ag *part* (ak) *used before verbal nouns beginning with a vowel.* **tha e ag èirigh**, he is getting up.

agad *prep pron* (akat) at you.

agaibh *prep pron* (akiv) at you (*plural or respectful singular*).

againn *prep pron* (akin) at us.

agair (air) *v* (aker) **agairt** claim.

agallaich *v* (akalikh) -achadh interview.

agallamh *n* (akalav) -aimh -an *m* interview.

agam *prep pron* (akam) at me.

agh *n* (aogh) aighean (aheean) *m* heifer.

àgh *n* (ahgh) àigh (ahee) *m* happiness, fortune.

aghaidh *n* (aoghee) -e -ean *f* face, facing, façade. **Air aghaidh**, forward; **an aghaidh** (*gen*) against; **chuir iad an aghaidh air Glaschu**, they made for Glasgow; **chuir iad an aghaidh oirnn**, they opposed us; **'nam aghaidh**, against me **nar n-aghaidh**, against us **nad aghaidh**, against you **nur n-aghaidh**, against you **'na aghaidh**, against him **'nan aghaidh**, against them **'na h-aghaidh**, against her.

aghann n (aoan) aighne (aheena) aighnean *f* pan, frying pan.

àghmhor *a* (aghvar), happy.

agus *conj* (agas/ughas) and.

àibheis *n* (ahvish) -e -ean *f* abyss.

àibheiseachadh *n* (ahvishakhagh) -aidh *m* hyperbole.

àibhseach *a* (ahvshakh/evshakh) vast.

aibidil *n* (apijil) -e *f* alphabet.

aice *prep pron* (eka/ekhka), at her.

àicheidh *v* (aheekhee) àicheadh, deny, disown, recant.

aidich *v* (ajikh) -eachadh admit, confess, acknowledge.

aidmheil *n* (ajvel) -e -ean *f* confession.

aifreann *n* (afran) -inn *m* mass (*rel.*).

aig *prep* (ek), at. **an leabhar aig Seumas**, James' book; **an taigh agam**, my house; **a' chroit againn**, our croft; **tha cù agam**, I have a dog; **tha Gàidhlig aige**, he speaks Gaelic; **tha nota agam air**, he owes me a pound (£1).

aige *prep pron* (eka), at him.

àigeach *n* (aheekyakh) -ich *m* stallion.

aighear *n* (aheeyar) -ir *m* merriment, joy, delight.

aighearach *a* (aheeyarakh) merry, joyful, cheerful.

aighneas *n* (aheenass) -is -an *m* dispute.

aigne *n* (eknya/aknya) *f* disposition, character.

aigneach *a* (eknyakh/aknyakh) spirited, lively.

ailbhean *n* (alavan) -ein -an *m* elephant.

ailbhinn *n* (alavin) -e *f* flint.

ailbhinneach *a* (alavinyakh), flinty.

ailbineachd *n* (albinakhk) *f* albinism.

àile *n* (ahla) *m* air, atmosphere. **Leig an t-àile gu** *v* air.

aileag *n* (alak) -eige -an *f* hiccup.

àilean *n* (ahlan) -ein *m* meadow.

àille *n* (ahla) *f* beauty.

àilleasach *a* (ahlassakh), fastidious.

àillidh *a* (ahlyee), lovely.

aillse *n* (alsha) *f* cancer.

ailtire *n* (alchira) -ean *m* architect.

ailtireachd *n* (alchirakhk) *f* architecture.

aimhleas *n* (aheelass/evlass) -eis *m* mischief.

aimhleasach *a* (aheelassakh) mischievous.

aimhreit *n* (aheerech) -e -ean *f* disturbance, quarrel, unrest, discord.

aimsir *n* (amishir) -e -ean *f* season, time.

aimsireil *a* (amishirel) temporal.

aindeòin *n* (aynyohn) *f* reluctance. **a dh'aindeoin** (*gen*) (a ghaynyohn), in spite of; **a dheòin** (a yohn) **no dh'aindeoin**, willy-nilly.

aindeonach *a* (aynyonakh), reluctant.

aindiadhaidh *a* (aynjeeaee), impious, ungodly.

aindlighe *n* (ayndleea) *f* injustice.

aineolach *a* (aynyolakh), ignorant.

aineolas *n* (aynyolass) -ais *m* ignorance.

ainfhios *n* (ayniss) -a *m* ignorance.

aingeal *n* (ayngal) -il ainglean *m* angel.

aingidh *a* (ayngee), wicked.

aingidheachd *n* (ayngeeakhk) *f* wickedness.

ainm *n* (anam/enam) -ean *m* name, signature, fame.

ainm-chlàr *n* (-khlahr) -air, -an *m* catalogue.

ainmear *n* (anamar) -an *m* noun.

ainmeil *a* (anamel) famous.

ainmich *v* (anamikh) -eachadh name, nominate.

ainmh-chruthach *a* (anavkhrooakh) zoomorphic.

ainmh-eòlach *a* (-yohlakh) zoological.

ainmh-eòlaiche *n* (-yohlikha) -ean *m* zoologist.

ainmh-eòlas *n* (-yohlass) -ais *m* zoology.

ainmhidh *n* (anavee) -e -ean *m* animal.

ainmig *a* (anamik) rare.

ainneamh *a* (aynav) scarce.

ainneart *n* (aynyarst) -eirt *m* violence.

ainneartach *a* (aynarstakh), violent.

ainniseach *a* (aynishakh) -iche needy.

aintighearna *n* (ayncheerna) -an *m* tyrant.

aintighearnail *a* (ayncheernel), tyrannical.

aintighearnas *n* (ayncheernas) -ais *m* tyranny.

air *prep* (ayr/er), on. **air neo** (nyo) otherwise, or else; **còig òirlich air deich**, five inches by ten; **còig mìle an ear air Inbhir Nis**, five miles east of Inverness; **seall a-mach air an uinneig**, look out of the window; **cheannaich mi seo air fichead sgillinn**, I bought this for twenty pence; **tha ceann mòr agus falt donn air Seumas**, James has a big head and brown hair; **tha còta dearg oirre**, she is wearing a red coat; **dè an t-ainm a tha ort?** what is your name?; **dè a' Ghàidhlig a tha air ---?**, what is the Gaelic for ---?

air-leatheachas *n* (-lehakhass) -ais *m* individuality.

àirc *n* (ahrak) -e -ean *f* ark.

3

airchealladh *n* (erkhalagh) -aidh -aidhean *m* sacrilege.

àirde *n* (ahrja) *f* height, highness, eminence, climax. **sia troighean a dh' àirde**, six feet high; **an àirde**, up; **rinn e an àirde inntinn**, he made up his mind..

aire *n* (ara) *f* attention. **thoir an aire do**, pay attention to, notice, observe; **thoir an aire!** take care!.

aireachail *a* (arakhel), attentive, watchful.

àireamh *n* (ahrav) -eimhe -an *f* number.

àireamh-oileanaichte *a* (-olanikhcha), numerate.

àireamhach *a* (ahravakh), numeral.

àireamhachadh *n* (ahravakhagh) -aidh *m* numeration.

àireamhail *a* (ahravel), numerical.

àireamhair *n* (ahraver) -ean *m* calculator.

airgead *n* (aragat) -id *m* money, silver.

airgead-beò *n* (-byoh) *m* quicksilver.

airgead-seilbh/tasgaidh *n* (shelav / taskee) *m* investment.

airgead-urrais *n* (oorish) *m* insurance. **airgead urrais beatha**, life insurance; **airgead urrais càir**, car insurance.

airgeadach *a* (aragatakh/eragijakh) moneyed, well-off.

airgeadaichte *a* (aragatikhcha), silver-plated.

airgeadas *n* (aragatass) -ais *m* finance.

airidh (air) *a* (aree), worthy (of), deserving.

àirigh *n* (ahree) -e -ean *f* shieling, summer pasture.

airm *n* (urum) *m pl* arms.

àirmheachail *a* (ahravakhel), quantitative.

àirne *n* (ahrna) -ean *f* sloe.

àirneach *a* (ahrnyakh), renal.

àirneis *n* (ahrnish) *f* furniture. **ball àirneis**, a piece of furniture.

airson (*gen*) *prep* (ersson), for. **air mo shon**, for me; **bha e airson stiùireadh**, he wanted to drive.

ais (**ash**) **air ais** *prep*, back. **thàinig e air ais**, he came back.

ais-amharc *n* (ashavark) -airc *m* retrospection.

aisde *prep pron* (ashcha), out of her.

aiseag *n* (ashak) -eige -an *f* ferry.

aiseal *n* (ashal) -eile -an *f* axle.

aisean *n* (ashan) -eine -an *f* rib.

aiseirigh *n* (asheree) -e -ean *f* resurrection.

aisig *v* (ashik) -eadh ferry.

ais-ìoc *n* (asheekhk) -an *m* refund, repayment.

aisling *n* (ashling) -e -ean *f* dream.

aislingiche *n* (ashlingikha) -ean *m* dreamer.

aiste *n* (ashcha) -ean *f* essay.

ais-tharraing *n* (ash-haring) -e -ean *f* withdrawal, abstract.

ais-thilleadh *n* (ash-hilagh) -eaidh -eaidhean *m* return (*comm*). **ais-thilleadh cìse**, tax return.

ait *a* (ach), joyful, cheerful.

àite *n* (ahcha) -an -achan *m* place. **an àite** (*gen*), instead of; **a bheil àite ann dhòmhsa?** is there room for me?.

àiteachail *a* (ahchakhel), agricultural.

àiteachas *n* (ahchakhass) -ais *m* tenure.

àiteachd *n* (ahchakhk) *f* agriculture.

aiteal *n* (achal) -eil -ean *m* glimpse.

aiteamh *n* (achav) -eimh *m* thaw. **dèan aiteamh** *v* thaw.

aiteann *n* (achan) -eainn *m* juniper.

àiteigin *adv* (ahchekin), somewhere.

aithdhìol *n* (ayeel) -a *m* discount.

aitheamh *n* (e-hav) -eimhe -an *f* fathom.

aithghearr *a* (aheekhar), brief, abrupt. **a dh'aithghearr** (a ghaheekhar), presently, shortly.

aithinne *n* (aheena) -ean *f* firebrand.

aithisg *n* (ahishk) -e -ean *f* report.

aithne *n* (anya) *f* knowledge. **an aithne dhut ainm a' bhaile seo? Chan aithne ach is aithne do Sheumas e**, do you know the name of this town? No but James knows it.

àithne *n* (aynya) **àitheanta** -an *f* commandment.

aithneachadh *n* (anyakhagh) -aidh *m* identification.

aithnich *v* (anyikh) -eachadh know, recognise.

aithreachail *a* (arakhal), repentant.

4

aithreachas (air) *n* (arakhass) -ais *m* repentance. **gabh aithreachas** *v* repent.

aithris *n* (arish) -e -ean *f* report.

aithris *v* (arish) aithris report, repeat.

àitich *v* (ahchikh) -eachadh cultivate, inhabit.

aitreabh *n* (atrav) -eibh *m* building.

àl *n* (ahl) àil *m* generation, brood.

àlainn *a* (ahleen), lovely, beautiful.

Albais *n* (alapish) -e *f* Scots (language).

Albanach *n* (alapanakh) -aich *m* Scot.

Albannach *a* (alapanakh) -aich Scottish.

allaban *n* (alapan) -ain *m* wandering. **fear-allabain**, wanderer.

alladh *n* (alagh) -aidh *m* fame.

allaidh *a* (alee), wild.

allail *a* (alel), famed, prominent.

allt *n* (owlt) uillt (oolch) *m* stream.

alltan *n* (altan) -ain -an *m* streamlet, brook.

alt *n* (alt) uilt (oolch) *m* joint.

altachadh *n* (altakhagh) -aidh *m* grace (*before meals*).

altaich *v* (altikh) -achadh, join.

altair *n* (alter) -ean *f* altar.

altrachas *n* (altrakhass) -ais *m* altruism.

altram *v* (altram) -achadh foster.

am *used for* **an** *before b, f, m, p. See* **an**..

àm n (owm) -a -annan *m* time. **aig àm a' chogaidh**, at the time of the war; **bho àm gu àm**, from time to time.

amadan *n* (amatan) -ain *m* fool, idiot.

amaideach *a* (amejakh), foolish.

amais *v* (amish) amas aim.

amalaich *v* (amalikh) -achadh amalgamate.

amalaichte *a* (amalikhcha), amalgamated.

amar *n* (amar) -air -an *m* channel, trough, tank. **amar-ionnlaid**, a bath.

amh *a* (av), raw.

amhach *n* (avakh) -aiche -aichean *f* neck.

àmhainn *n* (ahveen) -e -ean *f* oven.

amhairc *v* (averk) amharc look.

amharas *n* (avarass) -ais *m suspicion*. **cuir an amharas** *v* suspect.

amharasach *a* (avarassakh), suspicious, doubtful.

amharc *n* (avark) -airc *m* look, view. **dè tha agad san amharc?** what have you in view?.

amharc-lann *n* (-lown) -an *f* theatre.

amhasg *n* (avask) -aisg *m* mercenary (soldier); boor.

àmhghar *n* (ahvghar) -air -airean *m* tribulation, affliction, distress.

amhran *n* (awran/avran) *m* song.

an (un) *poss pron* their.

an (un) *rel* whom, which (*used after prepositions*). **dè an sgoil anns an robh thu?** (what the school in which were you) what school were you in?.

an (un) *def art* the.

an (un) *prep* in. **tha mi an dòchas** (am I in hope) I hope; **cuir an amharas**, (put in suspicion) v suspect.

an (un) *interr part*. **an cluinn thu?** do you hear?; **an e Seumas a tha tinn?** is it James who is sick?.

an-abaich *a* (an-apikh), unripe, abortive.

an-dè *adv* (unjeh), yesterday.

an-diugh *adv* (unjoo), today. **an là an-diugh**, nowadays.

an-dràsda adv (undrahsta), at present, now. **an dràsd 's a-rithist**, now and then.

an-earar *adv* (un erar), the day after tomorrow.

an-earbsa *adv* (an erapsa) *f* mistrust.

an-iochd *n* (an eeakhk) *f* inclemency.

an-iochdmhor *a* (aneeakhkfar), pitiless, inclement.

an-luchdaich *v* (anlookhkikh) -achadh overload.

an-tròcaireach *a* (antrokarakh) unmerciful.

an-uasal *a* (anooassal), ignoble.

an-uiridh *adv* (unooree), last year.

ana-cainnt *n* (anakaheench) -e *f* abuse (*verbal*). **dèan ana-cainnt** *v* abuse.

ana-caiteach *a* (-kachakh), extravagant.

ana-caitheamh *n* (-ke-haf) -eimh *m* extravagance.

ana-ceartas *n* (-kyarstass) -ais *m* injustice.

ana-creideach *n* (-krechakh) -ich *m* infidel, unbeliever.

5

ana-creideamh *n* (-krechaf) -eimh *m* infidelity.

ana-measarra *a* (-messara), immoderate, intemperate.

ana-miann *n* (-meean) -e *f* lust.

ana-miannach *a* (-meeanakh), lustful.

anabarrach *a* (anaparakh), exceedingly. **anabarrach math**, exceedingly good.

anail *n* (anal) analach anailean *f* breath. **leig anail**, breathe out, have a rest (breather); **tarraing anail**, draw breath, breathe in; **anail 'na uchd**, breathless, out of breath; **dearbh anail**, breathalyse; **poca analach**, breathalyser.

anainn *n* (aneen) -e -ean *f* eaves.

anaiteamas *n* (anachamass) -ais *m* racism.

analachadh *n* (analakhagh) -aidh *m* aspiration (*ling*).

analaich *v* (analikh) -achadh aspirate (*ling*).

anam *n* (anam) anma anman *m* soul.

anart *n* (anart/anarst) -airt -an *m* linen.

anbharr *n* (anvar) *m* excess.

anfhann *a* (anown) -ainn infirm.

anfhannachd *n* (ananakhk) -an *f* infirmity.

anmhainneachd *n* (anavinyakhk) -an *f* debility.

anmoch *adv* (anamokh), late.

ann *prep* (own), in.

ann *prep pron* in him, in it (*frequently used in emphasis etc.*) **an ann an-diugh a tha e a' tighinn? 'S ann**, is it today he is coming? Yes; **mar as fhaide a ruitheas e 's ann as laige a dh'fhàsas e**, the further he runs the weaker he becomes; **mar a b' fhaide a ruith e b' ann bu laige a dh'fhàs e**, the further he ran the weaker he became; **mar as motha a choisinneas e 's ann as lugha a chosgas e**, the more he earns the less he spends; **an e Eireannach a th' ann? Chan e, 's e Gaidheal a th' ann**, is he an Irishman? No, he is a Highlander; **tha Dia ann**, God exists; **tha là math ann**, it is a fine day; **dè an àird' a th' ann?**, how tall is he?; **dè an seòrsa àite a th' ann?** what sort of place is it?.

ann am *prep* (own um), in a *before b, f, m, p*. **ann am baile**, in a town.

ann an *prep* (own un), in a. **ann an àm**, in time; **ann an taigh**, in a house; **ann an Glaschu**, in Glasgow; **ann an taigh a' chìobair**, in the shepherd's house.

ann-stealladh *n* (-styalagh) -aidh -aidhean *m* injection.

annad *prep pron* (anat), in you.

annaibh *prep pron* (aniv), in you.

annainn *prep pron* (anin), in us.

annam *prep pron* (anam), in me.

annas *n* (anass) -ais *m* novelty.

annasach *a* (anassakh), novel, uncommon.

annlan *n* (awlan/analan) -ain *m* condiment.

anns *prep* (ownss), in (*also abbreviated to* **sa**, **san** *when used with def art*). **anns an taigh** *or* **san taigh**, in the house; **anns a' chàr** *or* **sa' chàr**, in the car.

annsa *comp of* **ionmhainn**.

annta *prep pron* (ownta) in them.

anshocair *n* (anhoker) -e *f* uneasiness.

anshocrach *a* (anhokrakh), uneasy.

anticorp *n* (antikorp) -uirp *m* antibody.

aodach *n* (aotach) -aich *m* clothes. **ball aodaich** (aotikh) *m* garment.

aodann *n* (aotan) -ainn -an *m* face.

aodionach *a* (aojeenakh) leaky.

aog *n* (aok) aoig *m* death.

aog-neulach *a* (-neealakh), death-like.

aogas *n* (aokass) -ais *m* air, appearance, aspect.

aoibhinn *a* (aoivin), glad.

aoibhneach *a* (aoivnakh), joyful.

aoibhneas *n* (aoivnass) -eis *m* joy, joyfulness.

aoidh *n* (aoee) -e -ean *f* isthmus.

aoigh *n* (aoee) -ean *m* guest.

aoigheachd *n* (aoyakhk) *f* hospitality.

aoir *n* (aoir) -e *f* satire. **dèan aoireadh** *v* satirise.

aois *n* (aosh) -e *f* age, old age. **trì fichead bliadhna a dh' aois**, sixty years of age.

aol *n* (aol) -oil *m* lime.

aolaich *v* (aolikh) -achadh lime.

aom *v* (aom) -adh incline, droop.

6

aomadh *n* (aomagh) -aidh -aidhean *m* inclination, droop.

aon *n and a* (aon) one. **a h-aon**, one (*when counting*); **an t-aon**, the ace (cards); **Alasdair a h-aon**, Alexander the first; **an aon rud**, the same thing; **a h-aon mhac**, her only son; **a h-aon diubh**, one of them; **the e aon ochd bliadhna a dh' aois**, he is a full eight years old.

aon-dealbhach *a* (-jalavakh), uniform.

aon-deug *n and a* (-jeeak), eleven. **aon fhear deug**, eleven men.

aon-fhillte *a* (-ilcha), single.

aon-ghnèitheach *a* (-ghnehakh), homogeneous.

aon-inntinn *n* (-inchin) -e *f* unanimity.

aon-inntinneach *a* (inchinakh), unanimous.

aon-mheadhonach *a* (-veonakh), concentric.

aonachadh *n* (aonakhagh) -aidh -aidhean *m* coalition.

aonachd *n* (aonakhk) -an *f* unity.

aonad *n* (aonat) -aid -an *m* unit.

aonadair *n* (aonater) -ean *m* unionist, merger.

aonadh *n* (aonagh) -aidh -aidhean *m* union. **aonadh ciùird** (kyoorch), trade union; **Eaglais an Aonaidh**, used now of Church of Scotland; **Seoc an Aonaidh** (shok an aonee), Union Jack.

aonaich *v* (aonikh) -achadh coalesce.

aonais *n* (aonish) *f* want, deficiency. **às aonais** (*gen*) *prep* without; **às m'aonais**, without me; **às ar n-aonais**, without us; **às t'aonais**, without you; **às ur n-aonais**, without you; **às 'aonais**, without him; **às an aonais**, without them; **às a h-aonais**, without her.

aonamh *a* (aonav) *or* **aona**, *used as follows:* **an t-aona fear deug**, the eleventh man; **an t-aona fear fichead**, the twenty-first man.

aonar *n* (aonar) one person. **tha e 'na aonar**, he is alone; **tha i 'na h-aonar**, she is alone.

aonarach *a* (aonarakh), alone, lonely.

aonaran *n* (aonaran) -ain -an *m* hermit.

aonaranach *n* (aonaranakh) -aich *m* recluse.

aonaranachd *n* (aonaranakhk) *f* loneliness.

aoncheallach *a* (aonkhelakh), unicellular.

aondath *n* (aondah) -a -an *m* monochrome.

aonta *n* (aonta) -an *m* consent, assent.

aontach *a* (aontakh), affirmative.

aontaich *v* (aontikh) -achadh consent, agree, unite.

aontamhach *a* (aontavakh), celibate.

aontamhachd *n* (aontavakhk) *f* celibacy.

aosda *a* (aosta), aged, old.

aotrom *a* (aotram) -uime light (weight).

aotromaich *v* (aotramikh) -achadh lighten.

aotroman *n* (aotraman) -ain -an *m* bladder.

apa *n* (apa) -aichean *m* ape.

aparan *n* (aparan) -ain *m* apron.

aparsaig *n* (aparssek) -e -ean *f* knapsack.

ar *pron* our (*followed by* **n-** *before vowels*). **ar n-athair**, our father.

ar *v def* think, thought, seems, seemed, (*used with prep prons*): **ar leam**, I think (thought), it seems (seemed) to me, **ar leis**, he thinks (thought), it seems (seemed) to him, **ar leinn**, he thinks (thought), it seems (seemed) to us.

àr *n* (ahr) *m* tillage.

àra *n* (ahra) **àirnean** (ahrnyan) *f* kidney.

àraich *v* (ahrikh) **àrach** rear, train.

àraidh *a* (ahree), special, peculiar. **gu h-àraidh**, especially.

ar-a-mach *n* (aramakh) *m* rebellion, uprising.

aran *n* (aran) -ain *m* bread.

arbhar *n* (aravar) -air *m* ripe corn.

àrc *n* (ahrak) **àirc** -an *m* cork.

àrd *a* (ahrt), high, lofty, supreme, eminent, loud.

àrd-bhaile *n* (-vala) -bhailtean *m* metropolis.

àrd-doras *n* (-dorass) -ais -dorsan *m* lintel.

àrd-easbaig *n* (-espek) -ean *m* archbishop.

àrd-inntinneach *a* (-inchinakh), high-minded.

àrd-inntleachdail *a* (-inchlakhkel), high-brow.

àrd-inntleachdair *n* (-inchlakhker) -ean *m* high-brow.

àrd-labhraiche *n* (-lavrikha) -ean *m* loudspeaker.

àrd-mhol *v* (-vol) -adh extol.

àrd-ollamh *n* (-olav) -aimh -an *m* professor.

àrd-sgoil *n* (-skol) -tean *f* highschool.

àrd-shagart *n* (-hagart) -airt -an *m* highpriest.

àrd-sheanadh *n* *(-henagh)* -aidh -aidhean *m* assembly (*Presbyterian Church*).

àrd-ùrlar *n* (-oorlar) -air -an *m* stage.

àrdaich *v* (ahrdikh) -achadh heighten, exalt, raise, promote.

àrdaichear *n* (ahrdikhar) -an *m* lift.

àrdan *n* (ahrdan) -ain *m* haughtiness.

àrdanach *a* (ahrdanakh), haughty.

arm *n* (aram) -airm *m* army.

armachd *n* (aramakhk) *f* armour.

armaich *v* (aramikh) -achadh arm.

armailt *n* (aramalch) -e *m* army.

armlann *n* (aramlan) -ainne -an *f* magasine (*arms*), arsenal.

arsa *v def* said (*used with direct speech*). **'Tha sibh am mearachd', ars' esan**, 'You are mistaken', he said.

àrsaidh *a* (ahrssee), ancient.

àrsaidheachd *n* (ahrsseeakhk) *f* archaeology.

àrsair *n* (ahrsser) -ean *m* archaeologist.

as (uss) *rel form of* is is.

às *prep* (ass) out of. *See* à.

às *prep pron* (ass) out of him.

às-aimsireachd *n* (amishirakhk) -an *f* anachronism.

às-àrcaich *v* (-ahrkikh) -achadh uncork.

às-creideamh *n* (-krechav) -eimh *m* disbelief.

às-tharraing *n* (-haring) -e -ean *f* abstract.

asad *prep pron* (assat) out of you.

asaibh *prep pron* (assiv) out of you.

asaid *n* (assech) -e -ean *f* delivery (*childbirth*).

asaidich *v* (assechikh) -eachadh deliver (*childbirth*).

asainn *prep pron* (assin) out of us.

asam *prep pron* (assam) out of me.

asbhuain *n* (asfooen) -e *f* stubble.

ascair *n* (asker) -ean *m* apostrophe.

asda *prep pron* (asta) out of them.

asgaidh *n* (askee) *f* present. **an asgaidh**, free, gratis.

aslachadh *n* (asslakhagh) -aidh -aidhean *m* supplication, canvassing.

aslaich *v* (asslikh) -achadh supplicate, canvass.

astar *n* (astar) -air *m* distance.

astar-chleoc *n* (-khlyok) -a -an *m* speedometer.

astar-chrìoch *n* (-khreeakh) -chriche - an *f* speed-limit.

at *n* (at) *m* swelling.

at *v* (at) -adh swell.

ath (*asp*) *a* (ah) next. **an ath bhliadhna**, next year.

àth *n* (ah) *m* ford.

àth *n* (ah) -an *f* kiln.

ath-agair *v* (-aker) -agairt appeal (*leg*).

ath-àiteachadh *n* (-ahchakhagh) -aidh -aidhean *m* resettlement.

ath-aithris *v* (-arish) -aithris repeat, rehearse.

ath-aithris *n* (-arish) -e -ean *f* repetition, rehearsal, echo.

ath-aonadh *n* (-aonagh) -aidh -aidhean *m* reunion.

ath-bheothachadh *n* (-vyoakhagh) -aidh -aidhean *m* revival.

ath-bheothaich *v* (-vyoikh) -achadh revive, recreate.

ath-bhrosnaich *v* (-vrossnikh) -achadh rally.

ath-bhuidhinn *v* (-vooin) -eadh retrieve.

ath-cheannaich *v* (-khyanikh) -cheannach repurchase.

ath-cheannsaich *v* (-khyanssikh) -achadh reconquer.

ath-chòireachadh *n* (-khohrakhagh) -aidh -aidhean *m* reform.

ath-chruinnich *v* (-khrooinikh) -eachadh reassemble.

ath-chum v (-khoom) -ail recreate, reconstruct.

ath-dhìoladh n (-yeealagh) -aidh -aidhean m recompense, refund.

ath-dhìolta a (-yeealta) secondhand.

ath-ghabh v (-ghav) -ail retake, resume.

ath-ghineamhainn n (-yinavin) m regeneration.

ath-ìomhaigh n (-eeavee) -e -ean f reflection.

ath-leasachadh n (-lessakhagh) -aidh -aidhean m reform.

ath-leasaich v (-lessikh) -achadh reform.

ath-lìon v (-leean) -adh refill.

ath-lorgaich v (-lorakikh) -achadh retrace.

ath-neartachadh n (-nyarstikh) -aidh -aidhean m reinforcement.

ath-neartaich v (-nyarstikh) -achadh reinforce.

ath-nuadhachadh n (-nooakhagh) -aidh -aidhean m renewal.

ath-nuadhaich v (-nooikh) -achadh renew.

ath-phàigheadh n (-faheeagh) -eaidh -eaidhean m repayment.

ath-sgrìobh v (-skreev) -adh transcribe, copy.

ath-sgrìobhadh n *(skreevagh)* -aidh -aidhean m transcription.

ath-shealbhachadh n (-halavakhagh) -aidh m repossession.

ath-shealbhaich v (-halavikh) -achadh repossess.

ath-thog v (-hok) -ail rebuild.

ath-thilleadh tinneis n (-hilagh chinish) -aidh -aidhean m relapse.

athach n (a-akh) -aich m giant.

athair n (a-her) athar athraichean (areekhan) m father.

athair-cèile n (-kehla) m father-in-law.

athaireil a (a-harel) fatherly.

athaiseach a (a-hashakh) tardy.

athardha n (a-hargha) m fatherland.

atharrachadh n (a-harakhagh) -aidh -aidhean m change, alteration, variation.

atharraich v (a-harikh) -achadh change, alter.

atharrais n (a-harish) -e f mimicry, imitation.

athlàimh a (ahlaheev) secondhand.

atmhorachd n (atforakhk) f inflation.

B

b' See bu (written as b' before vowels).
babag n (bapak), -aige, -an, f tuft.
babaid n (bapach) -e, ean, f tassel.
bàbhan n (bahvan) -ain, -anan m
rampart, bulwark.
babhstair n (bowstar) -ean m bolster.
babht-stiùiridh n (bowt-styooree) -an m
joy-stick.
babht-tarsaing n (-tarssing) -an m cross-
bar.
bac v (bak/bakhk) -adh, hinder,
restrain.
bac n (bak/bakhk) -aic, -an m rowlock.
bacach n (-akh) -aiche, -aich m cripple, a
lame person.
bacadh n (-agh) -aidhean m hindrance,
handicap, restraint, obstruction. cuir
bacadh air, obstruct.
bacaiche n (-ikha) f lameness.
bachall n (bakhal) -aill m staff, crozier.
bachlach a (bakhlakh) curly, curled.
bachlag n (bakhlak) -aige -an f curl,
ringlet, sprout.
bachlaich v (bakhlikh) -achadh curl.
bacteridheach a (baktereeakh)
bacterial.
bad n (bat) -a m tuft, bunch, spot. anns
a' bhad, at once, on the spot.
badan n (batan) -ain -an m tuft, small
cluster.
badanach a (batanakh) tufty.
bagaid n (bakech) -e -ean m cluster.
bagair v (baker) bagradh threaten,
bluster.
bagairt n (bakerch) -e -ean f threat.
bàgh n (bahgh) -àigh m bay.
bàigh n (bahee) m fondness, partiality,
affection.
bàigheil (ri) a (baheeyel) fond, partial,
kindly.
baile n (bala) bailtean m town, village.
baile-mòr m (bala mohr) bailtean-mòra
m city.
bailead n (balat) -eid -an m ballad.
bàillidh n (bahlyee) -ean m magistrate.
bàine n (bahnya) f whiteness.
bàinead n (bahnyet) -ide f fairness.

baineann a (banyan) feminine (gram).
bàinidh n (bahnyee) f fury.
bainne n (banya) m milk.
bainneach a (banyakh) milky.
baintighearna n (bancheearna) f lady.
bàirlinn n (bahrlin) f warning, summons
of removal.
bàirneach n (bahrnyakh) -iche -an f
limpet.
baist v (bashch) -eadh baptise.
Baisteach n (bashchakh) -ich -ichean m
Baptist.
baisteadh n (bashchagh) m baptism.
balach n (balakh) -aich m boy.
balaiste n (balashcha) f ballast.
balbh a (balav) dumb, mute.
balbhachd n (balavakhk) f dumbness,
muteness.
balbhan n (balavan) -ain -an m mute,
dumb person.
balg n (balak) builg m bag, bladder
(man-made), blister, abdomen.
balg-sèididh n (balak shehji) m bellows.
balg-shaighead n (balak haheeat) m
quiver (archery).
balgam n (balakam) -aim -annan m
mouthful.
balgan-buachrach n (balakan
booakhrakh) -ain m mushroom.
ball n (bowl) buill m member, limb, ball,
spot. Used to form singular of some
plural nouns: ball-acainn, m a tool:
acainn, tools; ball-airm, m a weapon:
airm, arms; Ball-Pàrlamaid, m
Member of Parliament; ball-coise, m
football; ball-dòrain m a mole (on
skin).
balla n (bala) -chan m wall, rampart.
balla-bacaidh n (-bakee) m barricade.
ballach a (balakh) spotted, speckled.
ballan n (balan) -ain -an m tub.
balt n (balt) built baltan m welt (of a
shoe).
bàn a (bahn) -àin fair-haired, white,
pale, fallow, blank.
ban See bean.

10

ban(a)- *prefix used to form feminine nouns:* **Gaidheal**, a Highlander: **bana-Ghaidheal** a Highland woman; **ban-Albanach**, a Scotswoman; **ban-rùnaire**, a female secretary; **bana-charaid**, girl-friend, kinswoman.

bana-bhuidseach *n* (-voojakh) -ich -ichean *f* witch.

bana-mhaighstir *n* (-vaheeshchir) -ean *f* mistress.

banachrach *n* (banakhrakh) -aich -an *m* vaccination.

bànag *n* (bahnak) -aige -an *f* grilse, salmon-trout.

banail *a* (banal/banel) feminine, womanly, modest.

banais *n* (banish) bainnse (baynsha) bainnsean (baynshan) *f* wedding. **fear-bainnse**, bridegroom; **bean-bainnse**, bride.

banaltram *n* (banaltram) -uim *f* nurse.

banarach *n* (banarach) -aiche, -aichean *f* milkmaid.

banca *n* (banka) -aichean *m* bank (money). **Banca na h-Alba**, Bank of Scotland; **Banca Rìoghail na h-Alba**, Royal Bank of Scotland; **Banca Srath Chluaidh**, Clydesdale Bank; **banca rèitich**, clearing bank.

bancaireachd *n* (bankarakhk) *f* banking.

ban-dia *n* (ban jeea) -dè -diathan *f* goddess.

bann *n* (bown) -a -an *m* hinge, bond, band(age).

banntrach *n* (bowntrakh) -aiche -aichean *f* widow *m* widower.

ban-rìgh *n* (ban ree) -e -rean *f* queen.

baoghalta *a* (baoghalta) stupid.

baoghaltachd *n* (baoghaltakhk) *f* stupidity.

baoit *n* (baoch) *f* bait.

baoiteag *n* (baoichak) -eige -an *f* worm.

baoth *a* (bao) simple (of mind).

bara *n* (bara) -chan *m* barrow.

barail *n* (baral) baralach baralaichean (baralikhan) *m* conjecture, opinion.

baraille *n* (barila) -an *m* barrel.

barall *n* (baral) -an *m* shoe lace.

bàrca *n* (bahrka) -annan *f* boat.

bàrd *n* (bahrd/bahrst) -àird *m* poet, bard.

bàrdachd *n* (bahrdakhk) *f* poetry.

bàrdail *a* (bahrdal) poetic.

bargan *n* (barakan) -ain -an *m* bargain.

bàrr *n* (bahr) -a -an *m* top, crest, cream. **a bhàrr air**, besides; **bàrr-mhaise**, cornice.

barrachas *n* (barakhass) -ais *m* surplus.

barrachd *n* (barakhk) *f* more. **a bharrachd air sin**, furthermore, in addition to that; **cosgais a bharrachd**, additional expense.

barraichte *a* (barikhcha) surpassing, excelling, superlative.

barrail *a* (barel) excellent.

barrantas *n* (barantass) -ais *m* guarantee, commission.

bas *n* (bass) boise (bosha) basan *f* palm (*of hand*).

bàs *n* (bahss) bàis *m* death.

bàsaich *v* (bahssikh) -achadh die.

bas-bhuail *v* (bassvooal) -bhualadh clap.

bas-bhualadh *n* (bassvooalagh) *m* clap, applause.

bascaid *n* (basskech) -e -ean *f* basket.

basdalach *a* (basstalakh) showy.

bàsmhor *a* (bahssvar) mortal.

bàsmhorachd *n* (bahssvarakhk) *f* mortality.

bata *n* (bata) -aichean *m* stick, staff, cudgel.

bàta *n* (bahta) -aichean *m* boat.

bàta-builg *n* (-boolak) *m* hovercraft.

bàta-foluaimein *n* (folooamin) *m* hovercraft.

bàta-slaodaidh *n* (-slaotee) *m* tug.

bàta-teasairginn *n* (-chessarkin) *m* lifeboat.

batail *n* (batel) -e -ean *m* battle.

bàth *v* (bah) -adh drown (*trans*), quench, extinguish, muffle (*sound*). **bha e air a bhàthadh**, he was drowned.

bàthach *n* (bahakh) bàthcha bàthchannan *f* byre, cowhouse.

bathais *n* (baish) -ean *f* forehead, brow.

bathar *n* (ba har) *m* goods, bale.

beach *n* (bekh) -a -an *m* bee.

beach-lann *n* (-lown) -ainn -an *f* beehive.

beachd n (bekhk) -a -an m opinion, judgment, idea. **dè do bheachd?**what do you think about it?

beachd-bharail n (-varel) -bharalach - bharalaichean f hypothesis.

beachd-smuain n (smooaheen) -tean f idea, theory.

beachd-smuaineachadh n (-smooaheenyakhagh) m meditation.

beachd-smuainealach a (-smooaheenalakh) idealogical.

beachd-smuainealas n (smooaheenalass) -ais m ideology.

beachd-smuainich v (-smooaheenyikh) -eachadh meditate.

beachdaich v (bekhkikh) -achadh consider, speculate.

beachdail a (bekhkel) abstract.

beachdair n (bekhker) -ean m spy.

beadaidh a (bedee) impudent, forward, saucy.

beadaidheachd n (bedeeakhk) f impudence.

beadradh n (bedragh) -aidh m dalliance.

beag a (bek) bige or lugha small, little.

beag-chuid n (-khooch) codach codaichean f minority.

beagaich v (bekikh) -achadh diminish.

beagan (gen) n (bekan) -ain (a) little, (a) few. **beagan airgid**, little money.

beairt n (byarshch) -e -ean f engine, machine, equipment. **beairt-ghunna**, machine-gun.

beairteach a (byarshchakh) -iche rich, wealthy.

beairteas n (byarshchass) -eis m riches, wealth.

bealach n (byalakh) -aich -aichean m pass (mountain), breach, gap.

bean (do) v (ben) -tainn touch.

bean n (ben) mnatha (gen) nmaoi (dat) mnathan (plural) bhan (gen pl) f woman, wife. **a mhnathan agus a dhaoin' uaisle!** ladies and gentlemen!; **bean-uasal**, lady; **bean-bainnse**, bride; **bean-phòsda**, wife; **bean-taighe**, housewife; **A' Bhean-phòsda (A' Bh.) Mòrag NicDhòmhnaill**, Mrs Marion MacDonald.

beannachd n (byanakhk) -an f blessing. **beannachd leat**, goodbye.

beannaich v (byanikh) -achadh bless.

beannaichte a (byanikhcha) blessed.

beàrn n (byahrn) -eirne -an f gap, breach, space, hiatus.

beàrnan-brìde n (-breeja) m dandelion.

beàrn-mhìol n (-veeal) f hare-lip.

beàrr v (byahr) **bearradh** shave, clip, shear, prune.

beart n (byarst) beairte -an f loom.

beath-eachdraidh n (be-ekhdree) -e -ean f biography.

beath-eachdraiche n (be-ekhdrikha) -ean m biographer.

beatha n (be ha) -annan f life. **uisge-beatha**, whisky; **'s e do bheatha tighinn an seo**, you're welcome to come here.

beathach n (beakh) -aich -aichean m beast, animal.

beathachadh n (beakhagh) -aidh -aidhean m living, maintenance, sustenance, nourishment.

beathaich v (be eakh) -achadh feed.

beic n (bekhk) -ean f curtsy.

bèille n (be hla) -ean f bale.

being n (beng) -e -ean f bench.

beinn n (behn) -e beanntan (byowntan) f mountain.

beir v (behr) bear, catch. See appendix verb **beir**. **beir ugh**, lay an egg; **beiridh mi air a' bhall**, I will catch the ball; **rug sinn orra mu thrì uairean**, we caught them up about three.

beirm n (beram) -e -ean f yeast.

beirmear n (beramar) -an m enzyme.

beithe n (be ha) -an f birch.

beithir n (be hir) beàthrach beathraichean m thunderbolt.

beò a (byoh) beotha (byoa) alive. **rim bheò**, during my lifetime.

beò-eòlas n (-yolass) -ais m physiology.

beò-ghainmheach n (-ghanavakh) f quicksand. See **gainmheach**.

beò-ghearradh n (-yaragh) m vivisection.

beò-ghlacadh n (-ghlakhagh) -aidhean m obsession.

beò-shlainte *n* (-hlahncha) -ean *f* livelihood.

beothachadh *n* (byoakhagh) -aidh *m* animation.

beothaich *v* (byoikh) -achadh enliven, quicken, animate, kindle, stir.

beothail *a* (byoal) lively, brisk, vivacious.

beothalachd *n* (byoalakhk) *f* liveliness.

beothalas *n* (byoalass) -ais *m* vivacity.

beuc *v* (beeak) -ail roar, bellow *nm* roar.

beud *n* (beeat) -an *m* pity, shame, harm. **'s mòr am beud!** what a pity!

beul *n* (beeal) beòil *m* mouth. **beul na h-oidhche,** twilight, dusk.

beul-mòr *n* (beeal mohr) *m* gunwale.

beulach *a* (beealakh) plausible.

beulaibh (beealiv) **air beulaibh an dorais,** in front of the door.

beul-aithris *n* (-arish) *m* oral tradition.

beulchar *a* (beealkhar) plausible.

beum *n* (beeam) -a -an *m* blow *v* **beum** -adh, strike.

beum-slèibhe *n* (-slehva) *m* torrent.

Beurla *n* (beearla) *f* English (language). **Beurla Ghallda,** Scots (launguage).

beus *n* (beeass) -a -an *f* bass *a* bass.

beus *n* (beeass) -a -an *f* virtue, moral.

beus-eòlas *n* (-yohlass) -ais *m* ethics.

beusach *a* (beeassakh) moral, virtuous.

bha *v irr* (va) was. See appendix verb **bi**.

(bh)eil
b(h)i
bithidh
bhithinn   See Appendix verb **bi**
b(h)itheadh
b(h)itheamaid
bithibh
b(h)iodh

bheir *v irr* (vehr) will give, bring, take. See Appendix verb **thoir**.

(bh)o (*asp*) *prep* (v)o from, since. **bho chionn** (khyoon) **dà bhliadhna,** two years ago; **tha e ag obair o chionn dà bhliadhna,** he has been working for two years; **(bh)o chionn ghoirid,** a short time ago, recently.

(bh)o *conj* since. **on a bha e fuar las e an teine,** since he was cold he lit the fire.

bhòn (vohn) **a' bhòn-dè,** the day before yesterday; **a' bhòn-uiridh,** the year before last.

bhos (voss) **a-bhos** *adv* on this side. **thall 's a-bhos,** here and there, hither and thither.

bhuam, bhuait *etc.* See under **uam uait** *etc.*

(bh)ur *poss a* ((v)oor) your (polite and plural form) foll. by **n-** before vowels. **bhur n-athair,** your father.

biadh *n* (beeagh) bìdh *m* food.

biadh *v* (beeagh) -adh feed.

biadhadh *n* (beeahagh) *m* bait.

biadhlann *n* (-lan) -ainne -an *f* canteen, refectory.

bian *n* (beean) bèin *m* skin (*of animals*), pelt.

biast *n* (beeast) bèiste -ean *f* beast.

biast-dubh *n* (-doo) *f* otter.

bìdeag *n* (beejak) -eig -an *f* bit, morsel.

bile *n* (bila) -ean *f* lip. **bile bhuidhe,** marigold.

bileach *a* (bilyakh) lipped.

bileag *n* (bilyak) -eig -an *f* blade (*of grass*), label, ticket, leaflet, bill.

binid *n* (binich), binnide, binnidean *f* rennet.

binn *a* (bin) musical, melodious.

binn *n* (bin) -e, -ean, *f* sentence (*jur*), judgment.

binndich *v* (binjikh), -eachadh, curdle, coagulate.

binneas *n* (binyass), -eis, *m*, melody.

binnean *n* (binyan) -ein -an *m* pinnacle, point, apex.

bìoball *n* (beeabal) -aill *m* bible.

bìocar *n* (beekar) -an *m* beaker.

biodag *n* (beeadak) -aige -an *f* dagger, dirk.

bìog(ail) *n* (beeakal) -a -an *m* chirp.

biolar *n* (beealar) -e -an *f* cress.

bior *n* (beear) -a -an *m* prickle, spit (roasting). **bior-greasaidh,** goad.

biorach *a* (beearakh) prickly, pointed, sharp.

bioran *n* (beearan) -an -ain *m* stick.

biorramaid *n* (beeramach) -e -ean *f* pyramid.

biotailt *n* (beeatalch) *m* victuals.

biotais *n* (beeatish) *m* beet.

13

birlinn *n* (beerlin) -e -ean *f* barge, pleasure boat; galley.

bith *n* (bee) -e -ean *f* being, existence.

bìth *n* (be-eh) -e -ean *f* gum, tar.

bith-bhuan *a* (bee-vooan) everlasting.

bith-bhuantachd *n* (-vooantakhk) *f* eternity.

bith-cheimiceach *a* (-khemikakh) biochemical.

bith-cheimiceachd *n* (-khemikakht) *f* biochemistry.

bith-cheimicear *n* (-khemikar) -an *m* biochemist.

bith-eòlas *n* (-yohlass) -ais *m* biology.

bith-eòlasach *n* (yohlassakh) -aich *m* biologist.

bitheag *n* (beeak) -eige -an *f* microbe, germ.

bitheantas *n* (beeantass) **am bitheantas**, generally.

bitheil *a* (bee al) existential.

blais *v* (blash) blasadh, taste.

blàr *n* (blahr) -àir -an *m* battle.

blas *n* (blass) -ais *m* taste, accent (*ling.*).

blasad *n* (blassat) -aid *m* a taste.

blasda *a* (blassta) delicious, tasty.

blàth *n* (blah) -a -an *m* blossom, bloom. **fo bhlàth**, in blossom.

blàth *a* (blah) warm.

blàthach *n* (blahakh) -aiche *f* buttermilk.

blàthaich *v* (blahikh) -achadh, warm.

blàth-fhleasg *n* (-lessk) -an *f* garland, wreath.

blàths *n* (blahss) -àiths *m* warmth.

bleith *v* (bleh) bleith, grind.

bleoghain *v* (blyoen) bleoghan, milk.

bliadhna (blianna) *n* (bleeana) -chan *f* year. **am bliadhna**, this year; **bliadhna mhath ùr**, happy new year.

bliadhna-leum *n* (-leeam) *f* leapyear.

bliadhnach *n* (bleeanakh) -aich *m* yearling.

bliadhnail *a* (bleeanal) annual.

bloigh *n* (bloi) -ean *m* particle, fragment.

bloighdich *v* (bloijikh) -deachadh, smash.

bloinigean-gàrraidh *n* (blonyikan gahree) *m* spinach.

blona(i)g *n* (blonak) -e -ean *f* lard.

bò *n* (boh) **bà** (*gen*) **boin** (*dat*) **bà** (*plur*) *f* cow.

boc *n* (bok/bokhk) buic *m* buck. **bocearba**, roebuck.

bòc *v* (bok/bokhk) -adh bloat, swell.

bòcadh *n* (-agh) -aidh -aidhean *m* swelling.

bochd *a* (bokhk) poor, wretched.

bochdainn *n* (bokhkin) *f* poverty.

bocsa *n* (bokssa) -aichean *m* box.

bodhaig *n* (boek) -e -ean *f* body.

bodhaigeach *a* (boekakh) anatomical.

bodhair *v* (boer) bòdhradh, deafen.

bodhar *a* (boar) boidhre (boeera) deaf.

bog *a* (bok) soft, limp, moist. **bog-fliuch**, drenched; **air bhog**, afloat.

bog *v* (bok) -adh dip, steep, soften.

bog-fliuch *a* (-flookh) drenched. **dè2an bog-fliuch**, drench.

bogha *n* (boa) -achan *m* bow.

bogha-frois *n* (-frosh) *m* rainbow.

bogha-saighde *n* (-saheeja) *m* bow (archery).

boglach *n* (boklakh) -aiche -an *f* bog, marsh.

bòid *n* (bohch) -e -ean *f* vow, oath.

bòidhchead *n* (bohikhat) -eid *f* beauty.

bòidheach *a* (bohyakh) bòidhche (boheekha) beautiful.

bòidich *v* (bohjikh) -eachadh, vow.

boile *n* (bolya) *f* rage, passion.

boillsg *v* (bolishk) -eadh, gleam.

boinne *n* (bonya) *f* drop (liquid).

boireann *a* (boran) female.

boireann-dhlighiche *n* (-ghleeikha) *m* feminist.

boireannach *n* (boranakh) -aich *m* woman.

boireannta *a* (boranta) effeminate.

boireanntachd *n* (borantakhk) *f* effeminacy.

boladh *n* (bolagh) -aidh -aidhean *m* scent.

bolg *n* (bolak) builg *m* blister.

bom *n* (bom) -aichean *m* bomb.

bonaid *n* (bonech) -e -ean *f* bonnet.

bonn *n* (bown) buinn *m* base, coin, sole (of foot), bottom. **o bhonn gu bhàrr**, from top to bottom; **air bhonn**, afoot.

bonn-nota *n* (-nota) -aichean *f* footnote.

bonnach *n* (bonakh) -aich *m* bannock.

borb *a* (borap) **nas buirbe** (boorpa) (compar) savage, uncivilized.

bòrd *n* (bohrt/bohrst) **bùird** (boorch/boorshch) *m* table, board. **Bòrd Leasachaidh na Gaidhealtachd ('s nan Eilean)**, Highlands and islands Development Board; **Bòrd an Dealain**, Electricity Board.

bòrd-luinge *n* (-loongya) *m* deck (of a ship).

bòrd-sheinnse *n* (-hehnsha) *m* switchboard.

bòsd *n* (bohst) -a *m* boast *v* **dèan bòsd**.

bòsdail *a* (bohstel) boastful.

bòsdair *n* (bohster) *m* boaster.

bothan *n* (bo han) -ain *m* cottage, hut, hovel.

botal *n* (botal) -ail *m* bottle.

brà *n* (brah) -dhan *f* quern.

brach *n* (brakh) bracha *f* malt.

bradan *n* (bratan) -ain *m* salmon.

bràigh *n* (brahee) -e -dean *m* or *f* hostage, captive.

braighdean *n* (braheejen) -ein *m* horse-collar.

braighdeanas *n* (braheejanass) -ais *m* bondage, captivity, confinement.

bràiste *n* (brahshcha) -ean *f* brooch.

braisead *n* (brashat) -eid *m* rashness.

bràithreachas *n* (brahrakhass) -ais *m* brotherhood, fraternity.

bràithreil *a* (brahrel) brotherly, fraternal.

brangas *n* (brangass) -ais *m* pillory.

branndaidh *n* (brandee) *f* brandy.

braoisg *n* (braoshk) -e *f* grin *v* **cuir braoisg air**.

bras *a* (brass) rash, impetuous, hasty.

bras-shruth *n* (-hroo) *m* torrent. *See* **sruth**.

brat *n* (brat) brait -an *m* cover, sheet.

brat-mairbh *n* (-maherrav) *m* pall.

brat-uachdair *n* (-ooakhker) *m* coverlet.

brat-ùrlair *n* (-oorler) *m* carpet, rug, mat.

bratach *n* (bratakh) -aich -aichean *f* banner, flag.

bràth *n* (brah) -a *m* conflagration, destruction. **chan èirich e gu là**

bhràth, he will never rise again; **gu bràth**, for ever.

brath *n* (bra) -a *m* information *v* brath(adh) betray.

brathadair *n* (bra ater) -ean *m* betrayer.

brathadh *n* (bra agh) *m* treason.

bràthair *n* (brah her) **bràther bràithrean** (braheeran) *m* brother.

bràthair-bochd *n* (-bokhk) *m* friar.

bràthair-cèile *n* (-kehka) *m* brother-in-law.

breab *n* (brep) -a -an *m* kick *v* breab(adh).

breabadair *n* (brepatar) -ean *m* weaver; daddy-longlegs.

breac *a* (brek) **nas brice** (compar) speckled, variegated.

breac *n* (brek) bric *m* trout.

breac *n* (brek) brice *f* pox. **a' bhreac-òtraich**, chickenpox.

breacadh-seunain *n* (brekagh sheeanen) *m* freckles.

breacan *n* (brekan) -ain -an *m* tartan, plaid.

breac-an-t-sìl *n* (brek an cheel) *m* wagtail.

breacan-beithe *n* (-be ha) *m* linnet.

brèagha *a* (breha ha) fine, beautiful, pretty.

brèaghachadh *n* (breha akhagh) -aidhean *m* embellishment.

brèaghaich *v* (brehaeekh) -achadh, embellish.

breice *n* (breka) -ean *f* brick.

breicire *n* (brekira) -ean *m* bricklayer.

brèid *n* (brehch) -e -ean *m* kerchief, patch.

brèige *a* (brehka) artificial.

brèine *n* (brehyna) *f* putrefaction.

breisleach *n* (breshlakh) -ich *m* delirium, confusion.

breisleachail *a* (breshlakhel) delirious *v* **breislich** breisleachadh, rave.

breith *n* (breh) -e *f* judgment, sentence, decision.

breith *v* *irr* (breh) bear, catch. See Appendix verb **beir**.

breitheach *a* (brehakh) critical.

breitheamh *n* (breav) -eimh -an *m* judge, umpire.

breithneachadh *n* (brehnakhagh) -aidh *m* diagnosis, criticism.

breithnich *v* (brehnikh) -eachadh, judge, criticise.

breòite *a* (bryohcha) infirm, frail, sickly.

breòiteachd *n* (bryohchakhk) -an *f* infirmity.

breòth *v* (bryoh) -adh, rot.

breug *n* (breeak) brèig -an *f* lie *v* dèan breug.

breug *v* (breeak) -adh, cajole, coax.

breug-chràbhach *a* (-khrahvakh) hypocritical.

breug-chràbhadh *n* (-khrahvagh) *m* hypocrisy.

breug-chràbhaiche *n* (-khrahvikha) -ean *m* hypocrite.

breug-riochd *n* (-reeakhk) -an *m* camouflage.

breugaire *n* (breeakera) -ean *m* liar.

breugnaich *v* (breeaknikh) -achadh, falsify.

briathar *n* (breear) briathran *m* word.

briathrach *a* (breearakh) wordy, verbose.

briathrachas *n* (breearakhass) -ais *m* verbosity.

brìb *n* (breep) -e -ean *f* bribe *v* brìb(eadh).

brìgh *n* (bree) -e *f* essence, substance, pith, energy, point, juice. **do bhrìgh** (*gen*), because of, by virtue of; **do bhrìgh 's gun do thuit e**, because he fell.

brìghmhor *a* (breevar) energetic.

briogais *n* (breekish) -e -ean *f* trousers, breeches.

briosgaid *n* (breesskech) -e -ean *f* biscuit.

bris *v* (brish) break, smash. **bris 'na mhìrean**, shatter.

briseadh *n* (brishagh) -idhean *m* break, bankruptcy.

brisg *a* (brishk) brittle.

brisgean *n* (brishkan) -ein -an *m* gristle; silverweed.

briste *past part* (brishcha) broken.

broc *n* (brok) bruic *m* badger.

brochan *n* (brokhan) -ain *m* gruel.

brodaich *v* (brotikh) -achadh, poke.

bròg *n* (brohk) -òige -an *f* shoe, boot.

bròg-spèilidh *n* (-spehlee) *f* skate.

broilleach *n* (broilyakh) -ich -ichean *m* bosom, breast.

broillisg *n* (brolishk) -e -ean *f* fuss.

broinn *n* (broin) *f* belly. **am broinn** (*gen*), inside; **'na bhroinn**, inside it.

bròn *n* (brohn) -òin sorrow, sadness. **fo bhròn**, sad, sorrowful.

brònach *a* (brohnakh) sad, sorrowful.

bròn-chluich *n* (-khlooikh) -e -ean *f* tragedy.

brosnachadh *n* (brossnakhagh) *m* encouragement.

brosnaich *v* (brossnikh) -achadh, encourage, inspire.

brot *n* (brot) -a *m* broth, soup.

brù *n* (broo) bronn (*gen*) broinn (*dat*) bronnan (*plur*) *f* belly, womb.

bruach *n* (brooakh) -aiche -an *f* bank, edge.

bruadair *n* (brooater) -an *m* dream.

bruadaraiche *n* (brooatarikha) -ean *m* dreamer.

brù-dhearg *n* (broo yarak) brùthan dearga *m* robin.

bruich *v* (brooikh) -eadh, boil (*food*), cook.

brùid *n* (brooch) -e -ean *m* brute, beast.

bruideadh *n* (broojagh) -idh -idhean *m* injection.

bruideag *n* (broojak) -eige -an *f* syringe.

brùidealachd *n* (broochalakhk) *f* brutality.

brùideil *a* (broojel) brutal.

bruidhinn (**ri**) *v* (breen) bruidhinn, speak (to).

bruidhinn *n* (breen) bruidhne *f* speaking, talk.

bruidhneach *a* (breenyakh) -ich, talkative.

brùth *v* (broo) -adh, bruise, push, press.

bruthach *n* (brooakh) -aich -aichean *m* hill-side, slope. **le bruthach**, downhill, downward; **ri bruthach**, uphill.

bruthadh *n* (brooagh) -aidhean *m* bruise.

bruthainneach *a* (brooenyakh) sultry.

bu v (boo) was (*emphatic form*). **b'e Calum a chaochail**, it was Malcolm who died; **b'ann an seo a thachair e**, it was here it happened; **bu mhòr am beud**, great was the harm, what a pity! Used also in the following idioms: **bu toigh leam sin a dhèanamh**, I would like to do that; **b' fheàrr leam sin**, I would prefer that; **b' urrainn dhomh**, I could; **bu chòir dhomh**, I ought; **b' fheudar dhomh**, I had to.

buachaille n (booakhilya) -ean m cowherd.

buachar n (booakhar) -air m dung.

buadhach a (booaghakh) victorious.

buadhair n (booagher) -ean m adjective.

buadhair-sònrachaidh n (-sohnrakhee) m demonstrative adj.

buadhair-cunntair n (-koonter) m numeral adj.

buadhair-seilbheach n (-shelavakh) m possessive adj.

buaidh n (booahee) -e -ean f victory, conquest, success, effect, virtue, influence. **thoir buaidh air**, v affect; **fo bhuaidh** (*gen*), addicted to; **tha buaidh aige air na h-òganaich**, he influences young people; **fhuair e buaidh annta**, he succeeded in them.

buaidh-chaithream n (-kharam) m triumph.

buail v (booal) bualadh, strike, beat, thresh.

buaile n (booala) -tean f fold (sheep etc).

buailteach (do) a (booalchakh) liable (to).

buain v (booaheen) buain, reap.

buain n (booaheen) buana f harvest.

buair v (booaheer) -eadh, tempt, lure, worry.

buaireadair n (booaratar) -ean m tempter.

buaireadh n (booaragh) -idhean m temptation.

buaireas n (booarass) -eis -an m turbulence.

buaireasach a (booarassakh) turbulent.

buan a (booan) lasting.

buanaich v (booanikh) -achadh, persevere.

buanaiche n (booanikha) -ean m reaper.

buannachd n (booanakhk) -an f profit.

buannachdail a (booanakhkel) profitable.

buannaich v (booanikh) -achadh, gain, win, acquire.

buar n (booar) -air m herd.

bucaid n (bookech) -e -ean f bucket.

bucall n (bookal) -aill m buckle.

bucas n (bookass) -ais m box.

buideal n (boojel) -eil m cask, bottle, flask.

buidhe a (booya) yellow. **buidhe-ruadh**, auburn; **Na Duilleagan Buidhe**, The Yellow Pages.

buidheach a (booyakh) grateful, thankful.

buidheach n (booyakh) -ich f jaundice.

buidheagan n (booyakan) -ain m yolk.

buidheann n (booyan) buidhne (*gen*) buidhinn (*dat*) buidhnichean (*plur*) f party, troop, gang, team.

buidhinn v (booyin) win.

buidhre n (booira) f deafness.

buidseachd n (boochakhk) f witchcraft. **bana-bhuidseach** f witch.

buige n (booika) f softness.

buil n (booil) -e f effect, consequence. **thoir gu buil**, bring into effect, carry out.

buileach a (boolyakh) complete. **gu buileach**, wholly, entirely.

buileann n (boolyan) -inn -an f loaf.

builgean n (boolkyan) -an m bubble.

builgeanach a (boolkyanakh) bubbly.

builich v (boolyikh) -eachadh, bestow.

buille n (boolya) -ean f stroke, blow, accent (stress).

buin v (booin) buineadh/buntail, belong, deal. **tha seo a' buineadh/ buntail dha**, this belongs to him; **tha an leabhar a' buineadh ris**, the book deals with it.

buinneach n (boonyakh) -eich f diarrhoea.

buinneag n (boonyak) -eig -an f sprout. **buinneagan Bruisealach**, (brooshalakh) Brussels sprouts.

17

buirbe *n* (boorapa) *f* barbarity, savageness.

bùirdeasach *n* (boorjessakh) -aich *m* burgess.

bùirich *n* (boorikh) -e -ean *f* roaring, bellowing.

bumailear *n* (boomalar) -an *m* blockhead.

bun *n* (boon) -uin -an *m* stock, stump, bottom, base, principle, origin. **bun os cionn**, upside down; **bun-** elementary. **bun-sgoil**, elementary (primary) school.

bun-bheachd *n* (-vekhk) -an *m* concept.

bun-bhrìogh *n* (-vreeagh) -e -ean *f* essence.

bun-stuth *n* (-stoo) -uith -uithean *m* essence.

bunailteach *a* (boonelchakh) steady, stable.

bunailteachd *n* (boonelchakhk) *f* stability.

bunait *n* (boonech) -e -ean *m* foundation.

bun-stèidh *n* (boonsteh) -e -ean *f* basis.

buntàta *n* (boontahta) *m* potato(es).

burmaid *n* (boormech) -e *f* wormwood.

bùrn *n* (boorn) bùirn *m* water (fresh).

burras *n* (boorass) -ais *m* caterpillar.

bus *n* (boos) -uis *m* muzzle.

bus *n* (buhss) *m* bus.

bùth *n* (boo) -a bùithtean (boochan) *or* bùthan (boohan) *f* shop, booth.

buthaid *n* (booach) -e -ean *f* puffin.

bùthal *n* (booal) -ail *m* fulcrum.

C

cabach *a* (kapakh) garrulous.

càball *n* (kahpal) -an *m* cable.

cabar *n* (kabar) -air *m* antler, pole.

cabhag *n* (kavak) -aig *f* hurry, haste.
dèan cabhag!, hurry up!; tha cabhag orm, I am in a hurry.

cabhagach *a* (kavakakh) hasty, hurried.

càbhlach *n* (kavlakh) -aich *m* fleet, navy.

cabhsair *n* (kafsser) -ean *m* pavement, causeway, kerb.

cac *n* (kak) -a *m* excrement, filth *v* cac(adh) empty the bowels.

càch *pron* (kahkh) càich the rest, the others. tha e coltach ri càch, he is like the others; thoir do chàch e, give it to the rest.

cach-a-chèile *pron* (kakh a khehla) each other. tha iad coltach ri cach-a-chèile, they are like each other.

cachaileith *n* (kakhale) -e -ean *f* gate.

cadadh *n* (katagh) -aidh -aidhean *m* tartan.

cadal *n* (katal) -ail *m* sleep. tha e 'na chadal, he is asleep; cadal math dhut/dhuit!, sleep well!

cadalach *a* (katalakh) sleepy, drowsy.

cagailt *n* (kakelch) -e -ean *f* hearth.

cagainn *v* (kakin) cagnadh, chew, gnaw.

cagair *v* (kaker) cagar, whisper.

cagar *n* (kakar) -air -ean *m* whisper.

caibideil *n* (capijel) -il -ean *m* chapter.

caibe *n* (kapa) -eannan *m* spade.

caibeal *n* (kapal) -eil -an *m* chapel.

caidil *v* (kajil) cadal, sleep.

caidreamh *n* (katrav) -eimh *m* fellowship, association.

caidreamhach *a* (katravakh) social.

caigean *n* (kakan) -inn -an *f* brace, couple, merger. dol an caiginn *v* merge.

càil *n* (kahl) -e -tean *f* appetite; anything, nothing (*with neg*). dè tha thu a' dèanamh?, Chan eil càil, what are you doing? Nothing.

cailbhe *n* (kalava) -ean *m* partition.

cailc *n* (kalak) -e *f* chalk, lime.

cailceach *a* (kalakakh) chalky, calcareous.

caileag *n* (kalyak) -eige -an *f* girl.

cailis *n* (kalish) -ean *f* chalice, calyx.

caill *v* (kaheel) call (kowl) lose.

cailleach *n* (kalyakh) -iche -an *f* old woman.

cailleach dhubh *n f* nun.

cailleach-oidhche *n f* owl.

caillteanach *n* (kalchanakh) -aich *m* eunuch.

càin *v* (kaheen) -eadh, revile.

càin *n* (kaheen) -e -ean *f* tribute, tax.

càin-aisneis *n* (-ashnish) *f* budget.

cainb *n* (kanyap) -e *f* hemp.

cainb-lus *n* (-looss) -uis *m* cannabis.

caineal *n* (kanyal) -eil *m* cinnamon.

Caingis *n* (kaheengish) -e *f* Whitsun.

cainnt *n* (kaheench) -e -ean *f* speech, language.

cainntear *n* (kaheenchar) -ean *m* orator.

caiptean *n (kapten)* -ein -ean *m* captain.

cairbh *n* (kaheerav) -e -ean *f* carcass.

càirdeach (ri) *a* (kahrjakh) related (to).

càirdeas *n* (kahrjass) -eis *m* friendship, friendliness, relationship, alliance.

càirdeil *a* (kahrjal) friendly.

càireadh *n* (kahragh) -eaidhean *m* repair.

càireas *n* (kahrass) -eis -eisean *m* gum (of mouth).

càirich *v* (kahrikh) -adh, repair, mend.

cairt *n* (karshch) cartadh (karstagh) purge, tan.

cairt *n* (karshch) -e -ean *f* cart, card.

cairt-bhòrd *n* (-vort) -ùird *m* cardboard.

cairt-iùil *n* (-yool) *f* chart, charter, compass.

cairt-iùiliche *n* (-yoolikha) -ean *m* cartographer.

cairt-phost *n* (-fost) cairtean-post *f* postcard.

cairteal *n* (karshchal) -eil -an *m* quarter, quart. cairteal an dèidh trì, quarter past three.

caisbheart *n* (kash arst) *f* footwear.

càise *n* (kahsha) *m* cheese.

caisean *n* (kashan) -ein -an *m* dewlap, strip.

caisean-reòta *n* (-rohta) *m* icicle.

Càisg *n* (kahshk) **A' Chàisg** *f* Easter.

caisg *v* (kashk) casgadh, restrain, check.

caisich *v* (kashikh) -eachadh, curl.

caismeachd *n* (kashamakhk) -an *f* alarm.

caisteal *n* (kashchal) -eil -an *m* castle.

càite *interr* (kahcha) where? (*coll*) **càit' eil? cà'il?**, where is? **càit' a bheil an taigh-òsda?** where is the hotel?

caith *v* (keh) caitheamh, spend, wear, consume, waste.

caithe-beatha *n* (ke-ha be-ha) *f* way of life.

caithreamach *a* (keramakh) triumphant.

caithteach *a* (kachakh) wasteful.

càl *n* (kahl) càil *m* cabbage. **càl-colaig, càl-gruthach**, cauliflower.

cala *n* (kala) -achan *m* harbour.

calc *v* (kalk) -adh, caulk.

calg *n* (kalak) cuilg (koolik) *m* prickle, bristle.

calgach *a* (kalakakh) bristly.

call *n* (kowl) -a *m* loss.

calla *a* (kala) tame.

callaich *v* (kalikh) -achadh, tame.

callaid *n* (kalech) -e -ean *f* fence, hedge.

Callainn *n* (kalin) **Oidhche Challainn**, Hogmanay.

calldach *n* (kowltakh) -aich -aichean *m* disaster.

calltainn *n* (kowltin) -e *m* hazel.

calma *a* (kalama) brave, stout.

calman *n* (kalaman) -ain *m* dove, pigeon.

calpa *n* (kalapa) -annan *m* calf (of leg); capital (*fin.*), principal (*fin.*). **calpa is riadh**, principal and interest.

calpachas *n* (kalapakhass) -ais *m* capitalism.

calapaire *n* (kalapera) -ean *m* capitalist.

càm *a* (kam) crooked.

camachasach *a* (kamakhassakh) bandy, bowlegged.

caman *n* (kaman) -ain *m* shinty stick.

camanachd *n* (kamanakhk) *f* shinty.

camas *n* (kamass) -ais *m* bay, creek.

càmhal *n* (kahval) -aill *m* camel.

camhanach *n* (kavanakh) -aiche *f* dawn.

càmpa *n* (kowmpa) -annan *m* camp.

can *v* (kan) -tainn (-teen) say. **dè a chanas tu ris?** what do you call it?; **an t-eun ris an can iad brùdhearg**, the bird they call a robin.

canabhas *n* (kanavass) -ais *m* canvas.

canach *n* (kanakh) -aich *m* cotton.

cànan *n* (kahnan) -anan *m* **cànain** *n* (kahnen) -ean *f* language.

cànanach *a* (kahnanakh) linguistic.

cànanachas *n* (kahnanakhass) *m* linguistics.

cànanaich *n* (kahnanikh) -ean *m* linguist.

canastair *n* (kanasster) -ean *m* tin can.

caochail *v* (kaokhel) caochladh, change, die.

caochlaideach *a* (kaokhlajakh) variable, changeable.

caog *v* (kaok) -adh, wink, blink.

caogadh *n* (kaokagh) -aidh -aidhean *m* wink.

caoidh *v* (kaoee) -eadh, mourn, moan.

caoidh *n* *f* mourning, moan.

caoile *n* (kaoila) *f* leanness.

caoin *a* (kaoin) -eadh, weep.

caoin-bheusach *a* (-veeassakh) refined.

caoineadh *n* (kaoinyagh) weeping, wailing. **dèan caoineadh**, wail.

caol *a* (kaol) narrow, thin, lean, close-fitting. **caol an dùirn**, wrist.

caolan *n* (kaolan) -ain *m* gut, intestine. **caolan mòr**, colon.

caolas *n* (laolass) -ais -an *m* straits.

caomhainn *v* (kaovin) caomhnaidh (fut) caomhnadh, spare, save, economise.

caomhach *a* (kaovanakh) conservative.

caomhntach *a* (kaovantakh) frugal.

caonnag *n* (kaonak) -aige -an *f* fray.

caora *n* (kaora) -ach, -aich *f* sheep.

caorann *n* (kaoran) -ainne, -ean *f* rowan.

car *n* (kar) cuir *m* twist, trick, turn. **tha e car fuar an-diugh**, it is a little cold today; **car a' mhuiltein** (voolchen), somersault.

càr *n* (kahr) -àir, -aichean *m* car.

carach *a* (karakh) cunning, crafty.
caraich *v* (karikh) -achadh, move.
caraiche *n* (karikha) -ean *m* wrestler.
càraich *v* (kahrikh) càradh, mend, repair.
caraid *n* (karech) càirdean (kahrchen) *m* friend, relative.
càraid *n* (kahrech) -e, -ean *f* pair, brace, couple.
càraideach *a* (kahrechakh) binary.
càraidich *v* (kahrajikh) -eachadh, pair.
carbad *n* (karapet) -aid, -an *m* car, carriage. **carbad-eiridinn** (erijin) ambulance.
carbhanach *n* (karavanakh) -aich *m* carp.
carbon *n* (karapon) *m* carbon. **carbon dà-ocsaid**, carbon dioxide.
carbradair *n* (karabrater) -ean *m* carburettor.
carcair *n* (karaker) -e, -ean *m* prison, jail.
càrd *n* (kahrt) -a, -an *f* card (for wool).
càrd *v* (kahrt) -adh, card wool.
car-fhacal *n* (karakal) -ail *m* quibble.
car-fhaclaich *v* (karaklikh) -achadh, quibble.
car-fhaclaiche *n* (karaklikha) -ean *m* quibbler.
Carghas *n* (karaghas) -ais *m* Lent.
càrn *n* (kahrn) cuirn *m* càirn, heap.
càrn *v* (kahrn) -adh, heap, pile up, hoard.
càrn-cuimhne *n* (kaoinya) *m* monument.
càrr *n* (kahr) -a, -an *f* scab.
carrach *a* (karalh) scabby.
carragh *n* (karagh) -aighe, -aighean *f* pillar.
carraig *n* (karek) -e, -ean *f* rock.
carra-mheille *n* (kara vela) *m* liquorice.
carson *interr* (karson) (*accentuated on the second syllable*) why? **carson a tha thu fo bhròn?** why are you sad?
cart *n* (karst) cairte, -an *f* quart.
carthannas *n* (karhanass) -ais *m* charity.
cas *n* (kass) coise (kosha) -an *f* foot, leg, shaft (of a tool), haft, handle, hilt. **an cois** (gen), accompanying, enclosed (with letter); **'na chois**, in his company, along with him; **cuir air**

chois, set up, found; **tha e air a chois**, he is up, he has got up; **thug i a casan leatha**, she ran off.
cas *a* (kass) steep, abrupt, rash.
casa-gobhlach *a* (kassa govlakh) astride.
casaid *n* (kassech) -e, -ean *f* complaint, accusation. **dèan casaid**, accuse.
casd *n* (kast) casaid *m* cough. **dèan casd** *v* cough.
casg *n* (kask) -a *m* restraint.
casg-gineamhainn *n* (-ginavin) *m* contraception, contraceptive.
casg leatroim *n* (letrom) *m* abortion.
casgadh *n* (kaskagh) -aidh, -aidhean *m* interruption.
casgair *v* (kasker) casgradh, slaughter, massacre, butcher.
casgairt *n* (kasskerch) -e *f* slaughter.
casgradh *n* (kasskragh) -aidh, -aidhean *m* slaughter, massacre.
casruisgte *a* (kassrushcha) barefooted.
cat *n* (kat) cait *m* cat.
cath *n* (ka) -a, -an *m* battle. **cath-bhuidheann**, battalion.
càth *n* (kah) -àithe *f* chaff.
cathach *a* (ka hakh) militant.
cathadh-mara *n* (ka hagh-) -aidh *m* seaspray.
cathag *n* (ka hak) -aige, -an *f* jackdaw.
cathair *n* (ka her) cathrach, cathraichean (karikhan) *f* chair, seat. **cathair-ghàirdeanach** (-ghahrjenakh) *f* armchair.
cathair-eaglais *n* (-eklish) *f* cathedral.
cath-bhuidheann *n* (-vooyan) -ainne, -nichean *f* battalion.
cè *n* (keh) cèithe *m* cream.
cead *n* (ket) -an *m* permission, leave, licence.
cead dol thairis *n* (-harish) *m* passport.
ceadachail *a* (ketakhel) permissive.
ceadaich (do) *v* (ketikh) -achadh, permit, allow, license.
ceadaichte *a* (ketikhcha) permissible.
ceàird *n* (kyahrch) -e, -ean *f* trade, craft.
cealg *n* (kyalak) ceilge (kelaka) *f* deceit, treachery.
cealgach *a* (kyalkakh) deceitful.
cealgaire *n* (kyalkara) -ean *m* deceiver.

cealla *n* (kyala) -an *f* cell (*biol*).

ceall-shlad *n* (kyal hlat) -aide *f* sacrilege.

ceangail (ri) *v* (kengel) ceangal, bind, tie, connect.

ceangal *n* (kengal) -ail *m* bond, binding, knot, connection.

ceann *n* (kyown) cinn *m* head, end. **an ceann seachdaine**, in a week's time, **anns a' cheann thall**, in the end, ultimately, in the long run; **o cheann gu ceann**, from end to end; **Ceann a Tuath**, the North; **Ceann a Deas**, the South.

ceann-cinnidh *n* (-kinee) *m* chief (of clan), chieftain.

ceann-còmhraidh *n* (-kohrai) *m* topic.

ceann-feadhna *n* (-fyaona) *m* chieftain.

ceann-làidir *n* (-lahcher) headstrong.

ceann-latha *n* (laha) *m* date.

ceann-pholan *n* (-folan) -ain, -an *m* tadpole.

ceann-simid *n* (-shimich) *m* tadpole.

ceann-suidhe *n* (-sooya) *m* president.

ceann-taighe *n* (-taheea) *m* head of the household.

ceann-uidhe *n* (-ooya) *m* destination.

ceanna-bhaile *n* (-vala) -tean *m* capital.

ceannach *n* (kyanakh) -aich *m* purchase.

ceannach-iasaid *n* (-eeassech) *m* hire purchase.

ceannaich *v* (kyanikh) ceannach, buy, purchase.

ceannaiche *n* (kyanikha) -ean *m* merchant, buyer.

ceannairc *n* (kyanark) *f* mutiny, rebellion.

ceannairceach *a* (kyanarkakh) mutinous, rebellious.

ceannard *n* (kyanart) -aird, -an *m* head (used of a person), principal, leader.

ceannas *n* (kyanass) -ais *m* rule, government.

ceannruisgte *a* (kyownrooshcha) bareheaded.

ceannsachadh *n* (kyownsakhagh) -aidh, -aidhean *m* conquest, subjection, domination.

ceannsaich *v* (kyownsikh) -achadh, conquer, subdue, harness, dominate.

ceannsaiche *n* (kyownsikha) -ean *m* conqueror.

ceap *n* (kep) -an *m* block, last (shoemaker's), stocks; cap.

ceap *v* (kep) ceapadh, intercept.

ceapaire *n* (kepara) -ean *m* sandwich.

cearbach *a* (kerpakh) awkward.

cearc *n* (kyark) circe, -an *f* hen.

cearc-Fhrangach *n* (-rangakh) *f* turkey-hen.

cearc-fhraoich *n* (-raoikh) *f* moor-hen.

cearc-thomain *n* (-homen) *f* partridge.

cearcall *n* (kerkal) -aill, -an *m* circle, hoop, ring.

cearclair *n* (kerkler) -ean *m* gyroscope.

cearclan *n* (kerklan) -ain, -an *m* washer (*mech.*).

ceàrd *n* (kyahrt) ceàird, -ann *m* tinker, smith.

ceàrd-chomann *n* (-khoman) -ainn *m* trade-union.

ceàrdach *n* (kyartakh) -aiche, -aichean *f* smithy.

ceàrdair *n* (kyarter) -ean *m* technician.

ceàrn *n* (kyahrn) -a, -an *f* region, quarter, district.

ceàrnach *a* (kyahrnakh) square, quadratic.

ceàrnag *n* (kyahrnak) -aige, -an *f* square.

ceàrr (air) *a* (kyahr) wrong (with), left.

cearrachas *n* (kyarakhass) -ais *m* gambling.

cearrag *n* (kyahrak) -aige, -an *f* left hand.

ceart *a* (kyarst) **nas ceirte** (*compar*) right, just. **c(h)eart cho math**, just as good; **ceart gu leòr**, all right, O.K.; **an ceart uair**, presently; **sa' cheart àm**, instantaneous.

ceart-aghaidh *n* (-aoghee) *f* opposite.

ceart-cheàrnach *a* (-khyahrnakh) rectangular.

ceart-cheàrnag *n* (-khyahrnak) -aige, -an *f* rectangle.

ceart-chreideach *a* (-khrejakh) orthodox.

ceart-chreideamh *n* (-khrejav) -imh *m* orthodoxy.

ceart-fhradharc *n* (-raoark) *m* perspective.

ceart-sgrìobhadh *n* (-skreevagh) -aidh *m* orthography.

ceartaich *v* (kyarstikh) -achadh, correct, rectify, adjust.

ceartas *n* (kyarstass) -ais *m* justice.

ceasnaich *v* (kessnikh) -achadh, examine.

ceathach *n* (ke-akh) -aich *m* mist.

ceathramh *n* (kerav) -aimh, -an *m* quarter, quadrant.

ceathramh *a* fourth.

ceathramhan *n* (keravan) -ain *m* quadrant (*instr.*).

ceathrar *n* (kerar) four (persons). **ceathrar mhac**, four sons; **bha sinn nar ceathrar**, there were four of us.

ceil *v* (kel) -eadh, hide, conceal.

cèile *n* (kehla) spouse, husband. **màthair-cèile**, mother-in-law; **chaidh iad le chèile**, they both went; **às a chèile**, asunder; **chì sinn a chèile a-màireach**, we will see each other tomorrow; **coltach ri chèile**, like each other.

ceileirich *v* (kelerikh) -eachadh, warble.

ceileiriche *n* (kelerikha) -ean *m* warbler.

cèilidh *n* (kehlee) -ean *m* visit. **dol air chèilidh air**, going to visit him.

Ceilteach *n* and *a* (kelthakh) -ich *m* a Celt, Celtic.

ceimic(eachd) *n* (kemikakht) *f* chemistry.

ceimiceach *a* (kemikakh) chemical.

ceimicear *n* (kemikar) -an *m* chemist.

cèin *a* (kehn) foreign. **an cèin**, abroad.

cèir *n* (kehr) -e *f* wax.

cèirich *v* (kehrikh) -eachadh, wax.

cèis *n* (kehsh) -e, -ean *f* envelope.

ceist *n* (keshch) -e, -ean *f* question, enquiry.

Cèitean *n* **An Cèitean** (kehchan) -ein *m* May.

ceithir *a* (ke hir) four.

ceithir-chasach *a* (-khassakh) four-footed, quadruped.

ceithir-cheàrnag *n* (-khyahrnak) -aig, -an *f* quadrangle.

ceithir-deug *a* (-jeeak) fourteen.

ceithir-fillte *a* (-feelcha) fourfold.

ceithir-shliosach *n* and *a* (-hlissakh)

-aich *m* quadrilateral.

ceò *n* (kyoh) *m* and *f* mist, fog.

ceòl *n* (kyohl) ciùil *m* music.

ceòl-eòlas *n* (-yohlass) -ais *m* musicology.

ceòl-rèimeadh *n* (-rehmagh) -idh, -idhean *m* harmony.

ceòlmhor *a* (kyohlvar) musical.

ceòthach *a* (kyohakh) misty.

ceud *a* (keeat) hundred, century. **ceithir fichead sa' cheud**, eighty percent.

ceudamh *a* (keeatav) hundredth.

ceudna *a* (keeatna) same, identical. **mar an ceudna**, likewise.

ceum *n* (keeam) -a, -annan *m* step, degree, pace. **ceum air cheum**, step by step.

ceumnaich *v* (keeamnikh) -achadh, pace.

ceus *v* (keeass) -adh, crucify.

ceus *n* (keass) -aichean *m* case.

ceusadh *n* (keeassagh) -aidh, -aidhean *m* crucifixion.

cha (*asp*) *adv* (kha) not. **chan** before vowels or **fh. cha chuir mi an litir thuige**, I will not send the letter to him; **chan eil Seumas aig an taigh**, James is not at home; **am faic thu Màiri? Chan fhaic**, will you see Mary? No; **cha mhòr nach do chaochail e**, he almost died; **cha robh teagamh nach robh e toilichte**, there was no doubt he was pleased.

chaidh *v irr* (khahee) went. See Appendix verb **rach**. **Dimàirt seo chaidh**, last Tuesday; **seachdain Diciadain seo chaidh**, last Wednesday week.

chaoidh *adv* (khaoee) ever, never (*with neg*) used referring to future. **cha leig e (a) chaoidh dheth**, he will never give up.

cheana *adv* (khene) already.

chì *v irr* (khee) will see. See Appendix verb **faic**.

cho *adv* (kho) as. **cho geal ris an t-sneachd**, as white as snow; **cho luath agus a thàinig e a-steach**, as soon as he came in; **cho fad agus is aithne dhomh**, as far as I know; **cheart cho bòidheach**, just as beautiful.

chòir (khohr) see **coir.**

chuala *v irr* (khooala) heard. See Appendix verb **cluinn.**

chugam *pron prep* (khookam) to or towards me. See **thugam.**

chum *conj* (khoom) in order to. **chum seo a dhèanamh,** in order to do this.

chun (*gen*) *prep* (khoon) to, towards. **chaidh e chun an dorais,** he went to the door.

chunnaic *v irr* (khoonik) colloquial **chunna** saw. See Appendix verb **faic.**

ciad *a* (keeat) first. **a' chiad fhear,** the first man.

ciadad *n* (keeadat) -an *m* percentage.

ciadameatair *n* (keeatametar) -ean *m* centimetre.

ciall *n* (keeal) **cèille** *f* meaning, sense, significance. **cuir an cèill,** express.

ciallach *a* (keealakh) sensible.

ciallaich *v* (keealikh) -achadh, mean.

ciamar *adv* (kimar/kemar) how. **ciamar tha thu?**, how are you?

cia mheud *a* (ke veeat) how many (takes sing.). **cia mheud each?** how many horses?

cian *n* (keean) *m* a long time. **cian phoileasaidh,** long-term policy.

cianalach *a* (keeanalakh) homesick.

cianalas *n* (keeanalass) -ais *m* nostalgia, homesickness.

ciar *a* (keear) swarthy.

ciatach *a* (keeatakh) pleasing, agreeable.

cidsin *n* (kitshin) -ean *m* kitchen.

cill *n* (kil) -e, -ean *f* cell (church).

cinn *v* (kin) -tinn, grow **cinntinn** *n* increase.

cinne-daonna *n* (kina daona) **a' chinne-daonna** *f* humanity.

cinneadh *n* (kinagh) -idh, -ean *m* clan, nation, kindred, kin, surname.

cinneas *n* (kinass) -eis *m* increase, growth.

cinnidheach *a* (kineeakh) ethnic.

cinnt *n* (kinch) -e *f* certainty.

cinnteach *a* (kinchakh) -ich, certain.

cìoch *n* (keeakh) **cìche,** -an *f* a woman's breast. **thoir cìoch,** suckle.

cìochran *n* (keeakhran) -ain, -an *m* suckling.

cìoch-shlugain *n* (-hloogen) *f* uvula.

cìocrach *a* (keeakrakh) ravenous.

ciod *interr pron* (kut/kit) what?

ciomach *n* (keeamakh) -aich *m* captive.

ciomachas *n* (keeamakhass) -ais *m* captivity.

cion *n* (keean) *m* lack. **cion ùidhe,** apathy.

cionn (kyoon) *used in phrases e.g.* **a chionn agus gu bheil e tinn,** because he is sick; **o chionn ghoirid,** a short while ago, recently; **o chionn dà bhliadhna,** two years ago; **os cionn** (*gen*), above; **os cionn nam beann,** above the mountains.

cionnas *adv* (kyoonass) how?

ciont(a) *n* (kyoont(uh)) -an *m* guilt, transgression.

ciontach *a* (kyoontakh) guilty.

ciorramachadh *n* (kyooramakhagh) -aidh, -aidhean *m* mutilation.

ciorramaich *v* (kyooramikh) -achadh, mutilate.

cìosnaich *v* (keeassnikh) -achadh, subdue.

ciotach *a* (keeatakh) left-handed.

cìr *n* (keer) -e, -ean *f* comb, cud. **a' cnàmh na cìre,** chewing the cud.

cìr *v* cìreadh, comb.

cìrean *n* (keeran) -ein, -an *m* crest, cock's comb.

cìr-mheala *n* (-vyala) *f* honeycomb.

cìs *n* (keesh) -e, -ean *f* tax. **cìsean taighe,** rates; **cìsean seirbheis,** service charges.

cìs-bhuailteach *a* (-vooalchakh) taxable.

cìs-cheannach *n* (-khyanakh) -aich *m* hire-purchase.

cìs-leagadh *n* (-lekagh) *m* taxation.

cìsear *n* (keeshar) -eir, -an *m* taxman.

ciste *n* (keeshcha) -eachan *f* chest, box, coffer. **ciste-laighe,** coffin.

ciùin *a* (kyoon) calm, gentle, mild, placid, peaceful.

ciùine *n* (kyoonya) *f* calm, mildness, gentleness.

ciùineas *n* (kyoonyass) -eis *m* quietness, tranquility.

ciùinich *v* (kyoonyikh) -eachadh, quieten, pacify, calm.

ciùrr *v* (kyoor) -adh, hurt, injure.

24

ciùrradh n (kyooragh) -aidh, -aidhean m hurt, injury.

ciùthran n (kyooran) -ain m drizzle.

claban an sgòrnain n (klapan an skohrnayn) m epiglottis.

clach n (klakh) cloiche, -an f stone v **clach(adh)** stone. **clach na sùla,** eyeball.

clach-bhalg n (-valak) m scrotum.

clach-chuimhne n (-khoonya) f memorial.

clach-gheurachaidh n (-yeerakhee) f grindstone.

clach-ghlasaidh n (-ghlassee) f keystone.

clach-iùil n (-yool) f magnet, loadstone.

clach-lìomhaidh n (-leeavee) f whetstone.

clach-mheallain n (-vyalayn) f hailstone.

clach-mhìle n (-veela) f milestone.

clach-mhuilinn n (-voolin) f millstone.

clach-nianraidh n (-neeanree) f hone.

clachach a (klakhakh) stoney.

clachair n (klakher) -ean m stonemason.

clachan n (klakhan) -ain, -an m hamlet.

cladach n (klatakh) -aich, -aichean m stoney beach.

cladh n (klugh) m graveyard; spawn.

cladhaich v (klaoikh) cladhach, dig.

cladhaire n (kloaara) -ean m coward.

cladhaireachd n (klaoarakht) f cowardice.

clag n (klak) cluig m bell.

claidh v (klahee) cladh, spawn.

claidheamh n (kleav) -eimh, claidhmhnean (klevnan) m sword.

claigeann n (klakan) -inn, claignean m skull. **àird a chlaiginn,** at the top of his voice.

clais n (klash) -e, -ean f furrow, groove, ditch, trench.

claisneachd n (klashnyakhk) f hearing.

clamhan n (klavan) -ain, -an m buzzard.

clann n (klown) cloinne f children. **a' chlann,** the children.

claoidh v (klaoee) -eadh, exhaust, weary. **tha mi air mo chlaoidh,** I am exhausted.

claoidheadh n (klaoyagh) -idh m exhaustion.

claon v (klaon) -adh, slope, incline a squint-eyed.

claon-chlò n (-khloh) -chlòtha, -chlòithean m negative (photo).

claon-bhàigh n (-vahee) -e f prejudice.

claon-bharailich v (-varalikh) -eachadh, prejudice.

claon-ruathar n (-rooa-har) -air, -an m zoom.

claonadh n (klaonagh) -aidh m slant, squint, bias, obliqueness.

clàr n (klahr) -àir m board, plank, table, reference book, catalogue, register, record, disc, flap (of plane wing). **clàr an oideachais** (ojakhish), curriculum.

clàr-ainm n (-anam) m list, title page.

clàr-amais n (-amish) m index.

clàr-bùtha n (-boo-ha) m shop-sign.

clàr-chùisean n (-khooshan) m agenda.

clàr-innse n (-insha) m contents (page).

clàr-obrach n (-oprakh) m agenda.

clàr-rathaid n (-raech) m roadsign.

clàrachadh n (klahrakhagh) -aidh, -aidhean m entry (ledger).

clàradair n (klahrater) -ean m recorder.

clàraich v (klahrikh) -achadh, record, enter (in ledger etc), register.

clàrsach n (klahrssakh) -aiche, clàrsaichean f harp.

clàrsair n (klahrsser) -ean m harper.

cleachd v (klekhk) -adh, practise, use, habituate. **cleachd mi a bhith a' siubhal,** I was used to travelling.

cleachdadh n (klekhkagh) -aidh, -aidhean m habit, use.

cleachdte (ri) a used to, accustomed to.

cleamhnas n (klevanass) -ais m relationship (by marriage).

cleas n (kless) -a, -an m play, trick, game, feat.

cleasachd n (klessakhk) f juggling. **dèan cleasachd** v juggle.

cleasaiche n (klessikha) -ean m actor, juggler, clown.

clèir n (klehr) -e f clergy.

clèireach n (klehrakh) -ich m clerk.

clèireachail a (klehrakhal) clerical.

clèireachd n (klehrakhk) -an f administration.

clèireil *a* (klehrel) administrative.

clèirsneachd *n* (klehrssnakhk) -an *f* clerkship.

cleite *n* (klehcha) -ean *f* quill.

cleiteag *n* (klechak) -eige, -an *f* snowflake.

cleith *n* (kle) -ean *m* concealment *v* cleith, conceal.

cleòc *n* (klyohk) -a, -an *m* cloak.

clì *a* (klee) left. **an làmh chlì**, the left hand; **air an làimh chlì**, on the left.

cliabh *n* (kleeav) clèibh *m* creel; chest (human).

cliamhainn *n* (kleeavin) cleamhna (klevna) clèimhnean (klevnan) *m* son-in-law.

cliath *n* (kleea) clèithe -an *f* harrow, hurdle. **cliath-theine**, fire-grate; **cliath-uinneig**, lattice.

cliath *v* cliathadh, harrow.

cliathach *n* (kleeakh) -aiche, -aichean *f* slope, side.

clis *a* (klish) nimble, quick. **Na Fir Chlis**, Aurora Borealis.

clisg *v* (klishk) -eadh, startle, start, jump (with fright).

clisgeadh *n* (klishkagh) -idh *m* fright, start.

cliù *n* (cliùtha *m* fame, renown, praise.

cliùiteach *a* (klyoochakh) -iche, renowned.

clò *n* (kloh) clòtha, clòith(t)ean *m* cloth, tweed; print, press. **clò mòr**, Harris tweed; **an clò**, in print.

clò-bhuail *v* (-vooal) -bhualadh, print.

clò-bhuailteach *a* (-vooalchakh) typographical.

clò-bhuailtear *n* (-vooalchar) -an *m* typographer.

clò-bhualadair *n* (-vooalatar) -ean *m* printer.

clò-bhualadh *n* (-vooalagh) -aidh *m* printing.

clò-chadal *n* (-khatal) -ail *m* doze. **chaidh e 'na chlò-chadal**, he dozed off.

clò-sgrìobhadair *n* (-skreevater) -ean *m* typewriter.

clò-sgrìobhadh *n* (-skreevagh) -aidh, -aidhean *m* typescript.

clò-sgrìobhaiche *n* (-skreevikha) -ean *m* typist.

clò-sgrìobhaiche claistinn *n* (-klah-shchin) -ean *m* audio-typist.

clòbha *n* (klohva) clòibhe, -an *f* clove.

clobha *n* (kloa) *m* tongs.

clobhsa *n* (klowssa) -achan *m* entry, close.

clochar *n* (klokhar) -air *m* convent.

clogaid *n* (klokech) -e, -ean *f* helmet.

clogaid-bualaidh *n* (-booalee) *f* crash-helmet.

clòimh *n* (klohee) -e *f* wool.

clòimh-iteach *n* (-eechakh) *m* down *a* downy.

clos *n* (kloss) *m* rest (*mus.*).

closach *n* (klossakh) -aiche, -aichean *f* carcass.

clòsaid *n* (klohsech) -e, -ean *f* closet.

cluain *n* (klooaheen) -e *f* dissimulation.

cluaineireachd *n* (klooaheenyarakhk) -ean *f* intrigue. **dèan c.**, *v* intrigue.

cluaran *n* (klooaran) -ain, -an *m* thistle.

cluas *n* (klooass) -aise, -an *f* ear; handle (cup).

cluas-fhail *n* (-al) -e, -ean *f* earring.

cluasag *n* (klooassak) -aig, -an *f* pillow.

cluasan n (klooassan) -ain *m* ear-phone, headset.

clùd *n* (kloot) -ùid, -an *m* rag, clout.

clùdach *a* (klootakh) ragged.

cluich *v* (klooikh) cluich, play; act (in a play).

cluich *n* (klooikh) -e, -ean *m* play, game.

cluinn *v irr* (klooin) hear. See Appendix *v* **cluinn**.

cluinntinn *vn* (klooinchin) hearing.

cnag *n* (krak) -aige, -an *f* peg, knob, pin, crux.

cnag *v* (krak) -adh, knock down, bang.

cnàimhneach *n* (kraheevnakh) -aich *m* skeleton.

cnàmh *n* (krahv) -a, cnàmhan/ cnàimhean *m* bone.

cnàmh *v* (krahv) -adh, chew, digest.

cnàmh *n* (krahv) -àimh *m* digestion.

cnàmhach *a* (krahvakh) bony.

cnàmhaidh *a* (krahvee) digestive.

cnap *n* (krap) -aip, -an *m* knob, lump, boss.

cnapach *a* (krapakh) lumpy.

cnap-starra *n* (-stara) -aichean *m* obstruction, stumbling-block.

cnatan *n* (kratan) -ain *m* cold. **tha an cnatan orm**, I have a cold; **an cnatan mòr**, influenza.

cnead *n* (kret) -a, -an *m* groan. **dèan cnead** *v* groan.

cneas Chù Chulainn *n* (kress Khu Khulin) *m* meadow-sweet.

cniadaich *v* (kreeadikh) -achadh, caress, fondle.

cnò *n* (kroh) cnotha, cnothan *f* nut. **cnò chluasach**, wing-nut.

cnoc *n* (krok) cnuic *m* hill.

cnocach *a* (krokakh) hilly.

cnocan *n* (krokan) -ain, -an *m* hillock.

cnòdan *n* (krohtan) -ain, -an *m* gurnet.

cnuasaich *v* (krooassikh) -achadh, ponder, ruminate, reflect.

cnuimh *n* (krooi) -e, -ean *f* worm, maggot, canker.

cnuimheach *a* (krooyakh) maggoty.

cò *interr pron* (koh) who? **cò e?**, who is he?; (with short *o* in the foll.): **co aca?** which of them?, which one?; **co mu dheidhinn a tha an sgeul?** what is the story about?; **co aig a tha fhios!** who knows!; **co air a tha an còta dubh?**, who is wearing the black coat?; **co leis an cù seo?**, whose is this dog? **tha le Iain**, it is John's; **co às a tha thu?**, where are you from?; **co dhà a thug iad an t-airgead?**, who did they give the money to?; **co dheth a nì thu aran?**, what do you make bread from?

co air bith *pron* whoever.

co-aimsireil *a* (koamshirel) contemporary, coeval.

co-aisealach *a* (-ashalakh) co-axial.

co-alta *n* (koalta) -an *m* foster brother or sister.

co-aois *n* (koaoish) -ean *m* contemporary.

co-aoiseach *a* (koaishakh) contemporary.

co-aom *v* (-aom) -adh, converge.

co-aonadh *n* (-aonagh) -aidh, -aidhean *m* junction.

co-aonta *n* (koaonta) *f* consensus.

co-aontachadh *n* (-aontakhagh) -aidh *m* conformity, combination.

co-aontachd *n* (-aontakhk) *f* concurrence.

co-aontaich *v* (paontikh) -achadh, conform, combine, coincide.

co-bhàidh *n* (-vahee) -e *f* commiseration.

co-bhith *n* (-vee) *f* coexistence.

co-bhitheach *a* (-veeakh) coexistent.

co-bhròn *n* (-vrohn) -oin *m* condolence.

co-bhualadh *n* (-vooalagh) -aidh, -aidhean *m* collision.

co-chasach *a* (-khassakh) isosceles.

co-cheangail *v* (kokhengel) -cheangal, link.

co-cheangal *n* (kokhengal) -ail *m* league.

co-chiallach *a* (kokheealakh) synonymous.

co-chiallaire *n* (kokheealara) -ean *m* synonym.

co-choitcheann *a* (kokhochkhyan) collective.

co-chomann *n* (-khoman) -ainn *m* community.

co-chomhragaiche *n* (kokhohrakikha) -ean *m* ally.

co-chòrdach *a* (kokhohrtakh) consistent, harmonious.

co-chòrdachd *n* (kokhohrtakhk) -an *f* concordance, concord.

co-chòrdadh *n* (kokhohrtagh) -aidh, -aidhean *m* accord, compact.

co-chòrdail *a* (kokhohrtel) compatible.

co-chothrom *n* (kokhoram) -uim *m* equilibrium.

co-chruinnich *v* (kokhroonyikh) -eachadh, compile, accumulate, concentrate.

co-chuideachd *n* (kokhoojakhk) -an *f* association.

co-chuimseach *a* (kokhooimshakh) commensurate.

co-dheaslamhach *a* (koyesslavakh) ambidextrous.

co-dhiù *adv* (ko-yoo) however, at any rate, at least. **co-dhiù no co-dheth**, whatever the case may be.

co-dhlùthachadh *n* (ghlooakhagh) -aidh *m* condensation.

co-dhlùthaich *v* (-ghlooikh) -achadh, condense.

co-dhlùthaire *n* (-ghlooara) -ean *m* condenser.

co-dhùin *v* (-ghoon) -dhùnadh, conclude.

co-dhùnadh *n* (-ghoonagh) -aidh, -aidhean *m* conclusion.

co-èignich *v* (-ehkanikh) -eachadh, force, compel, constrain.

co-fharpais *n* (-arpish) -e, -ean *f* competition.

co-fheall *n* (-yowl) -e *f* conspiracy.

co-fhealltair *n* (-yaltar) -ean *m* conspirator.

co-fhlaitheachd *n* (-la hakhk) -an *f* republic.

co-fhlaitheachdail *a* (-la hakhkel) republican.

Co-fhlaitheas *n* (-la hass) -ais, -an *m* Commonwealth.

co-fhoghar *n* (-aghar) -air, -airean *m* consonant.

co-fhreagair *v* (-rekar) -airt, correspond, match.

co-fhreagarrach *a* (-rekarakh) congruent, analogous.

co-fhuiling *v* (-ooling) -fhulang, sympathise.

co-fhuireachd *n* (-oorakhk) *f* cohabitation.

co-fhulangach *a* (-oolangakh) sympathetic.

co-fhulangas *n* (-oolangass) -ais *m* sympathy.

co-ghàirdeachail *a* (-ghahrjakhal) congratulatory.

co-ghàirdeachas *n* (-ghahrjakhass) -ais *m* congratulation(s).

co-ghnèitheach *a* (-ghnehakh) congenial.

co-ghnìomhair *n* (-ghreever) -ean *m* adverb.

co-ionann/ionnan *a* (-eeanan/junan) equivalent, equal, identical, proportional.

co-ionannachd/ionnanachd *n* (-akhk) -an *f* equality.

co-ionannas/ionnanas *n* (-ass) -ais *m* equation.

co-làn *n* (-lahn) -àin, -an *m* complement.

co-leantainn *n* (-lenteen) *m* cohesion.

co-mhaoineach *n* and *a* (-vaonyakh) -ich *m* communist.

co-mhaoineas *n* (-vaonyass) -ais *m* Communism.

co-mhothachail *a* (-voakhel) sympathetic.

co-nasg *n* (-nask) -aisg, -an *m* conjunction.

co-nasgadh *n* (-naskagh) -aidh, -aidhean *m* conjugation.

co-naisg *v* (-nashk) -nasgadh, conjugate.

co-ogha *n* (-oh-a) *m* cousin.

co-oibreachadh *n* (oprakhagh) -aidh *m* cooperation.

co-oibrich *v* (-oprikh) -eachadh, cooperate, collaborate.

co-phàirt *n* (-fahrshch) -e, -ean *f* component.

co-phàirteach *a* (-fahrshchakh) compound.

co-rèir *n* (-rehr) *m* syntax.

co-rèiteachadh *n* (-rehchakhagh) -aidh, -aidhean *m* compromise.

co-roinn *n* (-roin) -e, -ean *f* proportion.

co-rùn *n* (-roon) -ùin, -tan *m* collusion.

co-sgrìobhair *n* (-skreever) -ean *m* correspondent.

co-sheirm *n* (-heram) -e, -ean *f* harmony.

co-sheòrsach *a* (-hyorssakh) homosexual.

co-shìnteach *a* (-heenchakh) -ich, parallel.

co-shìnteachd *n* (-heenchakhk) -an *f* parallelism.

co-shliosach *a* (-hleeassakh) equilateral.

co-thaobhach *a* (-haovakh) collateral.

co-thàth *n* (-hah) -a, -an *m* compound.

co-thàthach *a* (-hahakh) compound.

co-theacs *n* (-hex) *m* context.

co-thìmich *v* (-heemikh) -eachadh, synchronise.

co-thuit *v* (-hooch) -eam, coincide.

co-thuiteamas *n* (-hoochamass) -ais *m* coincidence.

cobhair *n* (koer) còbhrach *f* help, assistance, relief. **cobhair orm!** help!

cobhar *n* (koar) -air *m* suds, froth.

28

cobhartach n (koarstakh) -aich m f prey, booty.

còcaire n (kohkara) -ean m cook.

còcaireachd n (kohkarakhk) f cookery.

cochall n (kokhal) -uill m husk.

cog v (kok) -adh, war, make war.

cogadh n (kokagh) -aidh, -aidhean m war.

cogais n (kokash) -e, -ean f conscience.

cogaiseach a (kokashakh) -iche, conscientious.

cogall n (kokal) -aille f tares.

còig a (kohik) five.

còig-cheàrnach a (-khyahrnakh) -aich m pentagon.

còig-deug a (-jeeak) fifteen.

còigeamh a (kohikav) fifth.

còignear n (kohiknar) five (of persons).

coigreach n (koikrakh) -ich m stranger, foreigner, alien.

coileach n (kolyakh) -ich m cock, cockerel.

coileach-Frangach n (-frangakh) m turkey-cock.

coileach-fraoich n (-fraoikh) m grouse (male).

coileach-tomain n (-tomen) m partridge (male).

coileanta a (kolanta) perfect.

coileapach n (kolepakh) -aich m bed-fellow, concubine.

coilear n (kolyar) -e, -ean m collar.

coilion v (koleean) -adh, fulfil, perform, accomplish.

coilionta a (koleeanta) complete.

coille n (kolya) -tean f wood, forest.

coilleag n (kolyak) -eige, -an f cockle.

coillteach a (kolchakh) -iche, woody.

coimeas (ri) n (komass) -eis m comparison (with). **dèan coimeas,** compare.

coimeas v (komass) -adh, compare, liken, collate.

coimeasgaich v -achadh, blend.

coimheach a (koiakh) -iche, foreign.

coimhead (air) v (koiat) coimhead, look (at), watch, observe. **chaidh e a choimhead air a mhàthair,** he went to see his mother.

coimhead n (koiat) -id m keeping.

coimheadachd n (koiatakhk) -an f escort.

coimheadaich v (koiatikh) -achadh, escort.

coimhearsnach n (koarsnakh) -aich m neighbour.

coimhearsnachd n (koarsnakhk) -an f neighbourhood, environment.

coineanach n (konyanakh) -aich m rabbit.

còinneach n (kohnyakh) -iche f moss.

còinneachail a (kohnyakhel) mossy.

coinneal n (konyal) coinnle f candle.

coinneal-bhàth v (-vah) -adh, excommunicate.

coinneal-bhàthadh n (-vahagh) -aidh, -aidhean m excommunication.

coinneamh n (konyav) -eimhe, -an f meeting. **mu choinneamh,** (gen) prep (moo khonyiv) opposite, before; **mu ar coinneimh,** before us.

coinnich (ri) v (konyikh) -eachadh, meet.

coinnleir n (konler) -e, -ean m candlestick.

còir a (kohr) decent, worthy. **a charaid chòir,** dear friend (in letters).

còir n (kohr) còrach còirichean f right, justice. **bu chòir dhomh sin a dhèanamh,** I ought to do that; **nas bige na bu chòir,** smaller than it ought to be.

còir-bhreith n (-vreh) -e f birthright.

coirce n (kor-ke) corca m oats.

coire n (kora) -annan f fault, blame.

coire n (kora) -eachan m kettle; round hollow in mountain side.

coireach a (korakh) -iche, faulty, blamable. **is mis' as coireach,** I am to blame, it is all my fault; **dè as coireach?** why is that? what is the reason for that?; **'s e sin as coireach,** that is why.

coirich v (korikh) -eachadh, blame, censure.

còirne n (kohrna) f -ean, cornea.

còirnealair (coirneal) n (kohranaler) -ileir, -ean m colonel.

cois See **cas.**

coisg v (koshk) cosg, spend, waste, wear.

coisich v (koshikh) -eachd, walk.

29

coisiche *n* (koshikha) -ean *m* walker.

coisinn *v* (koshin) cosnadh, win, earn, gain, obtain.

coisir-chiùil *n* (kohshir khyool) -e, -ean *f* choir.

cois-shluagh *n* (kosh hlooa) -aigh *m* infantry.

coisrig *v* (koshrik) -eadh, consecrate.

coisrigeadh *n* (koshrikagh) -idh, -idhean *m* consecration.

còistri *n* (kohstree) -e, -ean *f* rivalry, strife.

còistritheach *n* (kohstreeakh) -ich *m* rival.

coitcheann *a* (kochkhyan) common, general, colloquial, public.

coithional *n* (koeeanal) -ail, -an *m* congregation.

col *n* (kol) -a *m* incest.

colach *a* (kolakh) incestuous.

colaisde *n* (kolashcha) -ean *f* college.

colbh *n* (kolav) cuilbh *m* pillar, column.

collaidh *a* (kolee) sensual.

collaidheachd *n* (koleeakhk) *f* sensuality.

coltach (ri) *a* (koltakh) like, similar.

coltas *n* (koltass) -ais *m* likeness, resemblance. **a-rèir coltais**, apparently; **tha coltas tinn air**, he looks sick; **tha coltas uisge oirre**, it looks like rain; **dè as coltas dha?**, what is he like?

coluadair *n* (kolooater) *m* society.

com-pàirt *n* (kompahrsch) *f* participation.

com-pàirtich *v* (kompahrschikh) -eachadh, participate, partake.

com-pàirtiche *n* (kompahrshchikha) -ean *m* partaker.

coma *a* (koma) indifferent. **is coma leam sin**, that is all the same to me; **tha e coma-co-aca**, he is quite indifferent; **coma leat dhe sin**, do not worry about that.

comain *n* (komen) -e, -ean *f* obligation, favour. **tha mi fada nad chomain**, I am much obliged to you.

comaineach *a* (komenyakh) obliging, obligatory.

comanachadh *n* (komanakhagh) -aidh, -aidhean *m* communion (eccles).

comanaiche *n* (komanikha) -ean *m* communicant.

comann *n* (koman) -ainn *m* society, company.

comar *n* (komar) -air, -an *m* confluence.

comas *n* (komass) -ais, -an *m* power, ability, capacity.

comas-saoraidh *n* (-saoree) *m* catalytic.

comasach (air) *a* (komassakh) possible, able (to).

combaist *n* (kompashch) -e, -ean *f* compass (*naut*).

comhachag *n* (koakhak) -aige, -an *f* owl.

comhair *n* (koer) *m* direction, tendency. **an comhair a chinn**, headlong; **an comhair a chùil**, backwards; **an comhair na gaoithe**, in the direction of the wind; **fa chomhair** (*gen*), before (place); **fo ar comhair**, before us.

comhairle *n* (koarle) -ean *f* advice, council, committee. **comhairle an luchd cleachdaidh**, consumer council.

comhairlich *v* (koarlikg) -eachadh, counsel, advise.

comhairliche *n* (koarlikha) -ean *m* councillor, counsellor, consultant.

comharradh *n* (koara) -aidh, -aidhean *m* mark.

comharraich *v* (ko arikh) -achadh, mark, point, specify. **comharraich àireamh**, dial a number.

còmhdach *n* (kohtakh) -aich, -aichean *m* cover, cap.

còmhdaich *v* (kohtikh) -achadh, cover.

còmhdhail *n* (kohal) -dhalach, -ean *f* conference.

còmhla *adv* (kohla) together. **tiugainn còmhla rium**, come with me; **còmhla ri Seumas**, together with James.

còmhlachadh *n* (kohlakhagh) -aidh, -aidhean *m* file (of papers).

còmhlaich *v* (kohlikh) -achadh, file (papers).

còmhlan *n* (kohlan) -ain, -an *m* group, band. **còmhlan togalaich**, building society.

còmhnadh *n* (kohnagh) -aidh, -aidhean *m* aid.

còmhnard n (kohnart) -aird, -an m plain, platform, level.

còmhnard a level, flat, even, smooth, horizontal.

còmhnaidh n (kohnee) -ean m habitation. gabh còmhnaidh, dwell, reside; an còmhnaidh, always.

còmhradh n (kohragh) -aidh, -aidhean m conversation, chat, talk.

còmhrag n (kohrak) -aige, -an f combat, fight, conflict.

còmhraig v (kohrek) còmhrag, fight.

compàirt n (kompahrshch) -e, -ean f accompaniment (mus). dèan compàirt do v accompany (mus).

compàirtiche n (kompahrshchikha) -ean m accompanist.

companach n (kompanakh) -aich m companion, associate.

companas n (kompanass) -ais m partnership, fellowship.

conail a (konel) canine.

conaltradh n (konaltragh) -aidh, -aidhean m chat, conversation.

conasg n (konask) -aisg m furze.

connlach n (konlakh) -aiche f straw, fodder.

connadh n (konagh) -aidh m fuel.

connrag n (konrak) -aige, -an f consonant.

connsachadh n (konssakhagh) -aidh, -aidhean m dispute, argument, disputation.

connsachail a (konssakhel) quarrelsome, controversial.

connsaich v (konnseekh) -achadh, dispute, argue.

connspaid n (konsspech) -e, -ean f controversy, contention.

connspaideach a (konsspachakh) -iche, contentious.

connspaidiche n (konsspachikha) -ean m disputant.

connspeach n (konsspekh) -e, -ean f wasp, hornet.

conntraigh n (kontree) -e f neap-tide.

cop n (kop) cuip m foam, froth.

copach a (kopakh) foamy, frothy.

copag n (kopak) -aige, -an f dock (plant).

copair a (koper) copper.

copar n (kopar) -air m copper.

copraich v (koprikh) -achadh, fizz.

cor n (kor) cuir m condition, state, case. air chor is gun tig thu, on condition that you come; cha dèan mi sin air chor sam bith, I will not do that on any account; air na h-uile cor, by all means.

còras-grèine n (kohrass grehna) -an m solar system.

corc n (kork) cuirce -an f knife.

còrcach n (kohrkakh) -aiche f hemp.

còrcair a (kohrker) purple.

còrd n (kohrt) cùird m cord.

còrd v (kohrt) -adh, agree. tha an leabhar a' còrdadh rium, I like the book; chòrd na saor-làithean rithe, she enjoyed the holidays; tha iad a' còrdadh gu math ri chèile, they get on well together.

còrdadh n (kohrtagh) -aidh, -aidhean m agreement.

coreigin in phr. air choreigin (er khorekin) some or other. leabhar air choreigin, some book or other; air dòigh air choreigin, somehow or other.

còrn n (kohrn) cùirn m horn (drinking and music); corn (on foot).

coron n (koron) -oin, -an m crown.

corp n (korp) cuirp m body, corpse.

corpailear n (korpaler) -an m corporal.

corporra a (korpara) corporal.

còrr a ((kohr) odd. duine còrr, an odd person; bliadhna chòrr, an extraordinary year.

còrr n (kohr) -a m surplus, more, balance (fin). còrr is fichead, more than twenty; thoir dhomh an còrr, give me the rest; chan eil an còrr againn, we are out of stock; chan eil an còrr a dhìth, that is the last straw.

corra-biod n (kora peeat) -a m tiptoe. choisich e air a chorra-biod, he walked on tiptoe.

corra-chagailte n (-khakalcha) -an f salamander, sulphurous glow in ashes.

corrag n (korak) -aige, -an f finger.

corra-ghritheach n (-ghreeakh) -iche, -an f heron.

corra-mhonaidh n (-vonee) -an f crane (orn).

corran n (koran) -ain m sickle.

corraich n (koreekh) -e f wrath, ire.

còs n (kohss) -òis, -an m hollow.

còsach a (kohssakh) hollow, snug.

cosamhlachd n (kossalakhk) -an f parable, likeness.

cosgail a (koskel) expensive, dear.

cosgais n (koskish) -e f expense.

cosmo-sheòladair n (kosmo-hyohlater) -ean m cosmonaut.

cosnadh n (kossnagh) -aidhean m earning(s). See verb **coisinn**..

còta n (kohta) -aichean m coat.

còta-bàn n (-bahn) m petticoat.

cotan n (kotan -ain m cotton.

cothrom (air) n (koram) -uim, -an m balance, opportunity (for), poise. **toirt cothrom na Fèinne do – – –**, being fair to.

cothromach a (koromakh) fair, balanced.

cothromachadh n (koromakhagh) -aidh m balance (fin). **cothromachadh malairt**, balance of payments.

cothromaich v (koromikh) -achadh, weight, balance.

cràbhach a (kravakh) devout, religious.

cràbhadh n (kravagh) -aidh m devotion.

cràdh n (krahgh) -aidh m pain, torment, torture.

craiceann n (krekhan) -cinn, -cnean m skin.

cràidh v (krahee) cràdhadh, pain, torment, torture.

cràidhteach a (kraheechakh) grievous.

cràin n (kraheen) -e, -tean f sow.

crann n (krown) -oinn m plough, bar, bolt, tree, crane, mast, shaft (mech).

crann v (krown) -adh, bar.

crann-aisil n (-ashil) m axis.

crann-ceusaidh n (-keeassee) m cross (for crucifixion).

crann-fige n (-feeka) m fig-tree.

crann-fiona n (-feeana) m vine.

crann-lach n (-lakh) -aiche, -ean f teal.

crann-ola n (-ola) m olive-tree; oil-rig.

crann-spreòid n (-spryohch) m bowsprit.

crann-tabhaill n (-taval) m sling.

crann-toisich n (-toshikh) m foremast.

crannag n (kranak) -aige, -an f pulpit; churn.

crannchur n (kranakhoor) -uir, -an m lot.

craobh n (kraov) craoibhe, -an f tree.

craobh-sgaoil v (-skaol) -eadh, broadcast, transmit, propagate.

craos n (kraoss) -aois m gluttony; large open mouth.

craosach a (kraossakh) gluttonous, rapacious, voracious.

craosaire n (kraossara) -ean m glutton.

crath v (krah) -adh, shake, brandish, sprinkle. **crath ri**, wave to.

crè n (krah) f clay.

creach n (krekh) -eiche, -an f plunder, pillage, prey, spoils.

creach v (krekh) -adh, plunder, pillage, ruin.

creachach a (krekhakh) predatory.

creachadair n (krekhatar) m plunderer.

creachadh n (krekhagh) -aidh m plundering.

crèadhadair n (krehatar) -ean m potter.

crèadhadaireachd n (krehatarakhk) f pottery.

creag n (krek) -eige, -an f rock, crag.

creagach a (krekakh) rocky, craggy.

creamh n (krev) -a m garlic.

creamh-gàrraidh n (-gahree) m leek.

creathail n (krehel) creathlach, creathlaichean f cradle.

creathal n (krehal) -aille, -an f lamprey.

creatlach plèana n (kretlakh plehna) -eiche, -eichean f fuselage.

creid v (krech) -sinn, believe.

creideamh n (krechav) -imh m belief, religion, faith, creed.

creidear n (krechar) -an m creditor.

creideas n (krechass) -eis m trust, credit, credibility.

creideasach a (krechassakh) credible.

creidmheach n (krechvakh) -ich m believer.

creim v (krem) -eadh, nibble, gnaw.

crèis n (krehsh) -e f grease.

crèiseach a (krehshakh) -iche, greasy.

crèisich v (krehshikh) -eachadh, grease.

creuchd n (kreeakhk) -a, -an f wound.

creuchd v -adh, wound.

creud n (kreeat) -a, -an f creed, belief.

creutair n (kreeatar) -ean m creature, being.

criathar n (kreear) -air m sieve.

criathradair n (kreearatar) -ean m sifter.

criathraich v (kreearikh) criathradh, sift.

cridhe n (kreea) -eachan m heart.

cridheil a (kreeal) hearty, cheerful.

cridhealas n (kreealass) -ais m hilarity, jollity.

crìoch n (kreeakh) crìche, -an f end, limit, frontier, boundary.

crìochach a (kreeakhakh) finite.

crìochnaich v (kreeakhnikh) finish.

criomag n (kreemak) -aige, -an f bit, morsel.

crìon a (kreean) crìne, withered.

crìon v -adh, wither, fade, decay.

crìonadh n (kreeanagh) -aidh m withering.

crìonna a (kreeana) prudent.

crioplach n (kreeplakh) -aich m cripple.

crios n (kreess) -a, -an m belt, girdle.

crios-gleidhidh n (-glehee) m safety belt.

crios-teasairginn n (-chessarkin) m life-belt.

Crìosd n (kreeast) Christ.

Crìosdachd n (kreeastakhk) a' Chrìosdachd f Christendom.

Crìosdaidh n (kreeastee) -ean m Christian.

Crìosdail a (kreeastel) Christian.

Crìosdalachd n (kreeastalakhk) f Christianity.

crioslaich v (kreesslikh) -achadh, gird.

criostal n (kreestal) -ail m crystal.

criothnaich v (kreenikh) -achadh, tremble.

crith n (kree) -e, -ean f trembling, tremor, shake.

crith v crith shake, quiver.

critheann n (kreean) -inn m poplar, aspen.

crith-thalmhainn n (kree halavin) -e talmhainn, -ean t. f earthquake.

crith-thinneas n (-hinass) m palsy.

crò n (kroh) cròtha, cròithean (krohan) m (sheep) fold, pen; (needle) eye.

crò-leabaidh n (-lepee) m litter (bedding).

cròch a (krohkh) -òiche, saffron.

croch v (krokh) -adh, hang, suspend. tha sin a' crochadh air an t-sìde, that depends on the weather.

crochadair n (krokhatar) -ean m hangman.

crochadh n (krokhagh) -aidh m hanging.

crodh n (kroh) cruidh m cattle.

croga n (kroka) -achan m jar.

crogall n (krokal) -aill m crocodile.

croich n (kroikh) -e, -ean f gallows, gibbet.

crois n (krosh) -e, -ean f cross. a' Chrois Dhearg, the Red Cross.

croit n (kroch) -e, -ean f hump; croft.

croitear n (krochar) -eir, -an m crofter.

crom a (krom) cruime, crooked, curved.

crom v -adh, curve, bow.

crom-fhearsaid n (-ersech) -e, -ean f crank-shaft.

crom-lus n (looss) -uis, -an m poppy.

crom-nan-duilleag n (-doolyak) -an m woodcock.

cromag n (kromak) -aige, -an f crook, hook, clasp, comma. cromagan turrach, inverted commas.

cron n (kron) -oin m fault, harm.

cronachadh n (kronakhagh) -aidh, -aidhean m adverse criticism.

cronaich v (kronikh) -achadh, scold.

cronail a (kronel) hurtful, harmful.

crònan n (krohnan) -ain m hum, purr, buzz. dèan crònan v hum, purr, buzz.

cros-chineal n (kross khinal) -eil, -an m hybrid.

crosda a (krosta) cross, peevish, irritable.

crotach a (krotakh) hunchbacked.

crotaire n (krotara) -ean m hunchbacked man.

crotal n (krotal) -ail m lichen.

cruach n (krooakh) -aiche, -an f stack, rick.

cruach v -adh, heap, stack.

cruachan n (krooakhan) -ain, -an m conical hill.

cruachann *n* (krooakhan) -ainn, cruaichnean *f* hip.

cruadal *n* (krooatal) -ail *m* hardihood, courage.

cruadalach *a* (krooatalakh) hardy.

cruadhaich *v* (krooaeekh) -achadh, harden.

cruaidh *a* (krooahee) -e, hard, severe.

cruaidh *n* cruadhach *f* steel.

cruaidh-chàs *n* (-khahss) -àis, -an *m* emergency, adversity, hardship.

cruaidh-chridheach *a* (-khreeach) hard-hearted.

cruas *n* (krooass) -ais *m* hardness, severity, rigour.

crùb *v* (kroop) -adh, crouch, squat, cringe.

crùbach *a* (kroopakh) lame, halt.

crùbaiche *n* (kroopikha) *f* lameness.

crudha *n* (krooa) -ùidhe, crùidhean (krooyan) *m* horseshoe.

crudhaich *v* (krooikh) -achadh, shoe.

cruineachd *n* (krooinyakhk) *m* wheat *a* wheaten.

cruinn *a* (krooin) -e, round, circular, spherical, globular.

cruinn'-eòlaiche *n* (-yohlikha) -ean *m* geographer.

cruinn'-eòlas *n* (-yohlass) -ais *m* geography.

cruinne *n* (krooinya) *f* roundness, globe, sphere.

cruinnich *v* (krooinyikh) -eachadh, gather, assemble, collect.

cruinnead *n* (krooinyat) -eid *m* roundness.

crùisgean *n* (krooshkyan) -ein, -an *m* oil lamp.

cruit *n* (krooch) -e, -ean *f* harp.

cruitear *n* (kroochar) -ean *m* harpist.

Cruithear *n* (krooyar) -ir *m* Creator.

Cruithneach *n* (krooinyakh) -nich *m* Pict.

crùn *n* (kroon) -ùin, -ùintean (-oonchan) *m* crown, mitre.

crùn *v* -adh, crown.

cruth *n* (kroo) -a, -an *m* form, figure, format.

cruthaich *v* (krooikh) -achadh, create.

cruth-atharraich *v* (-a harikh) -achadh, transform, catalyse.

cruth-atharrachadh *n* (-a harakhagh) -aidh *m* transformation, metamorphosis.

cù *n* (koo) coin (gen sg, plural) con (gen pl.) *m* dog.

cù-eunaich *n* (-eeanikh) *m* spaniel.

cuach *n* (kooakh) -aiche, -an *f* cuckoo; ringlet.

cuaille *n* (kooala) -ean *m* club, bludgeon, cudgel.

cuain *n* (kooaheen) -e, -ean *f* litter (of animals).

cuairt *n* (kooarshch) -e, -ean *f* circle, circuit, round, tour, journey, excursion. **air chuairt**, on a journey/ trip; **mun cuairt (air)**, around.

cuairt-chainnt *n* (-khaheench) -e, -ean *f* circumlocution.

cuairt-shlugan *n* (-hlookan) -ain, -an *m* whirlpool.

cuairt-thomhas *n* (-hoass) -ais *m* circumference.

cuairteach *a* (kooarshchakh) circular.

cual chonnaidh *n* (kooal khonee) -aile, -ailtean *f* faggot (fuel).

cuan *n* (kooan) -ain, -tan *m* ocean, sea.

cuartachadh *n* (kooarstakhagh) -aidh, -aidhean *m* circulation.

cùbaid *n* (koopech) -e, -ean *f* pulpit.

cùbair *n* (kooper) -ean *m* cooper.

cùbhraidh *a* (kooree) fragrant.

cùbhraidheachd *n* (kooreeakhk) -an *f* fragrance.

cùdainn *n* (kooteen) -e, -ean *f* tub.

cud(th)rom *n* (kootram) -uim *m* weight.

cudromach *a* (kootramakh) weighty.

cuibhil *v* (kooil) cuibhleadh, wheel.

cuibhle *n* (kooila) -eachan *f* wheel. **cuibhle-fhiaclach**, cog-wheel.

cuibhle-shnìomh *n* (-hneeav) -eachan *f* spinning-wheel.

cuibhle-stiùiridh *n* (-styooree) *f* steering-wheel.

cuibhleachadh *n* (kooilakhagh) -aidh *m* coil.

cuibhlich *v* (kooilikh) -eachadh, coil.

cuibhreach *n* (kooirakh) -ich, -ichean *m* chain, fetter.

cuibhrich *v* (kooitikh) -eachadh, chain, fetter.

cuibhrig *n* (kooirik) -e, -ean *f* coverlet.

cuibhreann *n* (kooiran) -inn, -ean *m* part, allowance.

cuid *n* (kooch) codach, codaichean *f* part, share. **a' chuid as mò**, most, the majority; **cuid oidhche**, a night's lodging; (with poss prons) **a cuid mac**, her sons; **a chuid mac**, his sons; **an cuid planaichean**, their plans.

cuid *pron* some, others. **tha cuid air a' mhonadh agus cuid eile anns an achadh**, some are on the moor and others in the field; **cuid de na balaich**, some of the boys; **a' chuid as mò de na h-eòin**, most of the birds.

cuide (ri) *prep* (kooja) with, together with.

cuideachadh *n* (koochakhagh) -aidh *m* help.

cuideachd *n* (koochakhk) -an *f* company, troop. **chaidh e ri cuideachd athar**, he took after his father's people.

cuideigin *pron* (koochakin) someone.

cuidhteachadh *n* (kooichakhagh) -aidh, -aidhean *m* compensation.

cuidhteas *n* (kooichass) -eis *m* quittance, riddance. **tha mi cuidhteas e**, I am rid of it.

cuidhtich *v* (kooichikh) -eachadh, compensate.

cuidich *v* (koochikh) -eachadh, help.

cuidhe *n* (kooya) -ean *f* wreath of snow.

cuigeal *n* (kooikal) -eil, -an *f* distaff.

cùil *n* (kool) -e, -ean *f* nook, niche, corner, recess.

cuilbheart *n* (koolavarst) -eirt, -an *f* trick, wile.

cuilc *n* (koolk) -e, -ean *f* reed, cane.

cuileag *n* (koolak) -eige, -an *f* fly.

cuilean *n* (koolan) -ein, -an *m* puppy, whelp, cub.

cuileann *n* (koolan) -inn *m* holly.

cùilteireachd *n* (koolcherakhk) *f* skulking. **dèan c.**, skulk.

cuimhne *n* (kooina) *f* memory, recollection. **tha cuimhne agam air**, I remember it; **co aig a bheil cuimhne air?**, who can remember it?

cuimhneachadh *n* (kooinyakhagh) -aidh *m* reminiscence.

cuimhneachail (air) *a* (kooinyakhel) mindful (of).

cuimhneachan *n* (kooinyakhan) -ain *m* remembrance, memento, memorandum, memorial.

cuimhnich *v* (kooinyikh) -eachadh, remember, recollect. **cuimhnich do**, remind.

cuimir *a* (kooimir) neat, trim, tidy.

cuimse *n* (kooimsha) -ean *f* aim, measure.

cuimsich *v* (kooimshikh) -eachadh, aim.

cuin(e) *interr* (koon(ya)) when? **cuin a tha e tòiseachadh?**, when is he starting?

cuing *n* (kooing) -e, -ean *f* yoke, asthma.

cuingead *n* (kooingyat) -ide *f* narrowness.

cuingich *v* (kooingyikh) -eachadh, yoke.

cùinneadh *n* (kooinyagh) -idh *m* coinage.

cuinneag *n* (kooinyak) -eige, -an *f* pail, bucket.

cuinnean *n* (kooinyan) -ein, -an *m* nostril.

cuinnse *n* (kooinsha) -ean *f* quince.

cuip *n* (kooip) -e, -eachan *f* whip.

cuir *v* (koor) cur, put, send. **cuir a dh'iarraidh** (a yeeree), send for (things); **cuir air bun**, establish; **cuir air chois** (khosh), set up; **cuir air e**, switch/turn it on; **cuir air geall**, put on one's word; **cuir airgead an sàs**, invest money; **cuir an aghaidh** (ughee), take exception to, oppose; **cuir an aghaidh air**, make for; **cuir an amharas**, put in doubt, suspect; **cuir an cèill**, express, declare; **cuir an geall**, pledge; **cuir an sàs**, apply, put into operation, arrest; **cuir às a chiall**, drive someone mad; **cuir às do**, kill; **cuir às leth**, allege, ascribe, attribute; **cuir car de**, upset, overturn; **cuir casg air**, interrupt; **cuir cùl ri**, forsake; **cuir dheth**, undress, take off; **chuir mi dhìom mo chòta**, I took off my coat; **cuir dheth e**, switch/turn it off; **cuir eagal air**, frighten; **cuir fàilte air**, welcome; **cuir fearg air**, anger; **cuir fios air**, send for (people); **cuir fios gu**, let know; **cuir fo smachd**, dominate; **cuir fòn gu**, phone; **cuir gu bàs**, put to death; **cuir gu feum**, put to use; **cuir gu gnìomh**, put into effect; **cuir ìmpidh air**, persuade; **cuir iongantas air**, surprise; **cuir luach air**, appreciate; **cuir meal-a-naidheachd air**, congratulate; **cuir ri**, add; **cuir ri chèile**, compile, compose; **cuir roimh**, decide, resolve; **chuir mi romham**, I decided; **cuir seachad**, spend (time); **cuir teine ri**, set fire to; **cuir troimhe chèile**, confuse, agitate; **cuir mu**, dress, put on; **chuir mi umam**, I dressed.

cuireadh *n* (kooragh) -eidh, -idhean *m* invitation.

cuirm-chiùil *n* (kooram khyool) -e, -ean *f* concert.

cùirnean *n* (koornan) -ein, -ean *m* dewdrop.

cùirt *n* (koorshch) -e, -ean *f* court.

cùirtealachd *n* (koorshchalakhk) -an *f* courteousness.

cùirteil *a* (koorshchel) courteous.

cùirtean *n* (koorshchan) -ein, -an *m* curtain.

cùis *n* (koosh) -e, -ean *f* matter, affair, cause, circumstance, case, action (legal). **cùisean an là**, current affairs; **dèan a' chùis air**, beat, be victorious over.

cùis-bheachd *n* (-vekhk) -an *f* abstraction.

cuisle *n* (kooshla) -ean *f* vein, artery.

cùl *n* (kool) -ùil, cùiltean *m* back. **air mo chùl**, behind me.

cùl-chàin *v* (koolkhaheen) -eadh, slander, calumniate.

cùl-chàineadh *n* (-khaheenagh) -idh *m* calumny.

cùl-chainnt *n* (-khaheench) -ean *f* calumny.

cùl-mhùtaire *n* (-vootara) -ean *m* smuggler.

cùl-mhùtaireachd *n* (-vootarakhk) -an *f* smuggling. **dèan cùl-mhùtaireachd** *v* smuggle.

cùl-sholas *n* (-holass) -ais *m* tail-light.

cùl-shleamhnachadh *n* (-levnakhagh) -aidh *m* backsliding.

cùl-taic *n* (-takhk) -e, -ean *f* stay, support.

cùlaibh (kooliv) **air cùlaibh** (*gen*) behind. **air cùlaibh an dorais**, behind the door.

culaidh-mhagaidh *n* (koolee vakee) -e, -ean *f* laughing-stock.

cularan *n* (koolaran) -ain, -an *m* cucumber.

cullach *n* (koolakh) -aich *m* boar.

cùm *v* (koom) cumail, keep, hold. **tha mi a' cumail orm leis an obair**, I am keeping on with the work; **tha feadhainn a' cumail a-mach gu bheil an deoch cronail**, some maintain that drink is harmful; **chùm iad an fhèill**, they celebrated the festival; **cùm ort**, keep going; restrain yourself.

cumadail *a* (koomatel) shapely.

cumadalachd *n* (koomatalakhk) -an *f* symmetry.

cumadh *n* (koomagh) -aidh, -aidhean *m* shape, form.

cumanta (ri) *a* (koomanta) common (to), ordinary. **Taigh nan Cumantan**, The House of Commons.

cumha *n* (koo a) -aidh, cumhachan *m* lament.

cumhachd *n* (kooakhk) -an *f* power, might.

cumhachdach *a* (kooakhkakh) powerful, mighty.

cumhang *a* (kooang) cuinge (kooinga) narrow.

cùmhnant *n* (koonant) -aint, -an *m* covenant, contract, condition, bargain. **air chùmhnant**, conditional; **cùmhnant ceannaich** (kyanikh) deal; **cùmhnantan**, terms.

cunbhalach *a* (koonvalakh) regular, steady.

cungaidh *n* (koongee) -e, -ean *f* drug. **cungaidh suain**, narcotic.

cunnart *n* (koonart) -airt, -an *m* danger.

cunnartach *a* (koonartakh) dangerous.

cùnnradh *n* (koonragh) -aidh, -aidhean *m* deal. **cùnnradh ceart**, square deal.

cùnnt *v* (koont) -adh, count, number, reckon.

cùnntair *n* (koonter) -ean *m* numeral.

cùnntas *n* (kontass) -ais, -an *m* bill, account, invoice, book-keeping, arithmetic. **cùnntas-tasgte** (taskcha), deposit account; **ruith-chùnntas**, (rooikhoontass), current-account; **cùnntais** (koontish) statistics.

cùnntasachd *n* (koontassakhk) *f* accountancy.

cùnntasair *n* (koontasser) -ean *m* accountant.

cupan *n* (koopan) -ain, -an *m* cup.

cur-leis *n* (koor lesh) *m* enterprise. **cur-leis saor**, free enterprise.

cur-thuige *n* (koor hooika) *m* activation.

curaidh *n* (kooree) -nean *m* champion, hero.

cùrainn *n* (kooreen) -e, -ean *f* flannel.

cùram *n* (kooram) -aim, -an *m* care.

cùramach *a* (kooramakh) careful, solicitous.

currac-cuthaige *n* (koorak kooeka) *f* harebell.

curran *n* (kooran) -ain *m* carrot.

cùrsa *n* (koorssa) -aichean *m* course, career. **cùrsa mara** *m* cruise.

cus *n* (kooss) *m* superfluity, too much; enough.

cusbainn *n* (koospin) *f* custom (duty). **Taigh Chusbainn**, Customs House.

cusp n (koosp) *f* chilblain.

cuspair *n* (koosper) -ean *m* subject, point.

cuspaireachd *n* (koosparakhk) *f* archery, shooting.

cut *v* (koot) -adh, gut.

cuthach *n* (kooakh) -aich *m* rage, madness, insanity. **air chuthach**, mad, insane.

cuthag *n* (kooak) -aige, -an *f* cuckoo.

D

dà (*asp*) *a* (dah) two (followed by a form of the noun similar to the dative singular): **dà bhòrd mhòr**, two large tables; **dà bhròig bhig**, two small shoes; **a dhà**, two (when counting).

da *pron prep* (dah) to him. See **do**.

dà-bhitheach *a* (-veeakh) amphibious.

dà-bhliannach *a* (-vleeanakh) bi-ennial.

dà-bhuilleach *a* (-vooilakh) two-stroke.

dà-chasach *a* (-khassakh) -aich *m* biped.

dà-chèileachas *n* (-khehlakhass) -ais *m* bigamy.

dà-dhadam *n* (-ghatam) -aim *m* diatom.

dà-dheug *n* and *a* (dah yeeak) twelve.

dà-dheugach *a* (-yeeakakh) duodecimal.

dà-dhualach *a* (-ghooalakh) two-ply.

dà-einnseanach *a* (-enshinakh) twin-engined.

dà-fhaobharach *a* (-aovarakh) two-edged.

dà-fhichead *n* and *a* (-ikhat) forty.

dà-fhillte *a* (-ilcha) double, two-fold.

dà-fhogharach *n* (-ogharakh) -aich *m* diphthong.

dà-làmhach *a* (-lahvakh) two-handed.

dà-mheudach *a* (-veeatakh) two-dimensional.

dà-phuing *n* (-foong) -e, -ean *f* colon (*punct.*).

da-rìribh (da reeriv) indeed, in earnest. **bòidheach da-rìribh**, really beautiful.

dà-sgriubhach *a* (-skrooakh) twin-screw.

dà-sheaghach *a* (dah haoghakh) ambiguous.

dà-sheaghachas *n* (-haoghakhass) -ais *m* ambiguity.

dà-ùrlair *n* (-oorler) *m* double-decker.

dabhach *n* (davakh) -aich, -aichean *f* vat.

dachaigh *n* (dakhee) -ean *f* home. **a' dol dhachaigh**, going home.

dad *pron* (dat) anything. **dè tha ort? chan eil dad**, what is wrong with you? nothing.

dadam *n* (datam) -aim *m* atom.

dadamach *a* (datamakh) atomical.

dadh *v* (da-a) -adh, singe, scorch.

daga *n* (daka) -aichean *m* pistol.

dàil *n* (dahl) dàlach, dàlaichean *f* delay, procrastination, credit, abeyance. **reic air dhàil**, sell on credit; **cuir dàil ann**, postpone.

dail *n* (dal) dalach, -tean *f* dale.

dàimh *n* (daheev) *f* friendship, affinity.

dàimheil *a* (daheeval) friendly.

dàimhealachd *n* (daheevalakhk) *f* friendliness.

daingeann *a* (daheean) daingne, firm, sturdy.

daingneach *n* (dengnyakh) -ich, -ichean *m* fortress.

daingnich *v* (dengnyikh) fortify, affirm.

dall *a* (dowl) -oille, blind.

dallag-ar.-fhraoich *n* (dalak an raoikh) -aige, -an *f* shrew.

dall-luch *n* (dowl lookh) -a, -an *f* dormouse.

dalma *a* (dalama) presumptuous.

dalta *n* (dalta) -an *m* foster-child.

daltachas *n* (daltakhass) -ais *m* fostering.

dàm *n* (dahm) -aim *m* dam.

damaichte *a* (dameekhcha) damnable.

dàmais *n* (dahmish) *f* draughts.

damh *n* (dav) -aimh *m* ox, stag.

damh-fèidh *n* (-feh) *m* hart.

dàmhair *n* (dahver) -e *f* rut. **an Dàmhair**, October.

damhan-all.·'dh *n* (davan alee) -ain *m* spider.

dàn *n* (dahn) -ain *m* poem; fate, destiny. **an dàn**, fated.

dàna *a* (dahna) bold, intrepid, daring.

dànadas *n* (dahnatass) -ais *m* boldness.

danns *v* (downss) -adh, dance.

dannsa *n* (downssa) -annan *m* dance.

dannsair *n* (downsser) -ean *m* dancer.

dàntachd *n* (dahntakhk) *f* fatalism.

dàntaiche *n* (dahntikha) -ean *m* fatalist.

daoibhear *n* (daoivar) -an *m* diver.

daoibhig *v* (daoivik) -eadh, dive.

daoimean *n* (daoiman) -ein, -an *m* diamond.

daolag *n* (daolak) -aige, -an *f* beetle. **daolag dhearg bhreac**, lady-bird.

daonna *a* (daona) human.

daonnachd *n* (daonakhk) *f* humanity.

daonnaire *n* (daonara) -ean *m* humanist.

daonnaireachd *n* (daonarakhk) *f* humanism.

daonnan *adv* (daonan) always.

daor *a* (daor) expensive, costly, dear.

daorsa *n* (daorssa) *f* bondage.

dara *a* (dara) second. **an dara h-àite**, the second place; **cuir an dara taobh**, put to one side, put by; **thuirt an dara fear seo ach thuirt am fear eile sin**, one said this but the other said that; **fon dara achlais**, under one arm. **dara** is used to express one or the first of two.

darach *n* (darakh) -aich *m* oak.

daraich *a* (darikh) oaken.

dàrna See **dara**.

dath *n* (da) -a, -an *m* colour. **dè an dath a tha air do chàr? Tha dearg**, what colour is your car? Red.

dè *inter pron* (jeh) what? **dè a bha thu a' dèanamh?**, what were you doing?; **dè an t-ainm a tha ort?**, what is your name?; **dè na tha sin?**, how much is that?; **dè cho fada?**, how far?; **dè an ùine bha e ann an Glaschu?**, how long was he in Glasgow?

de (*asp*) *prep* (je) of, off. **pìos de chàise**, a piece of cheese; **cus de ùine**, too much time; **cuir dhìot do chòta**, take off your coat.

deacaid *n* (jakech) -e, -ean *f* jacket.

deacair *a* (jeker) -e, hard (to understand).

deach(aidh) *irr* (jekh) went. See Appendix verb **rach**.

deachamh *n* (jekhav) -aimh, -aimhean *m* tithe.

deachd *v* (jekhk) -adh, dictate.

deachdadh *n* (jekhkagh) -aidh, -aidhean *m* dictation. **inneal deachdaidh**, dictophone.

deachdair *n* (jekhkara) -ean *m* dictator.

deachdaireachd *n* (jekhkarakhk) -an *f* dictatorship.

deadhan *n* (jaoan) -ain *m* dean.

deagh *a* (jeh/jh) fine, excellent. **deagh mhèin**, good will.

deagh-bheus *n* (-veeass) -an *f* virtue.

deagh-ghean *n* (-yan) -a *m* benevolence.

deala *n* (jala) -chan *f* leech.

dealachadh *n* (jalakhagh) -aidh *m* separation, division, divorce.

dealaich *v* (jalikh) -achadh, part, separate, insulate.

dealaichear *n* (jalikhar) -an *m* insulator.

dealaichte *a* (jalikhcha) separate.

dealain *a* (jalen) electric.

dealan *n* (jalan) -ain, -an *m* electricity; latch.

dealan-airgidich *v* (-aragijikh) -eachadh, electro-plate.

dealan-cheimiceachd *n* (-khemikakhk) *f* electro-chemistry.

dealan-dè *n* (-jeh) -ain, -an *m* butterfly.

dealan-mharbh *v* (-varav) -adh, electrocute.

dealan-uisgeach *a* (-ooshkakh) hydro-electric.

dealanach *n* (jalanakh) -aich *m* lightning.

dealanachadh *n* (jalanakhagh) -aidh *m* electrification.

dealanaich *v* (jalanikh) -achadh, electrify.

dealanair *n* (jalaner) -ean *m* electrician.

dealas *n* (jalass) -ais *m* zeal, eagerness.

dealasach *a* (jalassakh) zealous, eager.

dealbh *n* (jalav) -a, -an *m* and *f* picture, illustration, form, figure, photograph, outline. **tog dealbh** *v* photograph.

dealbh(aich) *v* (jalavikh) -adh, form, delineate.

dealbh-chluich *n* (-khlooikh) *m* play (stage).

dealbh-èibhinn *n* (-ehvin) *m* and *f* cartoon.

dealbh-magaidh *n* (-magee) *m* and *f* caricature.

dealbh-sgrìobhadh *n* (-skreevagh) -aidh *m* hieroglyphic.

dealbh-thogail *n* (-hokel) -e *f* photography.

dealbhadair *n* (jalavatar) -ean *m* photographer.

dealbhaiche *n* (jalavikha) -ean *m* draughtsman.

dealg *n* (jalak) -eilge, -an *f* pin, skewer, prickle.

dealgan *n* (jalakan) -ain, -an *m* spindle.

deàlrach *a* (jahlrakh) shiny.

deàlraich *v* (jahlrikh) -achadh, shine, flash.

dealt *n* (jalt) -a *f* dew.

dealtach *a* (jaltakh) dewy.

deamhan *n* (joan) -ain *m* demon.

deamhais *n* (jevish) *m* shears.

deamhnaidh *a* (jonee/jewnee) devilish.

dèan *v* *irr* (jen/jeean) do, make. See Appendix verb **dèan**. **dèan cabhag** *v* make haste, hurry; **dèan dearmad air** *v* omit; **dèan feum de** *v* make use of; **dèan gàire** *v* laugh; **dèan snodha gàire** *v* smile; **dèan lasgan gàire** *v* burst out laughing, roar with laughter; **dèan an gnothach/dèan a' chùis**, be satisfactory; **an dèan seo an gnothach?**, will this do?

dèanadach *a* (jen/jeean-atakh) industrious.

dèanamh *v* *irr* (-av) doing, making. See Appendix verb **dèan**.

deann *n* (jown) -a, -an *f* force, haste. **thàinig e a-steach 'na dheann**, he rushed in; **chaidh mi chun an dorais 'nam dheann**, I rushed to the door.

deanntag *n* (jantak) -aige, -an *f* nettle.

dèantanach *a* (-tanakh) practical.

dearbh *v* (jarav) -adh, prove, try, affirm.

dearbh *a* sure, certain, identical. **an dearbh rud**, the very thing; **gu dearbh**, indeed, certainly.

dearbh-aithne *n* (-anya) *f* identity.

dearbh-aithnich *v* (-anyikh) -eachadh, identify.

dearbhadh *n* (jeravagh) -aidh, -aidhean *m* proof, identification, trial.

dearbhta *a* (jaravta) certain.

dearc *n* (jarak) -an *f* berry, currant.

dearc-luachrach *n* (-looakhrakh) -an *f* lizard.

dearcag *n* (jarkak) -aige, -an *f* currant.

dearg *a* (jarak) -eirge, red. **dearg**

amadan, a complete fool; **dearg mheirleach**, a downright thief.

deargadh *n* (jarakagh) -aidh, -aidhean *m* impression. **cha b'e sin an deargadh a thug i oirnn**, that was not the impression she gave us; **seo an dara deargadh den leabhar**, this is the second impression of the book.

deargaich *v* (jarakikh) -achadh, redden.

deargann *n* (jarakan) -ainne, -an *f* flea.

dearmad *n* (jaramat) -aid *m* omission, neglect.

deàrna *n* (jarna) *f* palm of the hand.

deàrrs *v* (jahrss) -adh, shine.

deas *n* and *a* (jess) deise *f* south, right. **Uibhist-a-deas**, South Uist; **gaoth a deas**, a southerly wind; **an làmh dheas**, the right hand; **air an làimh dheis**, on the right.

deas-bhriathrach *a* (vreearakh) eloquent.

deas-bhriathrachd *n* (-vreearakhk) *f* eloquence.

deas-chainnt *n* (-khaheench) -e, -ean *f* elocution.

deas-ghnàth *n* (-ghrah) -àith, -an *m* ceremony, ceremonial.

deas-ghnàthach *a* (-ghrahakh) ceremonious.

deas-labhrach *a* (-lavrakh) fluent.

deasaich *v* (jessikh) -achadh, prepare, edit. **fear-deasachaidh**, editor.

deasachadh *n* (jessakhagh) -aidh, -aidhean *m* editing, edition.

deasbad *n* (jespat) -aide *f* debate.

deasbair *v* (jesper) -eachadh, debate, discuss.

deasbaireachd *n* (jesparakhk) -an *f* discussion.

deasbhord *n* (jessvohrt) starboard.

deatach *n* (jetakh) -aiche, -aichean *f* vapour, fumes.

deich *a* (jekh) ten. **a deich**, ten (when counting).

deicheach *a* (jekhakh) decimal.

deicheamh *n* (jekhav) -eimh *m* decimation.

deichnear (*gen plur*) *n* (jekhnar) *m* ten (persons). **deichnear mhac**, ten sons.

dèideadh *n* (jehjagh) -idh *m* toothache.

dèideag *n* (jehjak) -eige, -an *f* pebble.

40

dèideagach *a* (jehjakakh) pebbly.

dèidh *n* (jeh) -e, -ean *f* desire, fondness, aspiration.

dèidh *prep* (jeh) **an dèidh/às dèidh**, (*gen*) after. **às mo dhèidh** (yeh), after me; **às a dèidh**, after her; **an dèidh na coinneimh**, after the meeting; **an dèidh dhomh an doras fhosgladh**, after I had opened the door; **an dèidh làimh(e)**, afterwards, subsequently; **an dèidh a h-uile cail**, after all.

dèidheil (air) *a* (jehyel) keen (on), desirous (of), fond (of).

deidhinn *prep* (jeyin) **mu dheidhinn** (*gen*) (moo yeyin), about, concerning; **bhruidhinn e mu dheidhinn na h-eaglaise**, he spoke about the church.

deigh *n* (jeh) -e, -ean *f* ice.

deilbh *v* (jelav) design, plan.

deilbh *n* (jelav) -e, -ean *f* design.

dèile *n* (jehla) -eachan *f* deal, plank.

dèilig (ri) *v* (jehlik) -eadh, deal (with).

deimhinn *a* (jevin) certain, true, conclusive.

deimhneas *n* (jevnass) -eis *m* diploma.

dèine *n* (jehna) *f* keenness, impetus.

dèineas *n* (jehnass) -ais *m* vehemence.

deir *n* (jer) -e *f* shingles.

dèirceach *n* (jehrkakh) -ich *m* beggar.

dèircean *n* (jehrkan) *f* alms.

deireadh *n* (jeragh) -idh, -idhean *m* end, rear, stern. **mu dheireadh**, at last; **an taigh mu dheireadh**, the last house; **air deireadh**, late.

deireannach *a* (jeranakh) last, hindermost.

deirge *n* (jeraka) *f* redness.

deisciobal *n* (jeskipal) -ail *m* disciple.

deisciobalachd *n* (jeskipalakhk) *f* discipleship.

deise *n* (jesha) -eachan *f* suit of clothes; readiness.

deiseil (air/gu) *a* (jeshel) ready (for).

dèisinn *n* (jehshin) -e, -ean *f* disgust, abhorrence.

deò *n* (joh) *f* breath. **cha robh deò ann**, there was no life in him.

deoghail *v* (joel) deoghal, suck.

deoch *n* (jokh) *f* drink. **deoch an dorais**, a stirrup cup.

deoch-slàinte *n* (-slahncha) *f* toast (in drinking).

deòigh (joi) **fa dheòigh** (fa yoi) at last.

deòin *n* (join) -e *f* will, purpose. **a dheòin** (yoin) **no dh'aindeoin** (yanyan), willy-nilly.

deònach *a* (johnakh) willing.

deònaich *v* (johnikh) -achadh, grant, vouchsafe.

deuchainn *n* (jeeakhin) -e, -ean *f* examination, trial. **cuir gu deuchainn**, try (a person).

deuchainn-lann *n* (-lown) -ainne, -an *f* laboratory.

deuchainneach *a* (jeeakhanyakh) probationary.

deuchainniche *n* (jeeakhanikha) -ean *m* probationer.

deud(ach) *n* (jeeatakh) -aich *m* denture.

deudach *a* (jeeatakh) dental.

deug *n* and *a* (jeeak) ten (used only in combinations **aon deug**, eleven, **dà dheug**, twelve, **trì deug**, thirteen etc.

deur *n* (jeear) deòir *m* tear. **sil na deòir**, shed tears.

deurach *a* (jeearakh) tearful.

dha *prep pron* (gha) to/for him.

dhaibh *prep pron* (ghaheev) to/for them.

dheth *prep pron* (yeh) of/off him.

dhi *prep pron* (yee) to/for her.

dhìbh *prep pron* (yiv) of/off you.

dhinn *prep pron* (yin) of/off us.

dhìom *prep pron* (yeeam) of/off me.

dhìot *prep pron* (yeeat) of/off you.

dhith *prep pron* (yee) of/off her.

dhiùbh *prep pron* (yoo) of/off them.

dhomh *prep pron* (gho) to/for me.

dhuibh *prep pron* (ghooiv) to/for you.

dhuinn *prep pron* (ghooin) to/for us.

dhuit/dhut *prep pron* (ghooch/ghoot) to/for you.

Dia *n* (jeea) **Dè** *m* God. **diathan**, gods.

diabhal *n* (jeeal) -ail, diabhlan *m* devil.

diabhlaidh *a* (jeealee) devilish, diabolical.

diadhachd *n* (jeeaghakhk) *f* godliness, divinity.

diadhaidh *a* (jeeaghee) godly, divine.

diadhaire *n* (jeeaghara) -ean *m* divine, clergyman.

41

dian *a* (jeean) dèine, vehement, impetuous.

Diardaoin *n* (jeerdaoin) *m* Thursday.

dias *n* (jeeass) dèise, -an *f* ear of corn.

divinne *n* (jivina) -ean *m* dividend.

diblidh *a* (jeeplee) abject, vile.

dicheall *n* (jeekhal) -ill *m* diligence. **tha iad a' dèanamh an dìchill**, they are doing their best.

dicheallach *a* (jeekhalakh) diligent.

di-armachadh *n* (ji armakhagh) -aidh *m* disarmament.

di-armaich *v* (-armikh) -achadh, disarm.

di-bhruthadh *n* (-vrooagh) -aidh *m* decompression.

di-cheannadh *n* (-khyanagh) -aidh *m* decapitation.

di-cheannaich *v* (-khyanikh) -achadh, behead, decapitate.

di-fheachdaich *v* (-ekhlikh) -achadh, demobilise.

di-ghualanachadh *n* (-ghooalanakhagh) -aidh *m* decarbonisation.

di-mhìleantaich *v* (-veelantikh) -achadh, demilitarise.

di-nàisinnich *v* (-nahshinikh) -eachadh, denationalise.

di-phut *v* (-foot) -adh, declutch.

di-reòdh *v* (-ryo) -adh, defreeze.

di-tharraingich *v* (-haringikh) -eachadh, demagnetise.

Diciadain *n* (jeekeeaten) *m* Wednesday.

Di-Dòmhnaich *n* (jeedohnikh) *m* Sunday.

diet-itealan *n* (jet-ichalan) -ain *m* jet-plane.

dig *n* (jeek) -e, -ean *f* ditch.

Dihaoine *n* (jeehaoinya) *m* Friday.

dile *n* (jeela) -ean *f* flood, deluge.

dileab *n* (jeelap) -eibe, -an *f* legacy.

dileas *a* (jeelass) dìlse, faithful, loyal.

dilleachdan *n* (jeelakhkan) -ain, -an *m* orphan.

dilseachd *n* (jeelshakhk) *f* faithfulness.

Diluain *n* (jeelooin) *m* Monday.

Dimàirt *n* (jeemahrshch) *m* Tuesday.

dinichean *n pl* (jeenikhan) jeans.

dinn *v* (jin) -eadh, stuff, shove in.

dinneadh *n* (jinagh) -idh *m* stuffing.

dinnear *n* (jeenyar) dìnneireach, -an *f* dinner. **gabh dìnnear**, dine.

dinnsear *n* (jinshar) -eir *m* ginger.

diobair *v* (jeepar) diobradh, desert, fail.

diobarach *n* (jeeparakh) -aich *m* outcast.

diobhair *v* (jeever) diobhairt, vomit.

diochuimhne *n* (jeekhooina) *f* forgetfulness, oblivion. **mo dhìochuimhne** (mo yeekhooina), **an d' fhuair thu an t-airgead?**, by the way, did you get the money?

diochuimhneach *a* (jeekhooinyakh) forgetful, oblivious.

diochuimhnich *a* (jeekhooinyikh) -eachadh, forget.

diofar *n* (jeefar) *m* difference. **chan eil e gu diofar**, it does not matter.

diogail *v* (jeekel) diogladh, tickle.

dioghaltach *a* (jeealtakh) revengeful, vindictive.

dioghaltas *n* (jeealtass) -ais *m* revenge.

dioghlam *v* (jeealam) -adh, glean.

dioghlam *n* (jeealam) -aim *m* gleaning.

dioghras *n* (jeerass) -ais *m* enthusiasm.

diol *v* (jeeal) -adh, avenge, render, pay, reward.

dioladh *n* (jeealagh) -aidh, -aidhean *m* reward, payment.

diolain *a* (jeealen) illegitimate. **duine diolain**, an illegitimate (child).

diolanas *n* (jeealanass) -ais *m* illegitimacy.

diollaid *n* (jeealech) -e, -ean *f* saddle.

diomb *n* (jeemb) *m* displeasure, indignation.

diombuan *a* (jeeamooan) transient.

diomhain *a* (jeeven) idle.

diomhanas *n* (jeevanass) -ais *m* idleness.

diomhair *a* (jeever) secret, private, mysterious.

diomhaireachd *n* (jeevarakhk) -an *f* mystery.

dion *n* (jeean) -a *m* shelter, protection, security.

dionach *a* (jeeanakh) watertight.

diosgan *n* (jeeskan) -ain *m* creak.

dìreach *a* (jeerakh) -iche, straight, upright, just, perpendicular. **tha e dìreach air tighinn**, he has just come.

dìreadh *n* (jeeragh) -idh, -idhean *m* ascent.

dìrich *v* (jeerikh) dìreadh, ascend; straighten.

Disathairne *n* (jeessa harna) *m* Saturday.

disne *n* (jeeshna) -ean *f* die, dice.

dìt *v* (jeech) -eadh, condemn, sentence.

dìth *n* (jee) -e *m* want, deficiency. **tha airgead a dhìth air**, he needs money; **a dhìth**, lacking.

dìthich *v* (jeeikh) -eachadh, annihilate.

dithis (*gen plur*) *n* (jeeish) two (of persons), both, pair, couple. **an dithis bhràthair**, the two brothers.

dìthreabh *n* (jeerav) -eibhe, -an *f* desert.

dìthreabhach *n* (jeeravakh) -aich *m* hermit.

diùc *n* (jook) -an *m* duke.

diùid *a* (jooch) bashful.

diùide *n* (joocha) *f* bashfulness.

diùlt *v* (joolt) -adh, refuse.

diùltadh *n* (jooltagh) -aidh, -aidhean *m* refusal.

dleasdanas *n* (dlehstanass) -ais *m* duty.

dleasnas *n* (dlehssnass) -ais *m* duty.

dligh-eòlach *a* (dlee yohlakh) forensic.

dlighe *n* (dleea) *f* due, law. **dlighe-sgrìobhaidh** *n* (-skreevee), *f* copyright.

dligheach *a* (dleeakh) due, legitimate.

dligheachd *n* (dleeakhk) *f* legality.

dligheachd-bàis *n* (-bahsh) -an *f* death-duty.

dlùth (air) *a* (dloo) close (to).

dlùth *n* (dloo) -ùith *m* warp.

dlùthaich *v* (dlooeekh) -achadh, warp, approach.

do *part* (sign of past tense). **an do sgrìobh thu? Sgrìobh**, did you write? Yes.

do (*asp*) *poss a* your (familiar) **t'** before vowels or **fh**. **do mhàthair**, your mother; **t'athair**, your father; **t'fhalt** (talt), your hair.

do (*asp*) *prep* to, for. **tha e glè fhurasda dhomh**, it is very easy for me; **'s ann dhutsa a tha an litir**, the letter is for you.

do-àireamh *a* (do ahrav) -eimh innumerable, countless

do-cheannsachadh *a* (-chewsakhagh) -aidh, unmanageable, invincible.

do-dhèanta *a* (-yenta) impracticable.

do-eadar-sgaoileadh *a* (-etar skaolagh) indissoluble.

do-fhaicsinneach *a* (-ekshinakh) -iche, invisible.

do-fhuasgladh *a* (-ooasklagh) inextricable.

do-ghiùlan *a* (-yoolan) intolerable, insupportable.

do-innse *a* (-insha) inexpressible.

do-labhairt *a* (-lavart) unspeakable.

do-leasachadh *a* (-lessakhagh) irreparable.

do-leigheas *a* (-lyeass) incurable.

do-leughadh *a* (-lyeagh) illegible.

do-lùbadh *a* (-loopagh) inflexible.

do-lùbtha *a* (-loop-ha) inexorable.

do-mhùchadh *a* (-vookhagh) inextinguishable.

do-rèite *a* (-rehcha) insoluble.

do-rèiteachadh *a* (-rehchakhagh) irreconcilable.

do-roinn *a* (-roin) indivisible.

do-ruigsinn *a* (-rookshin) unattainable.

do-sgaradh *a* (-skaragh) inseparable.

do-sgìtheachadh *a* (-skeeakhagh) indefatigable.

do-sgrìosta *a* (-skreesta) indelible.

do-shàsachadh *a* (-hahssakhagh) insatiable.

do-sheachnach *a* (-hakhnakh) inevitable.

do-sheòladh *a* (-hyohlagh) unnavigable.

do-shiubhal *a* (-hyooal) impassable.

do-smuaineachadh *a* (-smooaheenyakhagh) inconceivable.

do-thomhas *a* (-hoass) immeasurable.

do-thuigsinn *a* (-hooksin) incomprehensible, inscrutable.

dòbhran *n* (dohran) -ain *m* otter.

dòcha *a* (dohkha) **is dòcha**, probably. **is dòcha gum faic mi iad**, I will probably see them; **an teid thu do Ghlaschu? 'S dòcha**, will you go to Glasgow? Probably.

dochann *n* (dokhan) -ainn *m* hurt.

dochannach a (dokhanakh) hurtful.

dòchas n (dohkhass) -ais m hope. **tha mi an dòchas gun ruig mi an t-Oban mu thrì uairean**, I hope to arrive at Oban about three.

dòchasach a (dohkhassakh) hopeful.

dòigh n (dohee) -e, -ean f manner, method, way. **air an dòigh seo**, in this way; **cuir air dòigh**, put in order; **tha e air a dhòigh**, he is very happy, he is in his element.

dòigheil a (dohyel) well arranged, in good trim. **ciamar tha thu? Tha mi gu dòigheil**, how are you? I am very well.

doilgheas n (dolyass) -eis m affliction.

doille n (dolya) f blindness.

doilleir a (dolyer) dark, gloomy.

doimhneachd n (doinyakhk) f depth, profundity.

doimhnich v (doinyikh) -eachadh, deepen.

doineann n (doinyan) -inne, -an f tempest.

doineannach a (doinyanakh) stormy, tempestuous.

doirbeag n (dorpek) -aige, -an f minnow.

doirbh a (dorav) difficult.

doire n (dora) -ean m and f grove.

dòirt v (dohrshch) dòrtadh (dorstagh) pour, spill, shed.

dol v irr (dol) go. See Appendix verb **rach. anns an dol a-mach**, initially; **tha mi a' dol leis**, I agree with him.

dolaidh n (dolee) f detriment.

dolaidheil a (doleeal) detrimental.

domblas n (domlass) -ais m gall, bile.

domhainn a (doen) doimhne (doina) deep, profound.

domhan n (doan) -ain m universe.

domhaoin n (dovaoin) f liabilities.

dòmhlaich v (dohleekh) -achadh, thicken, crowd.

dòmhlachd n (dohlakhk) -an f thickness.

dona a (dona) miosa (meessa) bad.

Donas n (donass) -ais m Devil, badness.

donn a (down) -uinne, brown, brown-haired.

donnal n (donal) -ail, -an m howl. **dèan**

donnal, v howl.

dòrainn n (dohreen) -e, -ean f anguish, agony.

doras n (dorass) -ais, dorsan m door. **doras aghaidh**, front door; **doras cùil**, back door.

dorcha a (dorakha) duirche, dark, dusky.

dorchadas n (dorakhatass) -ais m darkness.

dòrlach n (dohrlakh) -aich m handful.

dòrn n (dohran) dùirn m fist, hilt.

dorradas n (doratas) -ais m difficulty.

dorsair n (dorsser) -ean m porter, doorman.

dos n (doss) -ois, -an m bush, tuft.

dosach a (dossakh) bushy, tufty.

dosgainn n (doskeen) -e, -ean f calamity.

dosgainneach a (doskinyakh) calamitous.

dotair n (doter) -ean m doctor, GP.

dràc n (drahk) -àic, -an m drake.

dragh n (dragh) -a f trouble, annoyance. **tha mi duilich dragh a chur ort**, I am sorry to trouble you.

dragh v (dragh) -adh, tug.

draghadh n (dra-agh) -aidh, -aidhean m tug.

draghail a (draghel) troublesome.

dràgon n (drahgan) -oin, -an m dragon.

dràm n (drahm) -a, -annan m dram.

dràma n (drahma) m drama.

dràmaire n (drahmara) -ean m dramatist.

dràmatach a (drahmatakh) dramatic.

dranndan n (drowndan) -ain m snarl. **dèan dranndan** v snarl.

draoidh n (draoi) -ean m druid, sorcerer, wizard.

draoidheachd n (draoyakhk) f druidism, magic, sorcery.

draoidheil a (draoyel) druidical, magical.

dràsda adv (drahssta) **an-dràsda**, at present, now.

drathais n (draish) -e, -ean f pants, drawers.

dreach n (drekh) -a, -an m appearance.

dreachd (drekhk) **banca** n -an f bank draft.

44

dreadhan-donn *n* (draoan down) -ain *m* wren.

dreag *n* (drek) -eige, -an *f* meteor.

dreagaire *n* (drekara) -ean *m* satellite.

dreuchd *n* (dreeakhk) -an *f* profession. leig e dheth a dhreuchd, he retired.

driamlach *n* (dreeamlakh) -aiche, -aichean *f* fishing line.

drip *n* (drip) -e *f* bustle.

dris *n* (drish) -e, -ean *f* bramble.

drithleann *n* (dreelan) -inn *m* glitter. dèan drithleann *v* glitter.

dròbh *n* (drohv) -an *m* drove.

dròbhair *n* (drohver) -ean *m* drover.

droch *a* (drokh) miosa (meessa) bad (precedes noun). droch shìde, bad weather.

droch-bheart *n* (-vyarst) -eairt, -an *f* vice.

droch-mhèin *n* (-vehn) -e *f* malice.

droch-mhèinneach *a* (-vehnakh) -iche, malicious.

drochaid *n* (drockech) -e, -ean *f* bridge.

drògaid *n* (drokhech) -e, -ean *f* drugget, linsey woolsey.

droigheann *n* (droyan) -inn *m* thorn.

droighneach *a* (droinyakh) -iche, thorny.

dronn *n* (drown) -uinne, -innean *f* rump.

druaip *n* (druaheep) -e *f* dregs, lees.

drùchd *n* (drookhk) -ùichd, -an *m* dew.

drùchdach *a* (drookhkakh) dewy.

drùdhadh *n* (drooghagh) -aidh, -aidhean *m* impression, soaking.

drùidh *v* (drooee) drùdhadh, penetrate, soak, influence. dhrùidh e orm gu mòr, it impressed me greatly.

drùidheadh *n* (drooyagh) -idh, -idhean *m* penetration, impression.

drùidhteach *a* (drooichakh) penetrating, impressive.

druid *v* (drooch) -eadh, shut.

druid *n* (drooch) -e, -ean *f* starling.

druim *n* (drooim) droma, dromannan *m* back, ridge, camber.

druim-altach *n* (-altakh) -aich *m* vertebrate.

druimneach *a* (drooimnakh) dorsal.

drùis *n* (droosh) -e *f* lust.

drùisealachd *n* (drooshalakhk *f* lechery.

drùiseantachd *n* (drooshantakhk) *f* pornography.

drùiseil *a* (drooshel) lustful, lecherous, libidinous.

drùisire *n* (drooshira) -ean *m* lecher.

druma *n* (drooma) -achan/-aichean *f* drum.

drumair *n* (droomer) -ean *m* drummer.

duais *n* (dooish) -e, -ean *f* reward, prize, wages. duais fir-gnothaich, brokerage.

dual *n* (dooal) -ail, -an *m* lock (of hair), plait, braid, hereditary disposition.

dual *a* (dooal) hereditary.

dualchainnt *n* (dooalkhaheench) -e, -ean *f* dialect.

duan *n* (dooan) -ain *m* poem.

duanag *n* (dooanak) -aige, -an *f* ditty.

duanaire *n* (dooanara) -ean *m* anthology.

dùbailte *a* (doopalcha) double.

dùbailteachd *n* (doopalchakhk) *f* duplicity.

dùbladh *n* (dooplagh) -aidh, -aidhean *m* double, duplicate.

dùblaich *v* (doopleekh) -achadh, double, duplicate.

dùblaichear *n* (dooplikhar) -an *m* duplicator.

dubh *a* (doo) -uibhe, black.

dubh *v* (doo) -adh, blacken.

dubh *n* (doo) -uibh *m* ink.

dubh-chlèin *n* (-khlehn) -e, -ean *f* spleen.

dubhach *a* (dooakh) sad, melancholy.

dubhadh grèine/gealaich *n* (dooagh) -aidh, -aidhean *m* eclipse.

dubhailc *n* (doovalk) -e, -ean *f* vice.

dubhailceach *a* (doovalkakh) vicious.

dubhairt *v irr* (dooarch) said. See Appendix verb abair.

dubhan *n* (dooan) -ain *m* fishing hook.

dubhar *n* (dooar) -air *m* shade, shadow.

dubharach *a* (dooarakh) shady.

dubhfhacal *n* (dooakal) -ail *m* enigma.

dubhfhaclach *a* (dooaklakh) enigmatical.

Dùbhlachd *n* (doolakhk) *f* an Dùbhlachd, December.

dùdach *n* (dootakh) -aiche, -aichean *f* bugle.

45

duibhead *n* (dooyat) -eid *m* blackness.

duibhre *n* (doora) *f* darkness.

dùil *n* (dool) -e, -ean *f* expectation, belief. **tha dùil agam ris**, I expect him; **tha mi an dùil gu bheil e ceàrr**, I suppose he is wrong.

dùil *n* (dool) -e, -ean *f* element.

dùileach *a* (doolakh) elemental.

duilgheadas *n* (doolatass) -ais *m* difficulty.

duilich *a* (doolikh) sorry, difficult.

duille *n* (doolya) -ean *f* sheath.

duilleach *n* (doolyakh) -ich *m* foliage.

duilleachan *n* (doolyakhan) -ain *m* leaflet.

duilleag *n* (doolyak) -eige, -an *f* leaf.

duilleagach *a* (doolyakakh) leafy.

dùin *v* (dooin) dùnadh, shut, close.

duine *n* (doonya) daoine *m* man, person. **duine uasal**, gentleman; **daoine uaisle** (ooashla), gentlemen; **a dhuin' uasail**, dear sir (in letters); **a dhaoin' uaisle**, gentlemen! **chan fhaca mi duine sam bith**, I didn't see anybody; **a h-uile duine**, everybody.

duinealas *n* (doonyalass) -ais *m* manliness.

duineil *a* (doonyel) manly.

duinne *n* (doonya) *f* brownness.

dùinte *a* (dooncha) closed, reserved.

duirt *v irr* (doorch) said. See Appendix verb **abair.**

dùisg *v* (dooshk) **dùsgadh** awake, wake, rouse. **'na dhùisg**, awake (of him); **'na dùisg**, awake (of her).

dùlan *n* (doolan) -ain *m* defiance, challenge. **thoir dùlan do**, defy.

dùmhlachd *n* (doolakhk) *f* specific gravity.

dùn *n* (doon) -uin *m* heap, fort.

dùnan *n* (doonan) -ain *m* small heap, dunghill.

duo-dìneach *a* (doooh jeenakh) duodenal.

dùr *a* (door) rigid, sour (of character).

dùrachd *n* (doorakhk) -an *m* goodwill, sincerity, wish. **le deagh dhùrachd**, yours sincerely.

dùrachdach *a* (doorakhkakh) fervent.

dùrdail *n* (doordel) -e *f* cooing. **dèan dùrdail** *v* coo.

durrag *n* (doorak) -aige, -an *f* worm.

dùsal *n* (doossal) -ail *m* slumber.

dusan (*gen plur*) *n* (doossan) -ain *m* dozen. **dusan ugh**, a dozen eggs.

duslach *n* (doosslakh) -aich *m* dust.

duslachail *a* (doosslakhel) dusty.

dùth *a* (doo) -a, hereditary.

dùthaich *n* (dooeekh) dùthcha, dùthchannan *f* country. **anns an dùthaich**, in the country (nation); **air an dùthaich**, in the countryside.

E

e *pers pron* (eh) he, him, it.

eabar *n* (epar) -air *m* mud, mire.

eabarach *a* (eparakh) muddy.

Eabhra *n* (evra) *f* Hebrew (*lang*).

Eabhrach *n* or *a* (evrakh) -aich *m* Hebrew.

each *n* (ekh) eich *m* horse. **each uisge,** hippopotamus.

eachdraiche *n* (ekhdrikha) -ean *m* historian.

eachdraidh *n* (ekhdree) -e, -ean *f* history, chronicle.

eachdraidheach *a* (ekhdreeakh) chronological.

eachdraidheil *a* (ekhdreeyel) historical.

eaconomach *a* (ekonomakh) economical.

eaconomachd *n* (ekonomakhk) *f* economics.

eaconomaidh *n* (ekonomee) *m* economy.

eaconomair *n* (ekonomer) -ean *m* economist.

eadar (*asp*) *prep* (etar) between.

eadar-cheangal *n* (-khengal) -ail *m* intercom.

eadar-chluiche *n* (-khlooikha) -ean *f* interlude.

eadar-chuir *v* (-khoor) -chur, interpose.

eadar-dhealachadh *n* (-yalakhagh) -aidh, -aidhean *m* difference, distinction, discrimination.

eadar-dhealaich *v* (-yalikh) -achadh, distinguish, discriminate.

eadar-dhealaichte (bho) *a* (-yalikhcha) distinct (from), distinctive.

eadar-dhuillich *v* (-ghoolikh) -eachadh, interleave.

eadar-fhigh *v* (-ee) -eadh, interlace, interweave.

eadar-fhosgladh *n* (-osklagh) -aidh, -aidhean *m* interstice.

eadar-ghabhail *n* (-ghavel) -alach, -alaichean *m* intervention.

eadar-ghuidhe *n* (-ghooya) -eachan *m* intercession.

eadar-labhrair *n* (-lavrar) -ean *m* interlocutor.

eadar-lìnich *v* (-leenikh) -eachadh, interline.

eadar-mheadhanach *a* (-veanakh) intermediate.

eadar-nàiseanta *a* (-nahshanta) international.

eadar-nàiseanail *n* (-nahshanal) -aichean *m* international.

eadar-oibre *n* (-opra) *f* interaction.

eadar-riaghladh *n* (-reealagh) -aidh, -aidhean *m* interregnum.

eadar-sgap *v* (-skap) -adh, intersperse.

eadar-sgar *v* (-skar) -adh, disunite.

eadar-sgaradh *n* (-skaragh) -aidh, -aidhean *m* disunity.

eadar-sholas *n* (-holass) -ais *m* twilight.

eadar-thaomte *a* (-haomcha) interfused.

eadar-theangachadh *n* (-hengakhagh) -aidh, -aidhean *m* translation.

eadar-theangaich *v* (-hengikh) -achadh, translate, interpret.

eadar-thoinn *v* (-hoin) -eadh, intertwine.

eadar-ùine *n* (-oonya) *f* interval.

eadarach *a* (etarakh) interim.

eadaraibh *pron prep* (etariv) between you.

eadarainn *pron prep* (etarin) between us.

eadh *pron.* (aogh) used in questions and answers when no verb is used. **seadh,** yes, it is so; **chan eadh,** it is not so, no.

eadhon *adv* (eghan) even. **eadhon anns na h-àitean as iomallaiche,** even in the remotest places.

eadraiginn *n* (edrakinn) -e, -ean *f* interjection, mediation. **dèan eadraiginn** *v* interpose.

eag *n* (ek) eige, -an *f* nick, notch, jag.

eag-eòlas *n* (-yohlass) -ais *m* ecology.

eagach *a* (ehakh) serrated, jagged.

eagaich *v* (ekikh) -achadh, nick, notch.

eagal n (ekal) -ail m fear. **tha eagal air**, he is afraid; **air eagal gun tig e gu fadalach**, in case he comes late; **fo eagal**, afraid.

eagalach a (ekalakh) fearful, afraid.

eaglais n (eklish) -e, -ean f church.

eaglaiseil a (eklashel) ecclesiastical.

eagrachadh n (ekrakhagh) -aidh, -aidhean m organisation.

eagraich v (ekrikh) -achadh, organise.

eala n (yala) -aidhe, -achan f swan.

èalaidh v (yalee) èaladh, creep.

ealamh a (yalav) quick, swift.

ealan n (yalan) -ain m skill.

ealanta a (yalanta) expert.

ealchainn n (yalakhin) -e, -ean f peg.

eal(dh)ain n (yalen) -e, -ean f art, science.

eallach n (yalakh) -aich, -aichean m burden.

ealta n (yalta) -an f flock (of birds).

ealtainn n (yaltin) -e, -ean f razor.

ear n (er) f east. **gaoth an ear**, an easterly wind.

earach a (erakh) oriental.

earalachadh n (eralakhagh) -aidh, -aidhean m exhortation.

earalaich v (eralikh) -achadh, exhort.

earalas n (eralass) -ais m foresight, precaution. **cuir air earalas** v forewarn; **air t' earalas**, be on your guard.

earar adv (erar) **an earar**, the day after tomorrow.

earb (ri) v (erap) earbsa, trust, confide, rely. **earbaidh mi ris**, I will confide in him; **na h-earb às a sin**, do not trust that.

earb n (erap) -a, -aichean f roe.

earball n (erapal) -aill m tail.

earbsa n (erapsa) f confidence, trust, reliance.

earbsach a (arapsakh) confident, trustworthy.

eàrr n (yahr) -a, -an m tail.

eàrr-thalmhainn n (-halavin) f yarrow.

Earrach n (yarakh) -aich m Spring. **as t-Earrach** (as charakh) in Spring.

earradh n (yaragh) -aidh, -aidhean m habit (clothing).

earraghlòir n (eraghlohr) -e f bombast.

earraghlòireach a (eraghlorakh) -iche, bombastic.

earrann n (yaran) -ainne, -an f section, act (of a play), portion, paragraph, passage (text), dividend.

earranta a (yaranta) limited (of a company).

eas n (ess) -an m waterfall, cataract, cascade.

eas-aonta n (-aonta) f disagreement, dissent.

eas-aontach a (-aontakh) discordant, dissenting.

eas-aontaich v (-aontikh) -achadh, dissent.

eas-aontaire n (-aontara) -ean m dissenter.

eas-onair n (-oner) -e f dishonour.

eas-tharraing n (-haring) -e, -ean f export.

eas-umhail a (-ooal) disobedient. **bi eas-umhail do** v disobey.

eas-ùmhlachd n (-oolakhk) f disobedience.

eas-urram n (-ooram) -aim m dishonour, disrespect.

easag n (essak) -aige, -an f pheasant.

easbaig n (espek) -ean m bishop.

Easbaigeach a (espekakh) -ich m Episcopalian.

easbaigeach a -iche, episcopal.

easbaigeachd n (espekakhk) f episcopacy.

easbhaidh n (essvee) -e, -ean f want, defect. **tha airgead a dh' easbhaidh orm**, I need money.

easbhaidheach a (essveeakh) defective.

èasgaidh a (yaskee) active, prompt.

easgann n (eskan) -ainne, -an f eel.

eatorra pron prep (etara) between them.

èibhinn a (ehvin) funny, amusing.

èibhleag n (ehlak) -eige, -an f live coal, cinder.

èideadh n (ehja) -idh, -ean m garb, dress.

eidheann n (eyan) èidhne f ivy.

èifeachd n (ehfakhk) -an f effect.

èifeachdach a (ehfakhkakh) effective, efficient.

èifeachdail a (ehfakhkel) effectual.

èigeantach *a* (ehkantakh) compulsory.

eigh *n* (eh) -e *f* ice.

èigh *n* (eh) -e, -ean *f* cry, call.

èigh *v* (eh) -each, cry, call (banns etc).

eighe *n* (eya) -eachan *f* file.

eighr-shruth *n* (ehr hroo) -a, -an *m* glacier.

eighreach *a* (ehrakh) icy.

eighreachadh *n* (ehrakhagh) -aidh, -aidhean *m* glaciation.

èiginn *n* (ehkin) *f* force, necessity. **air èiginn**, by the skin of one's teeth; **toirt air èiginn**, taking by force.

èigneachadh *n* (ehknakhagh) -aidh *m* compulsion.

èignich *v* (ehknikh) -eachadh, necessitate.

eildear *n* (eldar) -deirean *m* elder (church).

eile *a* (ela) other, another, alternative. **fear eile**, another one (*m*); **tè eile**, another one (*f*).

eilean *n* (elan) -ein *m* island.

eileanach *n* (elanakh) -aich *m* islander.

eileatrom *n* (elatrom) -oim, -an *m* hearse.

eilid *n* (elich) èilde, èildean *f* hind.

eilthireach *n* (el hirakh) -ich *m* pilgrim.

eilthireachd *n* (el hirakhk) -an *f* pilgrimage.

eireachdail *a* (erakhkel) handsome.

eireag *n* (erak) -eige, -an *f* pullet.

èirich *v* (ehrikh) èirigh (ehree) rise, get up.

eiridinn *n* (erijin) *m* nursing.

eiridnich *v* (erijnikh) -eachadh, nurse.

èirig *n* (ehrik) -e, -ean *f* ransom, forfeit, reparation.

èisd (ri) *v* (ehshch) èisdeachd, listen (to).

èisg *n* (ehshk) -e, -ean *f* satirist.

eisimealachd *n* (eshmalakhk) *f* dependence. **an eisimeil air**, dependent on.

eisimeileach *a* (eshimelakh) dependent.

eisimpleir *n* (eshimpler) -ean *m* example. **mar eisimpleir**, for example.

eisir *n* (eshir) -ean *m* oyster.

eitean *n* (echan) -ein, -einean *m* kernel.

eitheach *n* (eyakh) -ich *m* perjury.

eithear *n* (e har) -eir, eithrichean *m* boat.

eòlach *a* (yohlakh) knowledgeable.

eòlach (air) *a* acquainted (with), knowing. **tha e eòlach air**, he knows him; **tha mi glè eòlach air Dun Eideann**, I know Edinburgh very well.

eòlaiche *n* (yohlikha) -ean *m* scientist.

eòlaidheachd *n* (yohleeakhk) *f* science.

eòlan *n* (yohlan) -ain *m* fish oil.

eòlas *n* (yohlass) -ais *m* knowledge. **tha eòlas agam air**, I am acquainted with him.

eòlas bodhaig *n* (-boek) *m* anatomy.

eòlas-inntinn *n* (-inchin) *m* psychology.

eòrna *n* (yohrna) *m* barley.

esan *pron* (ehssan) he, him (emphatic form). **is esan a thuirt sin**, he said that (it is he who said that).

eu-cèillidh *a* (eh kehlee) irrational.

eu-cèillidheachd *n* (eh kehlyakhk) *f* irrationality.

eu-coltach *a* (eh koltakh) unlikely, dissimilar.

eu-coltas *n* (eh koltass) -ais *m* unlikelihood, dissimilarity.

eu-còir *a* (eh kohr) unjust.

eu-dòchas *n* (eh dohkhass) -ais *m* despair.

eu-domhainn *a* (ehdoin) shallow.

euchd *n* (eeakhk) -an *m* feat, exploit, achievement.

eucoir *n* (eeakar) -corach, -ean *f* wrong, crime. **dèan eucoir air**, *v* wrong.

eucoireach *a* (eeakarakh) -aich, wrongful, criminal.

eud *n* (eeat) *m* zeal, jealousy.

eudmhor *a* (eeatfar) jealous.

eudail *n* (eeatal) -e, -ean *m* dear, darling.

eug *v* (eeak) èig *m* death.

eugmhais *prep* às eugmhais (*gen*) (ass ekooish) without. See **às aonais**. **às m' eugmhais**, without me; **às a h-eugmhais**, without her.

eun *n* (eean) eòin (yoin) *m* bird, fowl.

eun-eòlas *n* (-yohlass) -ais *m* ornithology.

eun-lann *n* (-lown) -an *f* cage.

eun-uisge *n* (-ooshka) *m* waterfowl.

49

eunach *n* (eeanakh) -aich *m* fowling.
eunadair *n* (eeanatar) -ean *m* fowler.
eunlaith *n* (eeanlaih) *f* birds, fowls, birdlife.
euslainte *n* (eeasslancha) *f* ill-health.

euslainteach *n* and *a* (eeasslanchakh) -ich *m* patient, invalid; unhealthy, sickly. **euslainteach-tadhail**, out-patient.

F

fa-near (fa nyar) thoir fa-near v notice.

fàbhar n (fahvar) -air m favour.

fàbharach a (fahvarakh) favourable.

fabhra n (favra) -aichean m eyelid.

facal n (fakal) -ail m word. facal air an fhacal, word for word, verbatim.

facal-fhreumhachd n (-reeavakhk) f etymology.

facal-fhreumhail a (-reeavel) etymological.

faclach a (faklakh) wordy.

faclaireachd n (faklarakhk) f lexicography.

faclairiche n (faklarikha) -ean m lexicographer.

fad v (fat) -adh, kindle.

fad n (fat) faid m length. air fad, altogether; air fhad, lengthways, longitudinal; cuir am fad v lengthen; fad na h-oidhche, all night; fad na seachdaine, all the week; fhad 's a bha mi an sin, while I was there.

fad-anaileach a (-analakh) longwinded.

fad-fhradharcach a (-raoarkakh) long-sighted.

fad-fhulangach a (-oolangakh) longsuffering.

fad-fhulangas n (-oolangass) -ais m longsuffering.

fad-shaoghalach a (-haoalakh) long-lived.

fad-shaoghalachd n (-haoalakhk) f longevity.

fada a (fata) nas fhaide (aja) long. dè cho fada, how long?; fada gun èirigh, late getting up; fada nas fheàrr, much better.

fadalach a (fatalakh) late.

fadalachd n (fatalakhk) f lateness.

fadhail n (faoel) -alach, -alaichean f ford (between islands).

fàg v (fahk) fàgail, leave, quit, abandon.

fagasachd n (fakassakhk) f proximity, nearness.

faghaid n (faoech) -e, -ean f hunt.

faic v irr (fek) see. See Appendix verb

faic.

faiceallach a (fakalakh) careful, prudent.

faiche n (faheekha) -ean f lawn.

faicheil a (faheekhel) showy.

faicinn v irr (fekin) seeing. See Appendix verb faic. ri fhaicinn, by sight, to be seen.

faicsinneach a (fekshinakh) visible, conspicuous.

fàidh n (fahee) -e, -ean m prophet.

faidhbhile n (faheevla) -ean f beech.

faigh v irr (fahee) get. See Appendix verb faigh.

faighean n (faheean) m vagina.

faighinn v irr (fahyin) getting. See Appendix verb faigh.

faighneachail a (faheenyakhel) inquisitive.

faighneachdas n (faheenyakhkass) -ais m inquisitiveness.

faighnich (de) v (faheenyikh) -neachd, ask. dh'fhaighnich iad de thuathanach càit' an robh an taigh-seinnse, they asked a farmer where the pub was.

fail n (fal) -e, -ean f sty. fail mhuc, pigsty.

failc v (falk) -eadh, bathe.

fàileadh n (fahlagh) -ide m smell. dh'fhairich e fàileadh a' phaireafain, he smelt paraffin; tha fàileadh dheth, it smells.

faileas n (falass) -eis, -an m shadow.

faileasach a (falassakh) shadowy.

fàillig v (fahlik) -eadh, fail.

fàilligeadh n (fahlikagh) -idh, -idhean m failure.

fàillinn n (fahlin) -e, -ean f failing, failure.

fàillneachadh n (fahlnyakhagh) -aidh, -aidhean m failing.

failm n (falam) -e, -ean f tiller.

failmean n (falman) -ein, -an m knee-cap.

fàilte n (fahlcha) -ean f welcome. **fàilte!**, hail!; **cuir fàilte air** v welcome; **fàilte gu ar cèilidh,** welcome to our ceilidh.

fàilteach a (fahlchakh) -iche, welcoming.

fàiltich v (fahlchikh) -eachadh, salute, greet.

fàinne n (fahnya) -eachan m and f ring.

fairche n (faracha) -ean m mallet.

faire n (fara) f watch, guard (abstr.).

fàire n (fahra) f horizon.

faireil a (farel) watchful.

faireachdainn n (farakhkin) -e, -ean f feeling, sensation, sense.

fàireag n (fahrak) -eige, -an f gland.

fàireagach a (fahrakakh) glandular.

fairge n (faraka) -eachan f sea, ocean.

fairgeach a (farakakh) -ich, maritime.

fairich v (farikh) -eachdainn, feel.

fairtlich v (farstlikh) -eachadh, fail. **dh'fhairtlich e orm,** I failed to do it; he got the better of me, he baffled me.

fàisg v (fahshk) **fàsgadh** squeeze, press.

faisg (air) prep (fashk) **nas fhaisge** (nass ashka) near (to), by. **faisg air Glaschu,** near Glasgow.

fàisneachail a (fahshnyakhel) prophetic.

fàisneachd n (fahshnyakhk) -an f prophecy.

fàisnich v (fahshnyikh) -eachadh, prophesy.

faite-gàire n (facha gahra) -ichean f smile. **dèan faite-gàire** v smile.

fàl n (fahl) -àil m hedge, turf.

falach n (falakh) -aich m concealment.

falach-fead n (-fet) m hide-and-seek.

falachd n (falakhk) -an f feud.

fàladair n (fahlatar) -ean m scythe; scyther.

falaich v (falikh) falachadh, hide, lurk, conceal.

falaichte a (falikhcha) secret.

falamh a (falav) empty, void.

falamhachd n (falavakhk) f emptiness.

falbh v (falav) falbh, go. **tha e air falbh,** he is away.

fallain a (falaheen) healthy, sound, wholesome.

fallaineachd n (falanakhk) f health.

fallaing n (falling) -e, -ean f robe, mantle.

fallas n (falass) -ais m sweat, perspiration. **tha iad a' cur fallais dhiubh,** they are sweating; **tha fallas orm,** I am perspiring.

fallasach a (falassakh) sweaty.

fallsa a (falssa) false.

falmadair n (falmatar) -ean m helm.

falman n (falaman) -ain, -an m knee-cap.

falmhachd n (falavakhk) -an f vacuum.

falmhaich v (falavikh) -achadh, empty, exhaust.

falt n (falt) fuilt m hair.

famh n (fav) -aimh f mole.

famh-thòrr n (-hohr) -a, -an m molehill.

famhair n (faver) -ean m giant.

fan v (fan) fantainn, stay, remain.

fanaid n (fanech) -e f mockery. **dèan fanaid air** v mock, scoff.

fànas n (fahnass) -ais m space.

fànas-long n (-lowng) -uinge, -an f spaceship.

fang n (fank) -aing, -an m sheepfold.

fang n (fank) -ainge, -an f vulture.

fann a (fown) weak, feeble, faint.

fann-sholas n (-holass) -ais m glimmer.

fannaich v (fownikh) -achadh, faint.

faobhar n (faovar) -air, -an m edge (of a knife).

faobharach a (faovarakh) sharp, keen.

faobharaich v (faovarikh) -achadh, sharpen.

faochadh n (faokhagh) -aidh m relief.

faod v def (faot) may. **am faod mi an uinneag fhosgladh?,** may I open the window?; **dh'fhaodadh gu bheil e 'na chadal,** maybe he is asleep.

faodalach n (faotalakh) -aich m waif.

faoileag n (faoilak) -eige, -an f seagull.

faoilidh a (faoilee) generous, hospitable.

Faoilleach n (faolyakh) -ich m am Faoilleach, January.

faoin a (faoin) vain, silly.

faoineachd n (faoinakhk) f silliness.

faoineas n (faoinass) -eis m vanity.

faoisid n (faoshich) -e, -ean f confession.

faoisidich v (faoshichikh) -eachadh, confess.

faol n (faol) -il, -an m wolf.

faolchu n (faolkhoo) -choin m wolfhound.

faotainn v irr (faoteen) getting. See Appendix verb **faigh**.

far adv where. **tha fios agam far a bheil e**, I know where he/it is.

far-stuth n (-stoo) -uith, -an m by-product.

faradh n (faragh) -aidh, -aidhean m freight.

fàradh n (fahragh) -aidh, -aidhean m ladder.

farainm n (faranam) -eannan m nickname.

faram n (faram) -aim m noise.

farbhalach n (faravalakh) -aich m stranger.

farchluais n (farkhlooish) -e f eavesdropping.

fàrdach n (fardakh) -aiche, -aichean f house, lodging, dwelling.

farmad n (faramat) -aid m envy. **dèan farmad** v envy, be invidious; **tha farmad agam ris**, I envy him.

farmadach a (faramatakh) envious.

farpaiseach n (farpashakh) -ich m competitor.

farran n (faran) -ain m vexation.

farranach a (faranakh) vexing.

farsaing a (farssing) wide, large. **fad' is farsaing**, far and wide.

farsaingeachd n (farssingakhk) f largeness, wideness, area, extent.

fàs v (fahss) fàs, grow, become. **tha an tì/tea a' fàs fuar**, the tea is getting cold.

fàs n (fahss) -àis m growth.

fàs a (fahss) empty, vacant, void, hollow.

fàsach n (fahssakh) -aich, -aichean m desert, wilderness.

fasadh n (fassagh) -aidh, -aidhean m dwelling. **fasadh frithealaidh** (freealee) service station.

fàsaich v (fahssikh) -achadh, depopulate.

fàsachadh n (fahssakhagh) -aidh, -aidhean m depopulation.

fàsail a (fahssel) desolate (of place).

fasan n (fassan) -ain m fashion.

fasanta a (fassanta) fashionable. **sean-fhasanta**, oldfashioned.

fasdadh n (fastagh) -aidh, -aidhean m hiring.

fasdaidh v (fastahee) -adh, hire, employ.

fastaidhear n (fasteear) -an m employer.

fasgadh n (faskagh) -aidh, -aidhean m shelter.

fasgain v (fasken) fasgnadh, winnow.

fàth n (fah) m cause, reason, opportunity. **ghabh e fàth orm**, he took advantage of me.

fathann n (fa han) -ainn m rumour.

feabhas n (fyoass) -ais m improvement. **tha e a' dol am feabhas**, he is getting better.

feachd n (fekhk) -an f army.

fead n (fet) -an f whistle. **dèan fead** v whistle.

feadag n (fetak) -aige, -an f whistle (instr.).

feadan n (fetan) -ain m chanter (of pipes).

feadh n (fyaogh) m length. **air feadh na h-Alba**, throughout Scotland; **air feadh na seachdaine**, during the week; **feadh is a bha mise a' tighinn**, while I was coming.

feadhainn n (fyeghin) feadhna f people, group, some. **ceann-feadhna**, chief(tain); **tha feadhainn aca air falbh**, some of them are away; **an fheadhainn** (yeghin) **seo**, these; **an fheadhainn eile**, the others.

feàirrde a (fyahrja) better. **is fheàirrd' thu sin**, you are the better for that.

feall n (fyowl) f deceit. **dèan feall** v betray.

feall-chùinneach a (-khooinakh) counterfeit.

feall-chùinneadh n (-khooinagh) -idh, -idhean m counterfeit.

feall-lèigh n (-lyeh) -e, -ean m quack doctor.

fealla-dhà n (fyalaghah) f joke, joking. **bha e ri fealla-dhà**, he was joking.

feallfhalach *n* (fyalalakh) -aich *m* ambush.

feallsanach *n* (fyalssanakh) -aich *m* philosopher.

feallsanachail *a* (fyalssanakhel) philosophical.

feallsanachd *n* (fyalssanakhk) -an *f* philosophy.

feamainn *n* (femin) feamnach *f* seaweed.

feaman *n* (feman) -ain, -an *m* tail.

feann *v* (fyown) -adh, skin, flay.

feannag *n* (ĩyanak) -aige, -an *f* crow; lazy-bed.

feanntag *n* (fyantak) -aige, -an *f* nettle.

fear *n* (fer) fir *m* man; one. **am fear seo**, this one (used of masc. objects); **am fear eile**, the other one; **fear an dèidh fir**, one after the other; **fear sam bith**, anyone. **fear** is frequently used in Gaelic as a prefix to form nouns referring to male persons; the plural of such nouns is formed by prefixing luchd (people) to the basic noun e.g. **fear-teagaisg** (chakishk), teacher; **luchd-teagaisg**, teachers; **fear-eòlais** (yohlish), acquaintance; **luchd-eòlais**, acquaintances; **fear-turais**, (toorish) tourist; **luchd-turais**, tourists.

fear-brèige *n* (brehka) *m* puppet.

fear-na-cathrach *n* (-karakh) *m* chairman. **Fhir-(eer)-na-cathrach!** Mr Chairman!

fearail *a* (ferel) manly, manful.

fearalachd *n* (feralakhk) *f* manliness, manfulness.

fearalas *n* (feralass) -ais *m* manhood.

fearann *n* (feran) -ainn *m* land.

fearas-chuideachd *n* (ferass khoojakhk) -an *f* diversion, pastime.

feareigin *pron* (ferekin) someone.

fearg *n* (ferak) -eirge *f* anger, ire, wrath. **cuir fearg air** *v* anger.

feargach *a* (ferakakh) angry.

feargaich *v* (ferakikh) -achadh, provoke.

feàrna *n* (fyahrna) *f* alder.

feàrr *a* (fyarr) better. **tha am bainne nas fheàrr** (na shahr) **na am bùrn**, milk is better than water; **is e Calum as fheàrr** (ashahr), Malcolm is the best;

bha an suidheachadh na b' fheàrr (byahr), the situation was better; **is fheàrr sonas na beartas**, happiness is better than riches; **is fheàrr** (ishahr) **leam sin**, I prefer that; **b' fheàrr leam sin**, I would prefer that; **is fheàrr dhut falbh**, you had better go.

fearsaid *n* (ferasech) -e, -ean *f* spindle.

feart *n* (fyarst) -a, -an *m* quality, characteristic.

feasgar *n* (feskar) -air, feasgraichean *m* evening, afternoon. **feasgar**, in the evening/afternoon; **tha feasgar math ann**, good evening.

fèath *n* (feha) *m* calm (weather).

fèathach *a* (fehakh) calm (weather).

fèichear *n* (fehkhar) -an *m* debtor.

fèileadh (beag) *n* (fehla) -idh, -eachan *m* kilt.

fèill *n* (fehl) -e, -tean *f* festival, fair, market.

fèin *pron* (fehn) **fhèin** (hehn) self, selves. **ciamar tha sibh fhèin?** how are you?; **'s math sin', arsa Seumas ris fhèin**, 'that's good', said James to himself; **leis fhèin**, by himself.

fèin-àicheadh *n* (-aheekhagh) -eidh *m* self-denial.

fèin-bhuannachd *n* (-vooanakhk) *f* self-interest.

fèin-chuiseach *a* (-khooshakh) selfish.

fèin-eachdraidh *n* (-ekhdree) -e, -ean *f* autobiography.

fèin-ìobairt *n* (-eeparch) -e, -ean *f* self-sacrifice.

fèin-mheas *n* (-vess) *m* self-respect.

fèin-mhort *n* (-vorst) -oirt *m* suicide.

fèin-riaghlach *a* (reealakh) self-governing.

fèin-riaghladh *n* (-reealagh) -aidh *m* self-government.

fèin-spèis *n* (-spehsh) -e *f* self-conceit, egotism.

fèineil *a* (fehnel) selfish.

fèisd *n* (fehshch) -e, -ean *f* feast, banquet. **dèan fèisd** *v* feast.

feise *n* (fesha) *f* intercourse, copulation. **fearas feise**, homosexuality.

feith (ri) *v* (feh) -eamh, wait (for).

fèithe *n* (feha) -eachan *f* bog, marsh.

fèith n (feh) -e, -ean f vein, sinew, muscle.

fèith-chrùbadh n (-khroopagh) f spasm.

fèith-lùthaidh n (-looee) f tendon.

fèith-mhothachaidh n (voakhee) f nerve.

fèitheach a (feakh) sinewy, muscular.

feòdar n (fyohtar) -air m pewter.

feòil n (fyohl) feòla f meat, flesh. **feòil caorach**, mutton.

feòil-itheach a (-eeakh) carnivorous.

feòladair n (fyohlatar) -ean m butcher.

feòladaireachd n (fyohlatarakhk) f butchery.

feòlmhor a (fyohlvar) carnal, sensual.

feòlmhorachd n (fyohlvarakhk) f carnality.

feòraich v (fyohrikh) -achadh, ask, inquire.

feòrag n (fyohrak) -aige f squirrel.

feuch (ri) v (feeakh) -ainn, try (to). **tha mi a' feuchainn ri snàmh**, I am trying to swim; **feuch air an fheadhainn seo**, try these.

feudar v (fehtar) fheudar (ehtar) must. **is fheudar dhi feitheamh**, she must wait.

feum n (fehm) -a m use, need, utility. **cuir gu feum** v use, put to use; **dèan feum de** v use; **tha feum againn air**, we need it.

feumach a (fehmakh) needy.

feumaidh v (fehmee) must. **feumaidh mi falbh a-nis**, I must go now; **am feum thu sin a dhèanamh?**, must you do that?

feumail a (fehmel) useful.

feumalachd n (fehmalakhk) f expediency.

feur n (feear) feòir m grass, hay.

feurach a (feearakh) grassy.

feurach n (feearakh) -aich m pasture.

feuraich v (feearikh) -achadh, graze, pasture.

feusag n (feeassak) -aige, -an f beard.

feusgan n (feeaskan) -ain m mussel.

fhathast adv (hahast) yet, still. **a bheil thu deiseil?, chan eil fhathast**, are you ready? not yet.

fhuair v irr (hooar) got. See Appendix verb **faigh**.

fiabhras n (feeavrass) -ais m fever.

fiabhrasach a (feeavrassakh) feverish.

fiacail n (feeakel) fiacla, fiaclan f tooth, cog. **fiaclan fuadain**, false teeth.

fiach n (feeakh) fèich, -an m worth, value. **is fhiach e a chumail**, it is worth keeping; **is fhiach dhuinn fuireach**, it is worth our while to stay.

fiach-shuim n (-hooim) -e, -eannan f debit. **cuir fiach-shuim an aghaidh** v debit.

fiachaibh n (feeakhiv) **bi fo fhiachaibh do**, owe; **cuir mar fhiachaibh air**, oblige (compel); **tha mi fo fhiachaibh mòra dha**, I am greatly indebted to him.

fiachail a (feeakhel) worthy.

fiachan n pl (feeachan) m debt, arrears.

fiaclach a (feeaklakh) dental.

fiaclaire n (feeaklara) -ean m dentist.

fiaclaireachd n (feeaklarakhk) f dentistry.

fiadh n (feeagh) fèidh m deer.

fiadhach n (feeaghakh) -aich m hunting. **dèan fiadhach** v hunt.

fiadhaich a (feeaeekh) wild, fierce.

fiadhaichead n (feeaeekhat) -eid m wildness.

fial a (feeal) -e, fèile, generous, hospitable.

fialaidheachd n (feealiakhk) f generosity, liberality.

fiamh n (feeav) -a m fear; tinge, expression (facial).

fiamh-gàire n (-gahra) f smile.

fiamhail a (feeaval) fearful.

fianais n (feeanish) -e, -ean f witness. **dèan/thoir fianais** v witness; **tog fianais**, give witness.

fiar a (feear) crooked, bent, slant.

fiar-shuileach a (-hoolakh) squint-eyed.

fiarachd n (feearakhk) f crookedness, slant.

fiaradh n (feearagh) -aidh, -aidhean m bend, squint. **air fhiaradh**, askew, slanting, diagonally.

fiaraich v (feearikh) -achadh, bend.

fichead n and a (fikhat) -id, twenty.

ficheadamh a (fikhatav) twentieth.

fidheall n (fial) fìdhle, fidhlean f fiddle, violin.

fidhlear n (filar) -an m fiddler.
fidhleireachd n (filarakhk) f fiddling.
dèan fidhleireachd v fiddle.
fige n (feeka) -ean f fig.
figh v (fee) -eadh, weave, knit.
fighe n (feea) f knitting.
figheadair n (feeatar) -ean, weaver, knitter.
fileanta a (filanta) fluent.
fileantachd n (filantakhk) f fluency.
filidh n (filee) -ean m poet.
fill v (fil) -eadh, fold, wrap.
filleadh n (filagh) -idh, -idhean m fold, plait.
filleag n (filak) -eige, -an f wrapper.
fine n (fina) -eachan f clan.
fineachas n (finakhass) -ais m clanship.
fineag n (finag) -eige, -an f mite.
finealta a (finalta) -eilte, fine, elegant.
fiodh n (fyaogh) -a m wood, timber.
fiodha a (fyaogha) wooden.
fiodhall n (fial) fidhle, fidhlean (filan) f fiddle, violin.
fiogais n (feekish) -e, -ean f fig.
fiolan n (fiolan) -ain m earwig, beetle.
fion n (feean) -a m wine.
fion-amar n (-amar) -air, -amraichean m vine-press.
fion-dearc n (-jarak) -an f grape.
fion-fhoghar n (-aghar) -air m vintage.
fion-geur n (-geear) m vinegar.
fion-lios n (-leess) -an m vineyard.
fion-òsdair n (-ohster) -ean m vintner.
fionan n (feeanan) -ain m vine.
fionn a (fion) -a, white, fair.
fionnach a (fionakh) hairy.
fionnadh n (fionagh) -aidh, -aidhean m hair (of animals).
fionnan-feòir n (fionan fyohr) -ain-fheòir m grasshopper.
fionnar a (fionar) cool.
fionnarachadh n (fionarakhagh) -aidh m refrigeration.
fionnarachd n (fionarakhk) f coolness.
fionnraich v (fionarikh) -achadh, cool, refrigerate.
fionnsgeul n (fionskeeal) -sgeòil, -an m legend.
fionnsgeulach a (fionskeealakh) legendary.
fìor a (feear) -a, true, real, genuine.

fìor-eòlaiche n (-yohlikha) -ean m specialist.
fìor-shamhlachail a (-howlakhel) characteristic.
fiorachas n (feerakhass) -ais m realism.
fios n (feess) -a m knowledge. **tha f(h)ios agam**, I know; **co aig a tha fios?**, who knows?
fiosaiche n (feessikha) -ean m fortuneteller.
fioscail a (fiskel) fiscal n procurator fiscal.
fiosrachadh n (feessrakhagh) -aidh, -aidhean m information, enquiries, experience.
fiosraich v (feessrikh) -achadh, experience.
Fir Chlis n pl (feer khlish) **Na Fir Chlis**, aurora borealis.
fireanachadh n (feeranakhagh) -aidh m justification.
fireanaich v. (feeranikh) -achadh, justify.
fireann a (firan) male.
fireann-boireann a (-boran) m hermaphrodite.
fireannach n and a (firanakh) -aich m male.
fireannta a (firanta) masculine.
fireanta a (feeranta) true, just.
fireantach a (feerantakh) righteous.
fireantachd n (feerantakhk) f righteousness.
fìreun n (feereean) -eòin m eagle.
fìrinn n (feerin) -e, -ean f truth, verity.
fitheach n (fiakh) -ich m raven.
fiù a (fyoo) worth. **nì còig notaichean an gnothach, fiù 's trì**, £5 will do, even £3.
flaitheas n (flahass) -ais m heaven.
flath n (fla) -aith, -aithean m prince, noble.
flathail a (flael) noble.
fleadh n (flaogh) -a, -an m feast, banquet, carousal.
fleasgach n (fleskakh) -aich m batchelor, youth.
fleòdrach a (flyotrakh) buoyant.
fleòdradh n (flyotragh) -aidh m floating, buoyancy. **tha e a'/air fleòdradh**, it is floating.

56

fliche *n* (flikha) *f* moisture.

flin *n* (flin) *m* sleet.

fliuch *a* (flookh) wet.

fliuch *v* (flookh) -adh, wet.

fliuiche *n* (floocha) *f* wetness.

flùr *n* (floor) -ùir *m* flower.

flùranach *a* (flooranakh) flowery.

fluth *n* (floo) -uith *m* wen.

fo (*asp*) *prep* (fo) under, beneath.

fo-aodach *n* (-aotakh) *m* underclothes, underwear.

fo-chearclach *a* (-kherklakh) concave.

fo-cheumaiche *n* (-kheeamikha) -ean *m* undergraduate.

fo-chomataidh *n* (-khomatee) -ean *f* subcommittee.

fo-chraicneach *a* (-khraknakh) hypodermic.

fo-dhearg *a* (-yarak) infra-red.

fo-luaimnich *v* (-looaheemanikh) -eachadh, hover.

fo-mhothachail *a* (-voakhel) subconscious.

fo-roinn *v* (-roin) -roinn, subdivide.

fo-rùnaire *n* (-roonara) -ean *m* under-secretary.

fo-sgiorta *n* (-skeerta) -aichean *f* under-skirt.

fo-sgrìobh *v* (-skreev) -adh, subscribe, underwrite.

fo-sgrìobhadh *n* (-skreevagh) -aidh, -aidhean *m* subscription.

fo-sgrìobhair *n* (-skreevar) -ean *m* subscriber, underwriter.

fo-shruth *n* (-hroo) -a, -an *m* undercurrent.

fo-thìreach *a* (-hirakh) subterranean.

fo-ùir *n* (-ooir) -e *f* subsoil.

fòd *n* (foht) -òide *f* turf.

fodar *n* (fotar) -air *m* straw, fodder, provender.

fodha *prep pron* (foa) under him/it. **tha a' ghrian a' dol fodha**, the sun is setting.

fodhad *prep pron* (foat) under you (fam.).

fodhaibh *prep pron* (foiv) under you (polite and pl.).

fodhainn *prep pron* (foin) under us.

fodham *prep pron* (foam) under me.

fòdhpa *prep pron* (fohpa) under them.

fògair *v* (fohker) fògairt, expel, banish.

fògarrach *n* (fohkarakh) -aich *m* exile.

foghainn *v* (foin) fòghnadh, suffice.

foghar *n* (fughar) -air *m* harvest. **Am Foghar**, autumn; **as t-Fhoghar** (as tughar), in autumn.

fogharach *a* (fugharakh) phonetic.

foghlaim *v* (folim) foghlam, learn, educate.

foghlam *n* (folam) -aim *m* education. **foghlam inbheach**, further education.

fòghnadh *n* (fohnagh) -aidh *m* sufficiency.

fòghnan *n* (fohnan) -ain *m* thistle.

fòidhpe *prep pron* (foipa) under her.

foighidinn *n* (foijin) *f* patience.

foighidneach *a* (foijnakh) patient.

foill *n* (foil) -e *f* deceit, fraud.

foilleil *a* (foilyel) deceitful.

foillseachadh *n* (folshakhagh) -aidh, -aidhean *m* publication.

foillsich *v* (folshikh) -eachadh, publish.

foillsichear *n* (folshikhar) -an *m* publisher.

foinne *n* (foina) -ean *m* wart.

foinneach *a* (foinyakh) warty.

foireann *n* (foran) -inn *m* staff (office etc.).

foirfe *a* (forfa) perfect. **dèan foirfe** *v* perfect.

foirfeach *n* (forfakh) -ich *m* elder.

foirfeachd *n* (forfekhk) *f* perfection.

foirmle *n* (foramla) -ean *f* formula.

fòirneart *n* (fohrnyarst) -eirt *m* violence.

fòirneartach *a* (fohrnyartakh) violent.

fois *n* (fosh) -e *f* rest, leisure.

follais *n* (folish) -e *f* publicity, public view. **am follais**, exposed to view, displayed; **thoir am follais** *v* expose.

follaiseach *a* (folashakh) public.

follaiseadh *n* (folashagh) -idh *m* publicity.

fonn *n* (fown) -uinn *m* tune, air.

fonnmhor *a* (fonvar) tuneful, melodious, jovial.

forc *n* (fork) -uirce, -an *f* fork.

forchàin *n* (forkhaeen) *f* surtax.

forchosgas *n* (forkhoskass) -ais *m* surcharge.

fordhoras *n* (forghorass) -ais, -dhorsan *m* vestibule.

forfhàs *n* (forahss) -àis *m* excrescence.
fòrladh *n* (forlagh) -aidh *m* leave, furlough.
forsair *n* (forsser) -ean *m* forester.
forsaireachd *n* (forsserakhk) *f* forestry.
fortan *n* (forstan) -ain *m* fortune.
fortanach *a* (forstanakh) fortunate, lucky.
fortharraing *n* (forharing) *m* overdraft.
foruinneag *n* (foroonyak) -eige, -an *f* balcony.
fosgail *v* (foskel) fosgladh, open.
fosgailte *a* (foskalcha) open, frank.
fosgailteachd *n* (foskalchakhk) *f* openness, frankness.
fosgarrachd *n* (foskarakhk) *f* candour.
fosgladh *n* (fosklagh) -aidh, -aidhean *m* opening, orifice.
fosglair *n* (foskler) -ean *m* opener.
fradharc *n* (fraoark) -airc *m* eyesight, vision.
fraoch *n* (fraokh) -aoich *m* heather, heath.
fraochach *a* (fraokhakh) heathy, heathery.
fraoidhneas *n* (fraoinass) -eis *m* fringe.
fras *n* (frass) -oise, -an *f* shower.
fras *v* (frass) -adh, shower.
frasach *a* (frassakh) showery.
freagair *v* (freker) freagairt (frekarch) answer, reply.
freagairt *n* (frekarch) -ean *f* answer, reply.
freagarrach *a* (frekarakh) suitable, applicable, adaptable.
freasdail *v* (frestel) freasdal, attend, wait on.
freasdal *n* (frestal) -ail *m* attendance; providence.
freasdalach *a* (frestalakh) provident.
freiceadan *n* (frekatan) -ain, -an *m* guard (person(s)).
freumh *n* (freeav) -a, -aichean *m* root.
freumhaich *v* (freeavikh) -achadh, root.
frioghan *n* (freean) -ain *m* bristle, barb.
tog frioghan air *v* bristle.
frioghanach *a* (freeanakh) bristly.
frionas *n* (freeanass) -ais, fretfulness.
frionasach *a* (freeanassakh) fretful. **bi frionasach** *v* fret.
frìth *n* (free) -e, -ean *f* deer forest.

frith *a* (free) small.
frith-ainm *n* (-anam) -ean *m* nickname.
frith-bhaile *n* (-vala) -tean *m* suburb.
frith-chosamhlachd *n* (-khossowlakhk) -an *f* paradox.
frith-fhacal *n* (-akal) -ail *m* by-word.
frith-ghluasad *n* (-ghlooassat) -aid, -an *m* reaction.
frith-ghluasadach *a* (-ghlooassatakh) reactionary.
frith-ghluaistear *n* (-ghlooshchar) -eir, -an, reaction.
frith-rathad *n* (-ra-hat) -aidean *m* lane, path.
frith-thaghadh *n* (-haoghagh) -aidh, -aidhean *m* by-election.
frithealadh *n* (freealagh) -aidh, -aidhean *m* attendance, attention.
frithearra *a* (freeara) touchy.
fritheil (air) *v* (freeyel) -ealadh, attend, serve, minister.
frogaire *n* (frokara) -ean *m* frogman.
froganach *a* (frokanakh) lively; tipsy.
fuachd *n* (fooakhk) *m* cold.
fuadach *n* (fooatakh) -aichean *m* banishment, clearance.
fuadaich *v* (fooatikh) -achadh, chase, banish.
fuaigh(eil) *v* (fooahee/fooahel) fuaigheal, sew, stitch.
fuaigheal *n* (fooaheeal) -eil *m* seam.
fuaim *n* (fooaheem) -ean *m* sound, noise.
fuaim-dhìonach *a* (-yeenakh) sound-proof.
fuaim-lorg *n* (-lorak) -uirge, -an *f* sound-track.
fuaim-thonn *n* (-hown) -uinn, -an *m* sound-wave.
fuaimneach *a* (fooaheemnakh) noisy.
fuaimneachadh *n* (fooaheemnakhagh) -aidh, -aidhean *m* pronunciation.
fuaimreagadh *n* (fooaheemrakagh) -aidh *m* assonance.
fuairead *n* (fooaheerat) -id *m* coldness.
fual *n* (fooal) -ail *m* urine.
fuamhaire *n* (fooavara) -ean *m* giant.
fuar *a* (fooar) cold, frigid.
fuar-dhealt *n* (-yelt) -a *m* or *f* blight.
fuar-rag *a* (-rak) numb.
fuaraich *v* (fooarikh) -achadh, cool.

fuaraidh *a* (fooaree) chilly.
fuaralachd *n* (fooaralakhk) *f* frigidity.
fuaran *n* (fooaran) -ain *m* well, spring, fountain.
fuarlit *n* (fooarlich) -e, -ean *f* poultice.
fuasgail *v* (fooaskel) fuasgladh, loose, untie, solve, release, acquit.
fuasgladh *n* (fooasklagh) -aidh, -aidhean *m* solution.
fuath *n* (fooa) -a *m* hate, antipathy.
fuathach *a* (fooa akh) hateful, detestable.
fuathaich *v* (fooaikh) -achadh, hate, loathe, detest.
fùcadair *n* (fookatar) -ean *m* fuller.
fùdar *n* (footar) -air *m* powder.
fuidheall *n* (fooyal) -ill *m* remainder, balance (*fin.*), refuse.
fuidhleach *n* (fooilakh) -ich *m* remains.
fuil *n* (fool) fola *f* blood, gore.
fuileach *a* (foolakh) -iche, bloody.
fuilear *adv* (foolar) too much. **chan fhuilear dha sin**, he will need that.
fuiling *v* (fooling) fulang, suffer, endure, bear.

fuiltean *n* (foolchan) -ein, -an *m* a single hair.
fuin *v* (fooin) -eadh, bake.
fuineadair *n* (foonatar) -ean *m* baker.
fuirich *v* (foorickh) fuireach, stay, remain, wait. **tha e a' fuireach ann an Glaschu**, he lives in Glasgow; **fuirich ris**, wait for him; **fuirich mionaid!** wait a minute!
fùirneis *n* (foornish) -ean *f* furnace.
fulang *n* (foolang) -aing *m* endurance.
fulangach *a* (foolangakh) passive.
fulangas *n* (foolangass) -ais *m* passion (of Christ).
furachail *a* (foorakhel) attentive, alert, vigilant.
furachras *n* (foorakhrass) -ais *m* vigilance.
furan *n* (fooran) -ain *m* welcome.
furanach *a* (fooranakh) welcoming.
furasda *a* (foorasta) nas fhasa (nass assa) easy.
furtachd *n* (foorstakhk) *f* relief.
furtaich *v* (foorstikh) -achadh, relieve.

59

G

ga (*asp*) *pron prep* (ga) aig + a at his; at her. **tha e ga bhualadh**, he is striking him; **tha e ga bualadh**, he is striking her.

gabh *v* (gav) gabhail, take, receive. **gabh a-steach**, include, assimilate; **gabh ri**, accept; **gabh os làimh**, (laheev) undertake; **na gabh ort**, do not dare; **gabh òran**, sing a song; **gabh gnothach ri**, interfere in; **ghabh iad tomhas a chèile**, they summed each other up; **ghabh sinn orra**, we beat them; **dèan uiread 's a ghabhas**, do as much as possible; **cho luath 's a ghabhas**, as soon as possible.

gàbhadh *n* (gahvagh) -aidh, -aidhean *m* peril, danger.

gàbhaidh *a* (gahvee) perilous, dangerous.

gabhail *n* (gaval) -alach, -aichean *f* lease.

gabhaltach *a* (gavaltakh) infectious, contagious.

gabhaltas *n* (gavaltass) -ais *m* tenancy.

gach *a* (gakh) each, every.

gad (*asp*) *pron prep* (gat) aig + do at your. **tha e gad bhualadh**, he is striking you.

gadaiche *n* (gatikha) -ean *m* thief.

gagach *a* (gakakh) stammering. **bruidhinn gagach** *v* stammer.

gagachd *n* (gakakhk) *f* stammer.

gagaire *n* (gakara) -ean *m* stammerer.

Gaidheal *n* (gehal) -eil *m* Highlander.

Gaidhealach *a* (gehalakh) Highland.

Gaidhealtachd *n* (gehaltakhk) *f* Highlands. **A' Ghaidhealtachd**, The Highlands; **Bòrd Leasachaidh na Gaidhealtachd 's nan Eileanan**, Highlands and Islands Development Board.

Gàidhlig *n* (gahlik) -e *f* Gaelic. **a bheil a' Ghàidhlig agad?** do you speak Gaelic?; **ceòl na Gàidhlig**, Gaelic music.

gailbheach *a* (galvakh) stormy, tempestuous.

gailleann *n* (galyan) -inn *f* storm, tempest.

gainmheach *n* (ganavakh) -iche *f* sand.

gainmheil *a* (ganavel) sandy.

gainnead *n* (ganyat) -id *m* scarcity.

gàir *n* (gahr) -e, -ean *m* outcry.

gairbhead *n* (gara-at/garvat) -eid *m* roughness, grossness.

gairbhseach *n* (garavshakh) *f* roughage.

gàirdeachas *n* (gahrjakhass) -ais *m* joy. **dèan gàirdeachas** *v* rejoice.

gàirdean *n* (gahrjan) -ein, -an *m* arm.

gàire *n* (gahra) *m* laugh. **dèan gàire** *v* laugh.

gàireachdaich *n* (gahrakhkikh) -e *f* laughter.

gairge *n* (garaka) *f* fierceness, ferocity.

gairm *n* (garam) -e, -ean *f* call, crow, cockcrow. **gairm catha**, battle-cry.

gàirnealair *n* (garnaler) -ean *m* gardener.

gàirnealaireachd *n* (garnalarakhk) *f* gardening.

gaisge *n* (gashka) *f* bravery, valour.

gaisgeach *n* (gashkakh) -ich *m* hero, champion.

gaisgeachd *n* (gashkakhk) *f* bravery, heroism, championship.

gaisgeanta *a* (gashkanta) valorous.

gaisgeil *a* (gashkel) brave.

gal *n* (gal) guil *m* weeping. **dèan gal** *v* weep.

galach *a* (galakh) weepy, apt to weep.

galad/galghad *n* (galat/gala-at) -aide *f* term of endearment for a small girl.

galan *n* (galan) -ain, -an *m* gallon.

galar *n* (galar) -air, -an *m* disease.

galar-eòlas *n* (-yohlass) -ais *m* pathology.

galarach *a* (galarakh) diseased.

Gall *n* (gowl) -aill *m* Lowlander, foreigner. **Innse Gall**, Hebrides.

gall-chnò *n* (-khroh) -tha, -than *f* walnut.

galla *n* (gala) -achan *f* bitch.

Gallda *a* (gowlta), Lowland, foreign.

Galltachd *n* (gowltakhk; *f* **A' Ghalltachd**, The Lowlands.

gam (*asp*) *pron prep* (gam) aig + mo at my. **tha e gam bhualadh**, he is striking me.

gamhainn *n* (gavin) gamhna (gowna) *m* stirk.

gan *pron prep* (gan) aig + an, at their. **tha e gam bualadh**, he is striking them (**gam** before **b f m p**).

gann *a* (gown) scarce. **is gann gun tig e an seo a-nis**, he hardly ever comes here now.

gànradh *n* (gahnragh) -aidh, -aidhean *m* gander.

gaoid *n* (gaoch) -e, -ean *f* defect, blemish.

gaoir *n* (gaor) -e, -ean *f* thrill.

gaoisid *n* (gaoshich) -e *f* horsehair.

gaol *n* (gaol) -aoil *m* love. **thoir gaol** *v* love. **tha gaol agam ort**, I love you.

gaolach *a* (gaolakh) dear.

gaorr *n* (gaor) -a *m* gore.

gaoth *n* (gao) -aoithe, -an *f* wind.

gaothach *a* (gaoakh) windy, pneumatic.

gaotharan *n* (gaoaran) -ain, -an *m* fan.

gar *pron prep* (gar) aig + ar, at our. **tha e gar bualadh**, he is striking us.

garaidh *n* (garee) -ean *m* den.

garbh *a* (garav) rough, coarse, thick. **dèan garbh** *v* roughen.

garg *a* (garak) fierce.

gàrradh *n* (gahragh) -aidh, -aidhean *m* garden, dyke, wall.

gàrradaireachd *n* (gahratarakhk) *f* horticulture.

gartan *n* (gartan) -ain, -an *m* garter.

gas *n* (gass) -ais *m* gas.

gas *n* (gass) -aise, gaisean *f* stalk, stem.

gasda *a* (gaste) fine, handsome.

gath *n* (ga) -a, -an *m* dart, sting, beam.

ge be ge be àite, wherever; **ge be an dath**, whatever the colour; **ge be cò e**, whoever (he may be); **ge be dè a nì thu**, whatever you do; **ge be neach a chaidh**, whoever went; **ge be uair**, whenever; **ge be air bith**, whatever; **ge be air bith càite**, wherever.

geadas *n* (getass) -ais, -an *m* pike.

gèadh *n* (gehagh) -eòidh *m*, *f* goose.

geal *a* (gyal) gile, white.

gealach *n* (gyalakh) -aiche *f* moon.

gealagan *n* (gyalakan) -ain, -an *m* white of egg.

gealaich *v* (gyalikh) -achadh, whiten, bleach.

gealbhonn *n* (gyalavon) -uinn *m* sparrow.

geall *n* (gyowl) -ill *m* promise, pledge, bet, wager. **cuiridh mi nota air a' gheall gun coisinn e**, I will bet a pound that he will win; **cuir an geal** *v* pledge; **iomair air gheall** *v* gamble.

geall *v* (gyowl) -tainn, promise.

gealladh *n* (gyowlagh) -aidh, -aidhean *m* promise. **thoir gealladh** *v* promise.

gealltanach *a* (gyowltanakh) promising, promissory.

gealtach *a* (gyaltakh) cowardly.

gealtaire *n* (gyaltara) -ean *m* coward.

geamhrachail *a* (gyowrakhel) wintry.

geamhradh *n* (gyowragh) -aidh, -aidhean *m* winter.

geamhraich *v* (gyowrikh) -achadh, winter.

geanmnachd *n* (genemnakhk) *f* chastity.

geanmnaidh *a* (genamnee) chaste.

geansaidh *n* (genssee) *m* jersey.

gearan *n* (geran) -ain, -an *m* complaint, moan.

gearain *v* (geren) -an, complain, moan. **ghearan e ris an fhactoraidh air cor a' bhathair**, he complained to the factory about the state of the goods.

geàrr *v* (gyahr) -adh, cut.

geàrr *a* (gyahr) giorra, short.

geàrr *n* (gyahr) -a, -an *f* hare.

geàrr-chlò-sgrìobhaiche *n* (-khloh skreevikha) -ean *m* shorthand typist.

geàrr-chùnntas *n* (-khoontass) -ais, -an *m* minutes.

geàrr-shaoghlach *a* (-haolakh) shortlived.

geàrr-sgrìobhadh *n* (-skreevagh) -aidh *m* shorthand.

geàrr-sheallach *a* (-hakakh) short-sighted.

gearradh *n* (gyaragh) -aidh, -aidhean *m* cut, sarcasm.

gearran *n* (gyaran) -ain *m* gelding.

Gearran n (gyaran) -ain m **An Gearran**, February.

geata n (geta) -achan m gate.

ged conj (get) though. **ged a tha i 'na h-aonar**, though she is alone; **ged a bhitheas mi trang**, though I will be busy.

gèill v (gehl) -eadh, yield, submit, cede.

gèill n (gehl) -e f submission.

geimheal n (geval) -eil, geimhlean m fetter.

geimhlich v (gevlikh) -leadh, fetter.

geinn n (gehn) -e, -ean m wedge. **teannaich le geinn** v wedge.

geir n (gyehr) -e f tallow, suet.

gèire n (gehra) f sharpness.

geòcach a (gyohkakh) gluttonous.

geòcaire n (gyohkara) -ean m glutton.

geòcaireachd n (gyohkarakhk) f gluttony.

geodha n (gyoa) -achan m creek.

geòla n (gyohla) -achan f yawl.

geòlach a (gyohlakh) geological.

geòlaiche n (gyohlikha) -ean m geologist.

geòlas n (gyohlass) -ais m geology.

geug n (geeak) -èige, -an f branch.

geur a (geear) gèire, sharp, sharpwitted.

geur-lean v (-len) -tainn, persecute.

geur-leanmhainn n (-lenavin) -e, -ean m persecution.

geuraich v (geearikh) -achadh, sharpen.

geurchuis n (-khoosh) -e f sagacity.

geurchuiseach a (-khooshakh) -eiche, sagacious.

giall n (geeal) gèille, -an f jaw.

Giblean n (giplan) -ein m **An Giblean**, April.

gidheadh conj (gi-yagh) yet, nevertheless.

gilb n (gilap) -e, -ean f chisel.

gile n (gila) f whiteness.

gilead n (gilat) -id m whiteness.

gille n (gila) -ean m boy, man-servant.

gille-mirein n (-miren) gillean-mirein m whirligig.

gilleachas n (gilakhass) -ais m agency.

gimileid n (gimilech) -e, -ean f gimlet.

gin v (gin) -eadh, beget, generate, reproduce.

gin pron (gin) anyone, anything. **chan eil gin an seo**, there aren't any here.

gine n (gina) -eachan f gene.

gineach a (ginakh) gene. **dèanamh gineach**, gene constitution.

gineachas n (ginakhass) -ais m genesis.

gineadair n (ginatar) -ean m progenitor, generator.

gineal n (ginal) -eil, -an m, f progeny.

ginealach n (ginalakh) -aich, -aichean m a generation.

gineamhainn n (ginavin) -e m generation (process), conception. **buill gineamhainn**, genitals.

ginearalaich v (ginaralikh) -achadh, generalize.

ginideachadh n (ginijakhagh) -aidh, -aidhean m germination.

ginidich v (ginijikh) -eachadh, germinate.

ginteil a (ginchel) genetic.

gintinn n (ginchin) m reproduction.

gintinneachd n (ginchinakhk) f genetics.

giollachd n (geealakhk) f servicing (cars etc).

giomach n (gimakh) -aich m lobster.

gionach a (ginakh) greedy.

gionaiche n (ginikha) m greed.

giorrachadh n (geearakhagh) -aidh, -aidhean m abbreviation.

giorrad n (geearat) -aid m shortness.

giorraich v (geearikh) -achadh, shorten, abbreviate.

giort n (geearst) -a, -an f girth (band).

giosg v (geeask) -ail, gnash.

giosgail n (geeaskel) -e f gnashing.

giuthas n (gyooass) -ais m fir.

giùlain v (gyoolen) giùlan, carry, bear, conduct, behave.

giùlan n (gyoolan) -ain, -an m carriage, conduct, behaviour.

giùran n (gyooran) -ain, -an m gill.

glac v (glak) -adh, catch, seize, grasp, gulp.

glacadh n (glakagh) -aidh, -aidhean m catch, grasp, seizure, gulp.

glag n (glak) -aig, -uig m rattle.

glagais n (glakish) -e f babble.

glagan n (glakan) -ain, -an m knocker.

glaine n (glaheena) f purity, cleanliness.

glainne n (glaheenya) -eachan f glass.
glainneachan-suathaidh n (-sooee) -ain, -an, contact-lens.
glais v (glash) glasadh, lock.
glaisneulach a (glashneealakh) pale, wan.
glaisneulachd n (glashneealakhk) -an f paleness.
glàmach a (glahmakh) voracious.
glamhadh n (glowagh/glavagh) -aidh, -aidhean m bite. dèan glamhadh v snap.
glan a (glan) clean.
glan v (glan) -adh, clean.
glanadair falmhaidh n (glanater falavee) -ean m vacuum-cleaner.
glaodh n (glaogh) -aoidh m cry, shout; glue.
glaodh v (glaogh) -adh, cry, shout, proclaim; glue.
glaodhach a (glaoakh) glutinous.
glaodhadh n (glaoagh) -aidh, -aidhean m proclamation.
glaodhaire n (glaoara) -ean m loudspeaker.
glaodhan n (glaoan) -ain m pith, pulp.
glaodhan-fiodha n (-fyaogha) m woodpulp.
glaodhanach a (glaoanakh) pithy.
glas n (glass) -aise, -an f lock.
glas a (glass) grey, green.
glas-làmh n (-lahv) f handcuff.
glas-neulach a (-neealakh) wan.
glasradh n (glassragh) -aidh m verdure.
glasraich n (glassreekh) f vegetable(s).
glè (asp) adv (gleh) very.
gleac n (glehk) m struggle, wrestling.
gleac v (glehk) gleac/gleacadh, struggle, wrestle.
gleacadair n (glekater) -ean m wrestler.
gleadhraich n (glaorikh) -e, -ean f rattle. dèan gleadhraich v rattle.
gleann n (glyown) -inne, -tan m glen.
glèidh v (gleh) -eadh, keep, preserve, retain.
gleidheadh n (glehagh) -idh m preservation, conservation.
glèidhteach a (glehchakh) -iche, frugal.
glèidhteachas n (glehchakhass) -ais m conservancy.
glèiteachd n (glehchakhk) f frugality.

gleus v (gleeass) -adh, trim; tune.
gleus n (gleeass) -eòis, -an m key (mus.), tone; construction (gram.).
gleus-chomharradh n (-khoara) -aidh, -aidhean m key-signature.
glìb n (gleep) -e f sleet.
glic a (glik) wise, prudent.
glidich v (glijikh) -eachadh, stir.
gliocas n (gleekass) -ais m wisdom, prudence.
gliong n (glyong) -a, -an m clink, tinkle, clang. dèan gliong v clink, tinkle.
glocail n (glokel) -e f cackle.
gloinead n (gloinat) -id m cleanness.
glòir n (glohr) -e f glory.
glòir-dhìomhain a (-yeeven) vain-glorious.
glòir-mhiann n (-veean) -a, m, f ambition.
glòir-mhiannach a (-veeanakh) ambitious.
glòireachadh n (glohrakhagh) -aidh m glorification.
glòirich v (glohrikh) -eachadh, glorify.
glòrmhor a (glohrvar) glorious.
gluais (gu) v (glooish) gluasad, move (to).
gluasad n (glooassat) -aid, -an m movement, motion, gesture.
gluasadach a (glooassatakh) motive, locomotive.
glumag n (gloomak) -aige, -an f pool.
glùn n (gloon) -ùine, -ùinean f knee.
glut v (gloot) -adh, gormandise.
gnàth n (grah) -a, -an m custom, practice, habit.
gnàth-cheannaiche n (-khyanikha) -ean m customer.
gnàth-chùrsach a (-khoorssakh) routine.
gnàth-dhuine n (-ghoonya) m man-in-the-street.
gnàth-fhaclach a (-aklakh) proverbial.
gnàth-riaghailtean n (-reealchan) standing-orders.
gnàth-theagasg n (-hekask) -aisg m dogma.
gnàthach a (grah akh) habitual, customary.
gnàthaich v (grahikh) -achadh, habituate, practise.

63

gnathas-cainnt *n* (gnahass-kaheench) *m* idiom.

gnathas-cainnteach *a* (-kaheenchakh) idiomatic.

gnàthasach *a* (gnahassakh) idiomatic.

gnè *n* (greh) *f* kind, sort, nature, species, gender, sex.

gnètheasach *a* (gnehassakh) sexual.

gnìomh *n* (greev) -a, -an *m* action, deed, act, performance. **cuir an gnìomh** *v* execute; **dèan gnìomh** *v* act.

gnìomhach *a* (greevakh) active, industrious, executive.

gnìomhachas *n* (greevakhass) -ais *m* industry.

gnìomhachd *n* (greevakhk) -an *f* activity.

gnìomhaiche *n* (greevikha) -ean *m* executive.

gnog *v* (grok) -adh, knock.

gnogadh *n* (grokagh) -aidh, -aidhean *m* knock.

gnòsail *n* (grohssel) -e *f* grunt. **dèan gnòsail** *v* grunt.

gnothach *n* (groakh) -aich, -aichean *m* affair, business, matter. **cha dèan sin an gnothach**, that will not do; **rinn sinn an gnothach orra**, we beat them.

gnù *a* (groo) surly, sullen.

gnùis *n* (groosh) -e, -ean *f* face, countenance.

gnùis-bhrat *n* (-vrat) -ait, -an *m* veil.

gob *n* (gop) -uib *m* beak, bill.

gobaireachd *n* (goparakhk) *f* talkativeness, loquacity, prattle. **dèan gobaireachd** *v* prattle.

gobha *n* (goa) -ainn, goibhnean *m* smith.

gobhar *n* (goar) -air *m* goat.

gòbhlach *a* (golakh) forked.

gòbhlag *n* (golak) -aige, -an *f* fork.

gòbhlan-gaoithe *n* (-gaoya) -ain, -an *m* swallow.

gog *n* (gok) *m* nod, toss of the head.

gog-cheannach *a* (-khyanakh) light-headed.

gogaid *n* (gokech) -e, -ean *f* flirt, coquette.

gogaideach *a* (gokechakh) fickle.

gogail *n* (gokel) *f* clucking. **dèan gogail** *v* cluck.

goid (air) *v* (gaoch) goid, steal (from).

goid *n* (gaoch) -e *f* theft.

goil *v* (gaol) goil, boil (liquids). **air ghoil**, at boiling point.

goile *n* (gaola) -ean *f* stomach.

goileam *n* (golam) -eim *m* tattle. **dèan goileam** *v* tattle.

goileamaiche *n* (golamikha) -ean *m* tattler.

goir *v* (gaor) -sinn, call. **goir air ainm** *v* name.

goireas *n* (gorass) -eis *m* convenience, amenity.

goireasach *a* (gorassakh) convenient.

goirid *a* (gorich) giorra, short, brief. **o chionn ghoirid**, recent(ly); **gu goirid**, in short.

goirt *a* (gorshch) sore, sour. **tha a cheann goirt**, he has a headache.

goirt *n* (gorshch) -e *f* famine, starvation.

goirtich *v* (gorshchikh) -eachadh, hurt.

goistidh *n* (goshchee) -e, -ean *m* gossip (person).

gòmag *n* (gohmak) -aige, -an *f* nip, pinch.

gòrach *a* (gohrakh) foolish, stupid, silly. **nach mi a tha gòrach!**, how stupid of me!

gòraiche *n* (gohrikha) *f* folly, silliness.

gorm *a* (goram) -uirme, blue, green.

gorta *n* (gorsta) *f* famine.

grab *v* (grap) -adh, hinder.

grabadh *n* (grapagh) -aidh, -aidhean *m* hindrance.

gràbhail *v* (grahvel) -aladh, engrave.

gràbhalaiche *n* (grahvalikha) -ean *m* engraver.

grad *a* (grat) sudden, quick.

gràdh *n* (grahgh) -àidh *m* love, charity.

gràdhach *a* (grahghakh) loving.

gràdhaich *v* (grahghikh) -achadh, love.

gràgail *n* (grahkel) *f* croaking. **dèan gràgail** *v* croak.

graide *n* (graja) *f* quickness.

gràin *n* (grahin) -e *f* disgust, abhorrence, loathing.

gràineach *a* (grahnach) -eiche, granulous.

gràineachadh *n* (grahnakhagh) -aidh *m* granulation.

gràineag *n* (grahnak) -eige, -an *f* hedgehog; granule.

gràinean *n* (grahnan) -ein, -an *m* granule, pellet.

gràineil *a* (grahnel) disgusting, abhorrent, loathesome.

gràinich *v* (grahnikh) -eachadh, hate, detest.

gràinne *n* (grahna) -eachan *f* grain.

gràinnseach *n* (grahnshakh) -iche, -ichean *f* grange.

gràisg *n* (grahshk) -e *f* rabble, mob.

gràisgeil *a* (grahshkel) vulgar.

gramail *a* (gramel) resolute.

gràn-ubhal *n* (grahn ooal) -abhla, -ùbhlan (oolan) *m* pomegranate.

grànnda *a* (grahnta) ugly.

grànndachd *n* (grahntakhk) *f* ugliness.

gràs *n* (grahss) -ais, -an *m* grace (rel.).

gràsmhor *a* (grahsfar) gracious.

gràsmhorachd *n* (grahsfarakhk) *f* graciousness.

gread *v* (gret) -adh, scorch.

greadhnachas *n* (graonakhass) -ais *m* joy, conviviality; pomp.

greallach *n* (gryallakh) -aiche *f* entrails, intestines.

greann *n* (grown) -einn *m* irritation. **cuir greann air** *v* irritate.

greannach *a* (grownakh) crabbed.

greannmhor *a* (granvar) amusing, lively.

greannmhorachd *n* (granvarakhk) *f* amusement, liveliness.

greas *v* (gress) -adh, hasten. **greas ort!**, hurry up!

greigh *n* (gre) -e, -ean *f* herd.

greigheach *a* (greakh) -eiche, gregarious.

grèim *n* (grehm) greama/grama, greamannan *m* hold, grip; bite (of food); stitch.

greimear *n* (gremar) -an *m* paper clip.

greimich *v* (gremikh) -eachadh, grapple.

greis *n* (gresh) -e, -ean *f* space (of time), while.

greusaiche *n* (greeassikha) -ean *m* shoemaker, cobbler.

grian *n* (greean) -èine *f* sun.

grian-chrios *n* (-khreess) -an *m* zodiac.

grianach *a* (greeanakh) sunny.

grinn *a* (green) handsome, fine, elegant.

grinneas *n* (greenass) -eis *m* elegance.

grìogag *n* (greekak) -aige, -an *f* bead.

grìsfhionn *a* (greessan) -a, roan.

griùthlach (**griùthrach**) *n* (groolakh) -aiche *f* **a' ghriùthlach**, the measles.

gròb *v* (grohp) -adh, indent.

gròbadh *n* (grohpagh) -aidh, -aidhean *m* indentation.

grod *a* (grot) rotten, putrid.

grod *v* (grot) -adh, rot, putrify.

grodadh *n* (grotagh) -aidh *m* rot.

gròiseid *n* (grohshech) -e, -ean *f* gooseberry.

gruag *n* (grooak) -aige, -an *f* wig, hair.

gruagaire *n* (grooakara) -ean *m* hairdresser.

gruaidh *n* (grooahee) -e, -ean *f* cheek.

gruaim *n* (grooaheem) -e *f* gloom, sullenness.

gruamach *a* (grooamakh) gloomy, sullen, stern.

grùdaire *n* (grootara) -ean *m* brewer.

grùdaireachd *n* (grootarakhk) *f* brewing. **dèan grùdaireachd** *v* brew.

grùid *n* (grooch) -e *f* dregs.

grunnan *n* (groonan) -ain, -an *m* group. **grunnan leabhraichean**, a few books.

grunnasg *n* (groonask) -aisge, -an *f* groundsel.

grùnnd *n* (groont) -a, -an *m* ground, bottom.

grùnsgal *n* (groonskal) -ail *m* growl.

grùthan *n* (grooan) -ain, -an *m* liver (animals).

gu *prep* (goo) to. **bha e gu falbh**, he was about to go.

guailleachan *n* (gooaheelakhan) -ain, -an *m* scarf.

gual *n* (gooal) -ail *m* coal.

gualainn *n* (gooalin) guailne, guailnean *f* shoulder.

gualan *n* (gooalan) -ain *m* carbon. **pàipear-gualain**, carbon paper.

gualuisg *n* (gooalishk) -ean *m* carbohydrate.

guanach *a* (gooanakh) giddy.

gucag *n* (gookak) -aige, -an *f* bubble, bud.

guga *n* (gooka) -an, -achan *m* solan goose (young).

guidh (do) *v* (gooi) guidhe, entreat, wish, pray.

guidhe *n* (gooya) -eachan *m*, *f* entreaty, prayer.

guil *v* (gooil) gul, weep, cry.

guilbneach *n* (goolapnyakh) -ich *m* curlew.

guin *n* (gooin) -e, -ean *m* pang, dart.

guineach *a* (gooinakh) -iche, sharp.

guir *v* (gooir) gur, hatch, brood.

guirean *n* (gooiran) -ein, -an *m* pimple, pustule.

guirmean *a* (gooirman) -ein, indigo.

guiseid *n* (gooshech) -e, -ean *f* gusset.

guitear *n* (goochar) -ir, -an *m* gutter.

gul *n* (gool) -uil *m* weeping.

gum *conj* (goom) used instead of **gun** before **b f m p.**

gun (*asp*) *prep* (goon) without. **gun chuireadh**, uninvited; **fhuair e rabhadh gun a dhol ro fhada**, he got a warning not to go too far.

gun/gum *conj* (goon/m) that. **thuirt e gun tigeadh e a-màireach**, he said that he would come tomorrow.

gùn *n* (goon) -ùin, gùintean *m* gown.

gunna *n* (goona) -aichean *m* gun.

gunnair *n* (gooner) -ean *m* gunner.

gunnaireachd *n* (goonarakhk) *f* gunnery.

gur *n* (goor) -uir *m* brood, hatch.

gur *conj* (goor) that (used in cases of emphasis). **thuirt e gur e Calum a bha sin**, he said that it was Calum that was there.

gur *pron prep* (goor) **aig** & **bhur** at your. **tha e gur bualadh**, he is striking you.

gus *prep* (gooss) until. **gus an till e**, until he returns; **dh'fhàg iad an sgoil gus an taigh-eiridinn a thadhal**, they left the school in order to visit the hospital.

guth *n* (goo) -a, -an *m* voice.

I

i *pron* (ee) she.
iad *pron* (eeat) they, (coll.) **'ad.** (coll.)
   tha 'ad a' tighinn, they are coming;
   iad seo, these; **iad sin,** those.
iadh (mu thimcheall) *v* (eeagh) -adh,
   surround, encircle.
iadh-shlat *n* (-hlat) -aite, -an *f*
   honeysuckle.
iadsan *pron* (eeatsan) they, them
   (emphatic form). **bha iadsan an seo**
   ach bha esan aig an dachaigh, they
   were here but he was at home.
iall *n* (eeal) èille, -an *f* thong, lace.
ialtag *n* (eealtak) -aige, -an *f* bat.
iar *n* (eear) an iar *f* west.
iar- *a* (eear) deputy.
iar-cheumaiche *n* (-kheeamikha) -ean *m*
   post-graduate.
iar-ogha *n* (-o-ha) -achan *m* great-
   grandchild.
iarainn *a* (eearin) iron.
iarann *n* (eearan) -ainn, -an *m* iron.
iargalta *a* (eeargalta) -ailte, churlish.
iarla *n* (eearla) -an *m* earl.
iarmad *n* (eearmat) -aid, -an *m* remnant.
iarmailt *n* (eearmelch) -e *f* firmament.
iarna *n* (eearna) -aichean *f* hank.
iarnaich *v* (eearnikh) -achadh, iron.
iarr *v* (eear) iarraidh (eearee) ask (for),
   request, look for. **dh'iarr e orm an**
   doras fhosgladh, he asked me to open
   the door; **tha mi ag iarraidh tuilleadh**
   siùcair, I would like more sugar.
iarrtas *n* (eeartas) -ais, -an *m* request,
   demand, petition.
iasad *n* (eeassat) -aid, -an *m* loan. **gheibh**
   mi iasad de chàr, I will borrow a car;
   bheir mi iasad de chàr dhut, I will lend
   you a car.
iasg *n* (eeask) èisg (ehshk) *m* fish.
iasgaich *v* (eeaskikh) iasgachd, fish.
iasgair *n* (eeasker) -ean *m* fisherman.
iasgaireachd *n* (eeaskarakhk) *f* fishery.
'ic (eek) short for **mhic. taigh Ruaraidh**
   'ic Sheumais, Roderick son of James's
   house.

idir *adv* (eechir) at all. **a bheil thu sgìth?**
   Chan eil idir, are you tired? Not at all.
ifrinn *n* (ifrin) -e, -ean *f* hell.
ifrinneach *a* (ifrinakh) -iche, hellish,
   infernal.
ìm *n* (eem) ime *m* butter.
imcheist *n* (imkheshch) -e, -ean *f*
   anxiety, perplexity, doubt. **fo**
   imcheist, anxious.
imcheisteach *a* (imkheshchakh) -iche,
   perplexed.
imeachd *n* (imakhk) -an *f* departure.
imfhios *n* (imeess) -a *m* intuition.
imich *v* (imikh) imeachd, depart, leave.
imleag *n* (imlek) -eige, -an *f* navel.
imlich *v* (imlikh) imlich, lick.
impidh *n* (eempee) -e, -ean *f* petition,
   entreaty, persuasion.
imrich *n* (imrikh) -e, -ean *f* removal.
imrich *v* (imrikh) imrich, remove.
inbhe *n* (inva) -ean *f* rank, dignity,
   status.
inbheil *a* (invel) eminent.
inbhir *n* (inver) -e, -ean *m* confluence.
Inid *n* (inich) -e *f* Shrovetide.
inneal *n* (inyal) -eil, -an *m* machine,
   engine, instrument. **fear-inneil** (-inyil)
   m machinist.
inneal-giùlan *n* (-gyoolan) *m* vehicle.
innealradh *n* (inyalragh) -aidh *m*
   machinery.
innean *n* (inyan) -ein, -an *m* anvil.
innear *n* (inyar) -ach, -an *f* dung.
innidh *n* (inyee) *f* bowel(s).
innis *n* (inish) innse, innsean *f* island,
   meadow. **Innse Gall** *Pl.,* Hebrides.
innis (do) (inish) innse (insha) tell,
   relate.
innleachd *n* (inlakhk) -an *f* invention,
   intelligence.
innleachdach *a* (inlakhkakh) inventive,
   ingenious, intelligent.

67

innleadair n (inlater) -ean m engineer.
innleadair-dealain, electrical engineer; **uidheam-innleadair**, mechanical engineer; **innleadair-thogalach**, civil engineer.
innleadaireachd n (inlatarakhk) f engineering.
innlich v (inlikh) -eachadh, invent, devise, engineer.
Innseachan n (inshakhan) pl. **Na h-Innseachan**, India.
Innseanach n (inshanakh) -aich m Indian.
innstinneach a (inshchinakh) instinctive.
innte prep pron (incha) in her. **'s e bana-Leòdhasach a tha innte**, she is a Lewis woman.
inntinn n (inchin) -e, -ean f mind, intellect.
inntinn-easbhaidheach n (-esfeeakh) -ich m mental, defective.
inntinn-eòlaiche n (-yohlikha) -ean m psychologist.
inntinneach a (inchinakh) -iche, interesting.
inntinneil a (inchinel) mental.
inntleachdail a (inchlekhkal) intellectual.
ìobair v (eeper) ìobradh, sacrifice.
ìobairt n (eeparch) -e, -ean f sacrifice, offering.
ìobairteach n (eeparchakh) -aich m victim.
ìoc v (eek) -adh, pay, render.
ìocaidh n (eekee) m payee.
ìocshlaint n (eeklanch) -e, -ean f medicine, balm.
ìocshlainteach a (eeklanchakh) -iche, medicinal.
ìochd n (eeakhk) f clemency, mercy, compassion.
ìochdar n (eekhkar) -air, -an m bottom.
ìochdarach a (eekhkarakh) inferior.
ìochdaran n (eekhkaran) -ain, -an m subject, inferior.
ìochdaranachd n (eekhkaranakhk) f inferiority.
ìochdmhor a (ikhkvar) clement, merciful, compassionate.
ìochdrach a (eekhkrakh) lowermost.

iodhal n (ighal) -ail, -an m idol.
iodhal-adhrach a (-aorakh) idolatrous.
iodhal-adhradh n (-aoragh) -aidh, -aidhean m idolatry.
iol-dànachas n (il dahnakhass) -ais m versatility.
iol-ghnèitheach a (-ghrehakh) heterogeneous.
iolach n (ialakh) -aiche, -aichean f shout, **tog iolach** v shout.
iolaire n (yoolara) -ean f eagle.
iom-fhillteach a (eem ilchakh) manifold.
iom-tharraing n (-haring) -e f gravity.
ioma-chainnteach n (eema khaheenchakh) -aich m polyglot.
ioma-cheallach a (-khelakh) multicellular.
ioma-cheàrnag n (-khyahrnak) -aige, -an f polygon.
ioma-chruthach a (-khrooakh) multiform.
ioma-chuartachadh n (-khooarstakhagh) -aidh, -aidhean m revolution.
ioma-chuimseach a (-khooimshakh) comprehensive. **sgoil ioma-chuimseach**, comprehensive school.
ioma-dhathach a (-gha-akh) multicoloured.
ioma-ghaoth n (-ghao) -aoithe, -an f whirlwind.
ioma-lideach a (-lijakh) polysyllabic.
ioma-phòsadh n (-fohssagh) -aidh m polygamy.
ioma-sheòrsach a (-hyohrssakh) multiple.
ioma-shiollach a (-heealakh) polysyllabic.
ioma-shliosach a (-hleeassakh) multilateral.
iomadachd n (eematakhk) f multiplicity.
iomadh (gen plur) n (eema) many. **iomadh bliadhna**, many years.
iomagain n (eemagin) -an m worry. **fo iomagain**, worried.
iomagaineach a (eemaginakh) anxious.
iomain v (eemen) iomain, drive.
iomair v (eemer) iomairt, row.
iomall n (eemal) -aill, -an m border, extremity, limit.

iomallach *a* (eemalakh) remote.

iomarcach *a* (eemarkakh) super-fluous.

iomchair *v* (eemkher) iomchar, carry.

iomchuidh *a* (eemkhee) fit, suitable, proper.

ìomhaigh *n* (eevee) -e, -ean *f* image, statue.

iomlaid *n* (eemlech) -e, -ean *f* exchange, change. **a bheil iomlaid nota agad?**, have you change for a pound?

iomlan *a* (eemlan) complete, whole. **an t-iomlan**, the whole of it; **gu h-iomlan**, altogether.

iompachadh *n* (eempakhagh) -aidh, -aidhean *m* conversion (rel.).

iompachan *n* (eempakhan) -ain, -an *m* convert.

iompaich *v* (eempikh) -achadh, convert.

iomradh *n* (eemra) -aidh, -aidhean *m* mention, report, allusion. **thoir iomradh air** *v* mention.

iomraiteach *a* (eemrachakh) -iche, famous, renowned, well-known.

iomrall *n* (eemral) -aill, -an *m* error.

iomrallach *a* (eemralakh) erroneous.

ion-dhèanta *a* (eean yehnta) practicable.

ion-fheuma *a* (-ehma) practical.

ion-mhiannaichte *a* (-veeanikhcha) desirable.

ion-mholta *a* (-volta) praiseworthy.

ionad *n* (eeanat) -aid, -an *m* place.

ionadail *a* (eeanatal) local.

ionaltair *v* (eenalter) ionaltradh, pasture.

ionaltradh *n* (eenaltragh) -aidh, -aidhean *m* pasture.

ionann *a* (eeanan) equal, same, identical.

ionannachd *n* (eeananakhk) *f* identity.

iongna *n* (eeangna) ingne, ingnean *f* claw, talon, hoof.

iongantach *a* (eeangantakh) surprising.

iongnadh *n* (eeangnagh) -aidh, -aidhean *m* surprise. **cuir iongnadh air** *v* surprise, amaze.

iongantas *n* (yoongantass) -ais, -an *m* amazement, wonder.

iongar *n* (eeangar) -air *m* pus.

iongraich *v* (eeangrikh) -achadh, suppurate.

ionmhas *n* (eeannvass) -ais, -an *m* treasure.

ionmhasair *n* (eeanavasser) -ean *m* treasurer.

ionmhainn *a* (eeanavin) annsa (owssa) dear, beloved.

ionndrain *v* (eeandren) ionndrain, miss.

ionnlaid *v* (eeanlech) ionnlad, wash.

ionnsaich *v* (yoonssikh) -achadh, learn.

ionnsachadh *n* (yoonssakhagh) -aidh *m* learning.

ionnsaigh *n* (yoonssee) -ean *m f* attack, aggression, assault. **thoir ionnsaigh** *v* attack, assault.

ionnsaigh *prep* **a dh' ionnsaigh** (*gen.*) (a yoonssee) towards. **a dh' ionnsaigh a' bhùird**, towards the table; **gam ionnsaigh**, towards me; **gad i.**, towards you; **ga i.**, towards him; **ga h-i.**, towards her; **gar n-i.**, towards us; **gur n-i.**, towards you; **gan i.**, towards them.

ionraic *a* (eeanrek) righteous.

iorghail *n* (eearghel) -e, -ean *f* tumult.

iorghaileach *a* (eearghelakh) -iche, tumultuous.

ìoronas *n* (eeronass) -ais *m* irony.

Ìosa *n* (eessa) *m* Jesus.

ìosal *a* (eessal) ìsle, low, lowly.

iosgaid *n* (eeshech) -e, -ean *f* hough.

ìota *n* (eeta) -aidh *m* thirst.

ìotach *a* (eetakh) thirsty.

ìre *n* (eera) *f* maturity, grade. **ìre chumanta**, ordinary grade (exam); **àrd-ìre**, higher grade (exam); **chaill e a bheatha gu ìre bhig**, he almost lost his life; **gu ìre mhath làn**, quite full; **gu ìre mhòr**, to a great extent.

iriosal *a* (eerissal) humble.

irioslachadh *n* (eerisslakhagh) -aidh, -aidhean *m* humiliation.

irioslachd *n* (eerisslakhk) *f* humility.

irioslaich *v* (eerisslikh) -achadh, humble, humiliate.

iris *n* (eerish) -e, -ean *f* magazine, periodical.

is *conj* (iss) and.

is *v def* (iss) emphatic form often abbreviated to **'s. 's e** (sheh) **Calum a th' ann**, it's Malcolm.

ìsbean *n* (eeshpan) -ein, -einean *m* sausage.

ise *pron* (eesha) she, her (emphatic form). **is ise a rinn sin**, she did that.

isean *n* (ishan) -ein, -an *m* chick, chicken.

ìsleachd *n* (eeshlakhk) *f* lowness.

ìslich *v* (eeshlikh) -eachadh, lower.

isneach *n* (ishnyakh) -iche, -ichean *f* rifle.

isd *interj* (isht) hist!, hush!

ite *n* (icha) -ean *f* feather, fin.

iteach *n* (ichakh) *m* plumage.

iteach *a* (ichakh) -iche, feathered.

iteachan *n* (ichakhan) -ain, -an *m* bobbin.

itealaich *v* (ichalikh) -achadh, fly.

itealan *n* (ichalan) -ain *m* aeroplane.

iteodha *n* (ichao-a) -oithe *m* hemlock.

ith *v* (eekh) ithe, eat.

iubhar *n* (yoo-ar) -air, -an *m* yew.

iuchair *n* (yookher) iuchrach, iuchraichean *f* key.

Iuchar *n* **an t-iuchar** (an chookhar) -air *m* July.

iùil-tharraing *n* (yool-haring) -e, -ean *f* magnetism.

iùil-tharraingeach *a* (-haringakh) magnetic.

iùl *n* (yool) iùil, iùilean *m* guidance, direction.

L

là *n* (lah) **làithean** (lahyan) *m* day.
labhair *v* (lavar) **labhairt**, speak.
labhairt *n* (lavarch) *f* speaking.
labhar *a* (lavar) loud.
lach *n* (lakh) -a, -an *f* duck.
lachdann *a* (lakhkan) dun, tawny, swarthy.
ladar *n* (latar) -air *m* ladle.
ladarna *a* (latarna) -airne, bold, shameless, blatant.
ladhar *n* (laoar) -air, **ladhran** *m* hoof.
lag *n* (lak) -uige, -an *f* hollow.
lag *a* (lak) weak, faint.
lagaich *v* (lakakh) -achadh, weaken.
làg(h)an *n* (lahkan/lahghan) -ain *m* sowens, flummery.
lag-chridheach *a* (lak khreeakh) -eiche, faint-hearted.
lagh *n* (laogh) -a, -an *m* law. **dèan lagh(an)**, legislate.
lagh-baile *n* (-bala) *m* bye-law.
lagh-chruthachadh *n* (-khrooakhagh) -aidh, -aidhean *m* legislation.
lagh-chruthachail *a* (-khrooakhel) legislative.
lagh-mhòd *n* (-voht) -òid, -an *m* legislature.
laghach *a* (laoghakh) decent, fine.
laghail *a* (laoghel) lawful, legal.
laghalachd *n* (laoghalakhk) *f* legality, lawfulness.
Laideann *n* (lajan) -inne *f* Latin.
làidir *a* (lahchir) **treasa** (tressa) strong.
làimhsich *v* (laheesikh) -eachadh, handle, feel, treat.
lainnir *n* (lanir) -e *f* radiance, glitter.
lainnireach *a* (lanirakh) radiant.
làir *n* (laheer) **làrach**, **làirichean** *f* mare.
làitheil *a* (lahel) daily.
làmh *n* (lahv) -àimhe, -an *f* hand, handle. **air an làimh dheis** (laheev yesh), on the right hand; **air an làimh chlì**, on the left hand; **làmh an uachdair**, the upper hand; **làmh ri làimh** (lahv ree laheev), hand in hand.
làmh-fhighte *a* (-eecha) handwoven.

làmh-lèigh *n* (-leh) -e, -ean *m* surgeon.
làmh-leigheas *n* (-leas) -eis *m* surgery.
làmh-sgrìobhaidh *n* (-skreevee) -e *f* handwriting.
làmh-sgrìobhainn *n* (-skreevin) *m* manuscript.
làmhach *a* (lahvakh) manual.
làmhainn *n* (lahvin) -e, -ean *f* glove.
làmhchair *a* (lahvkher) handy, dexterous.
làmhchaireachd *n* (lahvkharakhk) *f* handiness.
làn *a* (lahn) full. **'na làn dhùisg**, wide awake; **làn thìde a th' ann cuideachd**, it is high time too.
lànachd *n* (lahnakhk) *f* fulness.
lann *n* (lown) -ainne, -an *f* blade (knife), scale (fish).
lannsa *n* (lownssa) *f* lancet.
lanntair *n* (lownter) -e, -ean *m* lantern.
laoch *n* (laokh) -aoich *m* hero.
laogh *n* (laogh) -aoigh *m* calf.
laoidh *n* (laoee) -e, -ean *m* hymn, anthem, lay.
laoidheadair *n* (laoeeater) -ean *m* hymnal.
lapach *a* (lapakh) weak, feeble.
làr *n* (lahr) -àir *m* ground, floor.
làrach *n* (lahrakh) -aiche, -aichean *f* site, ruin.
las *v* (lass) -adh, light.
lasachadh *n* (lassakhagh) -aidh, -aidhean *m* discount, decompression. **seòmar lasachaidh**, decompression chamber.
lasadh *n* (lassagh) -aidh, -aidhean *m* inflammation.
lasaich *v* (lassikh) -achadh, loosen, slacken.
lasair *n* (lasser) **lasrach**, **lasraichean** *f* flame.
lasair-staid *n* (stach) -e, -ean *f* flash-point.
lasanta *a* (lassanta) -ainte, inflammable, passionate.
lasarra *a* (lassara) inflammatory.
lasgaire *n* (laskara) -ean *m* spark.

71

lastaic *n* (lastek) -e *f* elastic.

làthair *n* (laher) an làthair, present.

làthaireach *a* (laharakh) present.

làthaireachd *n* (laharakhk) *f* presence.

le *prep* (leh) with, by. **bha e leis fhèin**, he was by himself; **oidhche mhath leat**, goodnight; **leis a' ghaoth**, on account of the wind; **leis cho fuar 's a bha e**, because it was so cold.

leabaidh *n* (lepee) leapa, leapaichean *f* bed.

lèabag *n* (lehpak) -aige, -an *f* flounder.

leabhar *n* (lyoar) -air, leabhraichean (lyorikhan) *m* book.

leabhar-chùnntas *n* (-khoontass) -ais *m* book-keeping.

leabhar-lann *n* (-lown) -ainn, -an *m* library.

leabhar-lannaiche *n* (-lanikha) -ean *m* librarian.

leabhar-reiceadair *n* (-rekater) -ean *m* bookseller.

leabhrachan *n* (lyorakhan) -ain *m* pamphlet.

leabhran *n* (lyoran) -ain, -an *m* booklet.

leac *n* (lyek) lice (lika) *f* slab, flagstone.

leacach *a* (lyekakh) flat.

leag *v* (lek) -ail, knock down, demolish, fell.

leagh *v* (lyaogh) -adh, melt, dissolve, smelt.

leaghadair *n* (lyaoghater) -ean *m* smelter.

leaghadh *n* (lyaoghagh) -aidh, -aidhean *m* dissolution (matter).

leam *prep pron* (lyoom) with me.

leamh *a* (lyev) leimhe, importunate, vexing.

leamhachas *n* (lyevakhass) -ais *m* importunity.

leamhan *n* (levan) -ain *m* elm.

leamhnagan *n* (lewnakan) -ain, -an *m* stye.

lean *v* (lyen) -tainn, follow, continue, pursue, adhere. **lean am pàipear ri mo làmh**, the paper stuck to my hand; **ma leanas an t-sìde tioram**, if the weather continues dry; **tha mi a' leantainn orm leis an obair**, I am continuing with the work; **lean mi romham**, I kept on, I carried on.

leanabachd *n* (lyenapakhk) *f* childishness.

leanabail *a* (lyenapel) childish, juvenile.

leanaban *n* (lyenapan) -ain, -an *m* infant.

leanabas *n* (lyenapas) -ais *m* childhood.

leanabh *n* (lyenav) leinibh *m* child.

leanailteach *a* (lyenalchakh) -iche, sticky.

leanailteachd *n* (lyenalchakhk) *f* continuity.

leanmhainn *n* (lenavin) *m* sticking, adhering. **fear leanmhainn**, adherent; **stuth leanmhainn**, adhesive.

leann *n* (lyown) -a *m* beer, ale; humour.

leann-dubh *n* (-doo) -a *m* melancholy.

leannan *n* (lyanan) -ain, -an *m f* sweetheart, lover.

leannanach *a* (lyananakh) amorous.

leannanachd *n* (lyananakhk) *f* courtship.

leantainneach *a* (lentanakh) continuous.

learag *n* (lyerak) -aige, -an *f* larch.

leas *n* (lyess) *m* benefit, welfare.

leasachadh *n* (lyessakhagh) -aidh, -aidhean *m* development, improvement, reform(ation), supply, supplement. **leasachadh-fala**, blood-transfusion.

leasachail *a* (lyessakhel) supplementary.

leasaich *v* (lyessikh) -achadh, develop, improve, fertilize.

leasraidh *n pl* (lyessree) *f* loins.

leat *prep pron* (let) with you *(fam.)*.

leatha *prep pron* (le-ha) with her.

leathad *n* (leat) -aid, leòidean (lyohjan) *m* slope.

leathair *a* (lye-her) leathern.

leathann *a* (lyean) leatha, broad, wide.

leathar *n* (lyear) -air *m* leather.

leibh *prep pron* (leev) with you *(pl)*. **oidhche mhath leibh**, good night.

Lèibhiteach *n* (lehvichakh) -ich, Levite.

leig *v* (leek) -eil, let, allow. **leig e le Màiri an càr a dhràibheadh**, he let Mary drive the car; **leig leis!**, leave him alone! let him be!; **leig às mo làmh**, let go my hand; **leig e às an leabhar**, he dropped the book; **leig do**

thaic air/ri, lean on/against; **cha leig thu leas sin a ràdh**, you need not say that; **leig mi orm nach fhaca mi e**, I pretended that I did not see him; **leig fios chun an lighiche!**, let the doctor know!, **inform the doctor!**; **leig e e ma sgaoil**, he released him.

lèigh n (lyeh) -e, -ean m surgeon.

lèigh a (lyeh) medical.

lèigh-eòlas n (-yohlass) -ais m medicine (science).

leigheas n (lyeass) -eis, -an m cure, remedy, healing.

leigheas-inntinn n (-inchin) m psychiatry.

leighis v (lyeish) -eas, cure, heal.

lèine n (lehna) lèintean f shirt.

leinn prep pron (leen) with us.

lèir a (lehr) **gu lèir**, all together; **na daoine gu lèir**, everybody.

lèirmheas n (lehrvess) m review.

lèir-shealbhachd n (-helavakhk) -an f monopoly.

lèir-shealbhaich v (-helavikh) -achadh, monopolise.

leis prep pron (lesh) with him.

leis n (lesh) -e, -ean f thigh.

leisg a (leshk) lazy, sluggish.

leisge n (leshka) f laziness, sloth.

leisgeul n (leshkal) -eil, -an m excuse. **dèan leisgeul.** v apologise; **gabh mo leisgeul!** excuse me!

leisgire n (leshkira) -ean m sluggard.

leithid n (leich) -e, -ean m the like. **chan fhaca mi riamh a leithid**, I never saw the like; **leithid cait is coin**, such as cats and dogs; **air a leithid sin de là**, on such a day as that; **agus a leithid**, and such like.

leò prep pron (lyo) with them.

leòbag n (lyopak) -aige, -an f flounder.

leòghann n (lyohghan) -ainn, -an m lion.

leòmag n (lyohmak) -aige, -an f conceited girl; prude.

leòman n (lyohman) -ain m moth.

leòn v (lyohn) -adh, wound.

leòr n (lyohr) f enough. **fhuair e a leòr**, he ate his fill; **tha airgead gu lèor aige**, he has enough money.

leotha prep pron (lyoa) with them.

leth n (lyeh) m half. **leth uair an dèidh seachd**, half past seven; **leth phunnd**, half a pound; **ochd gu leth**, eight and a half; **air leth**, apart, separate; **air leth math**, particularly good; **às leth** (gen.) on behalf of; **às mo leth**, on my behalf; **fa leth**, each one, individually.

leth-aon n (-aon) -aoin, -an m twin.

leth-bhreith n (-vreh) -e f partiality.

leth-bhreitheach a (-vrehakh) partial.

leth-bhruich v (-vrooikh) -eadh, parboil.

leth-chearcall n (-kherkal) -aill, -an m semicircle.

leth-chearclach a (-kherklakh) semicircular.

leth-chruinne n (-khrooina) m hemisphere.

leth-eilean n (-elan) -ein, -eanan m peninsula.

leth-phunc n (-foonk) -uinc, -an m semicolon.

lethbhreac n (lyevrek) -ic m copy.

leud n (leeat) -eòid, -an m breadth.

leudaich v (leeatikh) -achadh, broaden, widen, expand, enlarge.

leudachadh n (leeatakhagh) -aidh, -aidhean m expansion, enlargement.

leug n (leeak) -eige, -an f jewel.

leugh v (lyeh/lyev) -adh, read.

leughadair n (lyeatar/lyevatar) -ean m reader.

leum n (leeam) -eim, -a, -annan m leap, jump, spring. **thoir leum** v leap.

leum v (leeam) leum, leap, jump, spring.

leus n (leeass) -eòis m ray, light; blister. **thug a' ghrian leus air a' pheant**, the sun blistered the paint; **thàinig leus air mo chraiceann**, my skin blistered.

liagh n (leea/leeagh) lèighe, -an f ladle; blade (of oar).

liath a (leea) lèithe, grey, grey-haired.

liath-reodhadh n (-ryoa) -aidh, -aidhean m hoar-frost.

lìbhrigeadh n (leevrikagh) -idh, -idhean m delivery.

lide n (lija) -idhean m syllable.

lideachail a (lijakhel) syllabic.

lighiche *n* (lyeeikha) -ean *m* doctor, physician.

lighiche-inntinn *n* (-inchin) *m* psychiatrist.

lìnig *v* (leenik) -eadh, line (of clothes).

lìnig(eadh) *n* -idh, -idhean *m* lining (of clothes).

linn *n* (leen) -tean *m f* century, age, generation. **ri linn** (*gen.*), because of.

linne *n* (lina) -eachan, -tean *f* pool, pond.

lìomh *n* (leeav) -a *f* polish.

lìomhaich *v* (leeavikh) -achadh, polish, file.

lìomhan-ìnean *n* (leevan eenan) -ain, -an *m* nail-file.

lìon *n* (leean) -ìn, lìontan *m* flax, lint; net.

lìon *v* (leean) -adh, fill, replenish.

lìonmhor *a* (leenvar) numerous, copious.

lìonta *a* (leeanta) full.

lios *n* (leess) lise, -an *m f* garden.

liosda *a* (leesta) -isde, tedious.

liotach *a* (leetakh) lisping. **bi liotach** *v* lisp.

liotachas *n* (leetakhass) -ais *m* lisp.

liotaiche *n* (leetikha) *m* lisp.

lite *n* (licha) *f* porridge.

litir *n* (leechir) litreach, litrichean *f* letter.

liubhair *v* (lyooer) liubhairt, deliver.

lobh *v* (lo) -adh, rot, putrefy.

lobhadh *n* (loagh) -aidh, *m* rot.

lobhar *n* (loar) -air *m* leper.

lòbhrach *a* (lorakh) leprous.

lobht *n* (lot) -achan *m* storey, flat.

lobhta *n* (lota) -achen *m* loft.

lobhte *a* (locha) rotten.

locair *v* (lohker) locradh, plane.

locar *n* (lohkar) -air *m* plane (tool).

loch *n* (lokh) -a, -an *m* loch.

lochan *n* (lokhan) -ain, -an *m* small loch.

lochd *n* (lokhk) -a, -an *m* fault.

lòchran *n* (lohkhran) -ain *m* lamp, torch.

lòco-inneal *n* (lohko inyal) -eil, -an *m* locomotive.

lòineag *n* (lohnyak) -eige, -an *f* flake.

lòinidh *n* (lohnyee) *m f* rheumatism.

lòinidheach *a* (lohnyiakh) rheumatic.

loinn *n* (loin) -e *f* grace, decorum.

loisg *v* (loshk) losgadh, burn, cremate.

lom *a* (lowm) -uime, bare.

lom *v* (lowm) -adh (lomagh) shear, shave.

lomadh *n* (lomagh) -aidh *m* shearing, shave.

lòn *n* (lohn) -òin *m* food, provisions.

lòn *n* (lohn) -òin, -òintean *m* meadow.

lon *n* (lon) -oin *m* elk.

lon-dubh *n* (-doo) -uibh *m* blackbird.

long *n* (lowng) -uinge, -an *f* ship.

long-bhriseadh *n* (-vreeshagh) -idh, -idhean *m* shipwreck.

lorg *n* (lorak) -uirge, -an *f* track, trace, search.

lorg *v* (lorak) -adh, find, discover, trace, search.

lorgan-raoin *n* (lorakan raoin) -ain, -an *m* range-finder.

lorgan-seallaidh *n* (-shalee) *m* view-finder.

losaid *n* (lossech) -e, -ean *f* kneading-trough.

losgadh *n* (loskagh) -aidh, -aidhean *n* burn.

losgann *n* (loskan) -ainn, -an *m* frog.

lot *n* (lot) -oit, -an *m* wound.

lot *v* (lot) -adh, wound.

loth *n* (lo) -a, -an *m f* filly.

luach *n* (looakh) *m* value, worth.

luachair *n pl* (looakher) -rach *f* rushes.

luachmhor *a* (looakhvar) valuable.

luachrach *a* (looakhrakh) -eiche, rushy.

luadh *n* (looa) -aidh *m* fulling (cloth).

luaidh *v* (looahee) luadhadh, full (cloth).

luaidh *n* (looahee) -e, -ean *m f* darling. **a luaidh!** darling!

luaidhe *n* (looaheea) *m f* lead; *a* leaden.

luaisg *v* (looashk) luasgadh, toss, wave, swing, rock.

luamhan *n* (looavan) -ain *m* lever.

luaithre *n* (looaheera) *f* ash(es).

luas *n* (looass) -ais *m* speed, swiftness.

luasgan *n* (looaskan) -ain, -an *m* oscillation.

luasganach *a* (looaskanakh) oscillatory.

luath *a* (looa) swift, speedy. **cho luath agus a thàinig e,** as soon as he came.

luath *n* (looa) -ainn *f* ashes.

luathaich *v* (looaeekh) -achadh, speed, accelerate.

lùb *n* (loop) -ùib, -an *f* bend, curve, loop. **an lùib**, connected with, in contact with.

lùb *v* (loop) -adh, bend, curve.

lùbadh *n* (loopagh) -aidh, -aidhean *m* winding.

luch *n* (lookh) -a, -an *f* mouse.

lùchairt *n* (lookharshch) -e, -ean *f* palace.

luchd *n* (lookhk) -a, -an *m* load, cargo.

luchd *n pl* (lookhk) people. Used to form the plural of many words formed with **fear** e.g. **fear-turais**, tourist; **luchd-turais**, tourists.

luchd-coimhideach *n coll.* (-koi-ijakh) retinue.

luchd-dàimh *n coll.* (-daheev) kindred.

luchdachadh *n* (lookhkakhagh) -aidh *m* lading.

luchdaich *v* (lookhkikh) -achadh, load.

luchorpan *n* (also **luchraban**) *n* -ain, -an *m* dwarf.

lùdag *n* (lootak) -aige, -an *f* hinge.

lugha *a* (loogha) **nas lugha**, less. **is lugha orm e**, I abhor him.

lùghdachadh *n* (lootakhagh) -aidh *m* decrease, abatement, lessening.

lùghdaich *v* (lootikh) -achadh, lessen, decrease, abate.

luibh *n* (looi) -e, -ean *m f* plant, herb, weed.

luibh-eòlaiche *n* (-yohlikha) -ean *m* botanist.

luibh-eòlas *n* (-yohlass) -ais *m* botany.

luibhre *n* (looira) *f* leprosy.

luideach *a* (loojakh) -eiche, clumsy.

luideag *n* (loojak) -eige, -an *f* rag.

luideagach *a* (looijakakh) ragged.

luidhear *n* (looyar) -eir, -eirean *m* chimney, vent.

luime *n* (looima) *f* nakedness, nudity.

luinneag *n* (loonyak) -eige, -an *f* ditty.

Lùnasdal *n* (loonastal) -ail *f* **An Lùnasdal**, August.

lus *n* (looss) -uis, -an *m* herb, plant.

lùth-chleasaiche *n* (loo-khlessikha) -ean *m* athlete, sportsman.

lùth-chleasan *n pl* (loo-khlessan) sports, athletics.

lùthchleasach *a* (lookhlessakh) athletic (of events).

lùthmhor *a* (loovar) agile, athletic.

lùths *n* (looss) -ùiths *m* vigour, energy, power. **chaill e lùths a làimhe**, he lost the use/power of his hand.

M

m' *poss a* (abbreviation for **mo** before vowels or **fh**): **m' athair**, my father; **m' fhaclair**, my dictionary.

ma *conj* (ma) if (foll. by relative future). **tòisich às m' eugmhais ma bhitheas mi fadalach**, begin without me if I am late.

màb *v* (mahp) -adh, abuse, vilify.

mac *n* (mak) -ic *m* son.

mac-meanmainn *n* (-menamin) *m* imagination.

mac-meanmnach *a* (-menamnakh) imaginative.

mac-samhail *n* (-savel) -mhla, -ean *f* replica, model, facsimile, duplicate.

mac-samhlachadh *n* (-sawlakhagh) -aidh, -aidhean *m* reproduction.

mac-talla *n* (-tala) -achan *m* echo.

macail *a* (mahkel) filial.

macanta *a* (makanta) -ainte, meek.

macantas *n* (makantass) -ais *m* meekness.

mach *adv* (makh) a-mach, out (motion). **a-mach leat!** get out!.

machair *n* (makher) machrach, machraichean *f* plain (coastal).

machlag *n* (makhlak) -aige, -an *f* matrix, uterus.

madadh *n* (matagh) -aidh, -aidhean *m* dog.

madadh-allaidh *n* (-alee) *m* wolf.

madadh-ruadh *n* (-rooagh) *m* fox.

madainn *n* (mateen) maidne (majna) maidnean *f* morning. **Diluain anns a' mhadainn**, Monday morning.

màdar *n* (mahtar) -air *m* madder (colour).

màg *n* (mahk) -àige, -an *f* paw.

mag (**air**) *v* (mak) -adh, scoff, deride, laugh at.

magairle *n* (makarla) -ean *m* testicle.

maghar *n* (maghar) -air, -airean *m* bait.

maide *n* (maja) -ean/-eachan *m* stick.

màidsear *n* (mahchar) -eir, -an *m* major.

maighdeag *n* (maheejak) -ige, -an *f* pivot.

maighdeann *n* (maheejan) -einne, -an *f* virgin, maiden.

maighdeann-mhara *n* (-vara) *f* mermaid.

maighdeannas *n* (maheejanass) -ais *m* virginity, maidenhood.

maigheach *n* (maheeakh) -iche, -chean *f* hare.

maighstir *n* (maheeshchir) -e, -ean *m* master, Mr. **Maighstir Mac an t-Saoir**, Mr Macintyre.

maighstireachd *n* (maheeshchirakhk) *f* mastery.

màileid *n* (mahech) -e, -ean *f* bag, suitcase, briefcase.

maille *n* (malya) *f* delay, slowness.

maille *prep* maille ri (mala ree) together with.

mainnir *n* (manir) manrach, mainnrichean *f* fold.

mair *v* (mar) maireachdainn (marakhkin) last.

màireach *adv* a-màireach (a mahrakh) tomorrow.

maireann *a* (maran) extant, surviving. **Coinneach MacCoinnich nach maireann**, the late Kenneth Mackenzie.

maireannach *a* (maranakh) lasting, durable.

maireannachd *n* (maranakhk) *f* durability.

màirnealach *a* (marnalakh) dilatory.

mairtfheòil *n* (marshchyohl) -eòla *f* beef.

maise *n* (masha) *f* beauty.

maiseach *a* (mashakh) -eiche, beautiful.

màithreil *a* (mahrel) maternal.

màl *n* (mahl) -àil *m* rent. **gabh air mhàl** *v* rent.

mala *n* (mala) -aichean *f* eyebrow.

malairt *n* (malaɪch) -ean *f* commerce, business, exchange. **dèan malairt** *v* trade.

malairtich *v* (malarchikh) -eachadh, exchange, barter.

malcadh *n* (malkagh) -aidh *m* rot.

malcte *a* (malkcha) rotten.

màlda *a* (mahlta) modest.

màldachd *n* (mahltakhk) *f* modesty.

mall *a* (mawl) slow.

mallachd *n* (malakhk) -an *f* curse.

mallaich *v* (malikh) -achadh, curse.

mallaichte *a* (malikhcha) cursed.

manach *n* (manakh) -aich *m* monk.

manachail *a* (manakhel) monastic, monkish.

manachainn *n* (manakhin) -e, -ean *f* monastery.

manadh *n* (managh) -aidh, -aidhean *m* omen.

mang *n* (mang) -ainge, -an *f* fawn.

manntach *a* (mantakh) stuttering. **bi manntach** *v* stutter.

maodal *n* (maotal) -aile, -an *f* stomach, paunch.

maoidh (air) *v* (maoee) -eadh, threaten.

maoidheadh *n* (maoyagh) -idh, -idhean *m* threat.

maoil *n* (maoil) -e, -ean *f* forehead.

maoile *n* (maoila) *f* baldness.

maoilead *n* (maoilat) -eid *m* bluntness.

maoin *n* (maoin) -e, -ean *f* gear, asset(s).

maoineachas *n* (maoinakhass) -ais *m* finance.

maoinich *v* (maoinikh) -eachadh, finance.

maoiniche *n* (maoinikha) -ean *m* financier.

maoiseach *n* (maoshakh) -iche, -ichean *f* doe.

maol *a* (maol) bald, blunt, jaded (appetite).

maolaich *v* (maolikh) -achadh, blunt.

maorach *n* (maorakh) -aich *m* shellfish, mollusc.

maoth *a* (mao) tender, soft.

maoth-chnàimh *n* (-khraheev) *m* cartilage.

maothachd *n* (maoakhk) *f* softness.

maothaich *v* (maoikh) -achadh, soften.

maothan *n* (maoan) -ain, -an *m* gristle.

maothanach *a* (maoanakh) gristly, cartilaginous.

mar (*asp*) *a* (mar) like, as. **mar seo**, thus, like this; **mar sin**, therefore, like that; **mar mhàthair**, like a mother; **mar an ceudna**, likewise, also; **mar tha**, already.

marag *n* (marak) -aige, -an *f* pudding.

maraiche *n* (marikha) -ean *m* sailor, seaman.

maraon *adv* (maraon) together, as one.

marasgal *n* (maraskal) -ail, -an *m* marshal.

marbh *a* (marav) dead. **na mairbh**, the dead.

marbh *v* (marav) -adh, kill.

marbhaiche *n* (maravikha) -ean *m* killer.

marbhan *n* (maravan) -ain, -an *m* corpse.

marbhfhaisg *n* (maravashk) -e, -ean *f* shroud.

marbhrann *n* (maravran) -ainn, -an *m* elegy.

marcachd *n* (markakhk) *f* horsemanship.

marcaich *v* (markikh) -achadh, ride.

marcaiche *n* (markikha) -ean *m* rider, horseman.

margadh *n* (markagh) -aidh, -aidhean *m* *f* market. **A' Mhargadh Choitcheann** (khochkhan), The Common Market.

màrmor *n* (mahrmar) -oir *m* marble.

màrsail *n* (mahrssel) -e *m* march. **dèan màrsail** *v* march.

Màrt *n* (mahrst) -àirt *m* **Am Màrt**, March.

mart *n* (marst) -airt *m* cow.

màs *n* (mahss) -àis, -an *m* bottom, buttock.

maslach *a* (masslakh) disgraceful.

masladh *n* (masslagh) -aidh, -aidhean *m* disgrace, reproach.

maslaich *v* (masslikh) -achadh, disgrace.

matamataic *n* (matamatek) *m* mathematics.

math (air) *a* (ma) **nas fheàrr** (na shahr) good (at). **tha e gu math**, he is well; **is math leam sin**, I am glad about that; **bu mhath leam càr a cheannach**, I would like to buy a car.

math (do) *v* (ma) -adh, forgive, pardon.

mathachadh *v* (ma-akhagh) -aidh *m* manure.

mathaich v (maeekh) -achadh, manure.

màthair n (maher) màthar, màthraichean f mother.

màthair-cèile n (-kehla) f mother-in-law.

màthaireachd n (maharakhk) f maternity.

mathan n (ma-han) -ain, -an m bear.

mathanas n (ma-hanass) -ais, forgiveness, pardon.

mathas n (ma-hass) -ais m goodness.

meacan-ruadh n (mahkan rooagh) -ain, -an m radish.

meadh-bhlàth a (mevlah) lukewarm.

meadhan n (mean) -ain, -an m middle, centre, medium. teis-meadhan, the very centre.

meadhan-aoiseil a (-aoshel) medieval.

meadhan-aomachail a (-aomakhel) centripetal.

meadhan-bhuidheann n (-vooian) -inne f middle class.

meadhan-chearcall n (-khyarkal) -aill, -an m equator.

meadhan-latha n (-lah) m midday.

meadhan-oidhche n (-oikha) m midnight.

meadhan-sheachnach a (-kakhnakh) centrifugal.

meadhan-thrasdan n (-hrastan) -ain m diameter.

meadhanach a (meanakh) middling, mediocre, intermediate.

meadhanair n (meaner) -ean m mediator.

meadrail a (metrel) metric.

meal v (myal) -adh, enjoy. meal do naidheachd! congratulations!; cuir meal a naidheachd air v congratulate.

meal-bhucan n (-vookan) -ain m melon.

mealag n (myalak) -aige, -an f milt.

meall n (myowl) -ill, -an m lump; heavy shower.

meall-an-sgòrnain n (-skornen) m Adam's apple.

meall-dhèanamh n (yenav) m mass-production.

mealladh n (myalagh) -aidh, -aidhean m deception, disappointment.

meallta a (myowlta) deceptive.

mealltair n (myalter) -ean m deceiver.

meamran n (memran) -ain m membrane.

mèanan n (mehnan) -ain, -an m yawn.

mèananaich n (mehnanikh) -e f yawning. dèan mèananaich v yawn.

meanbh a (menav) diminutive, very small.

meanbh-chuileag n (-khoolak) -eige, -an f midge.

meang n (meng) -a, -an f blemish, abnormality.

meangach a (mengakh) abnormal.

meangan n (mengan) -ain, -an m branch.

meanglan n (menglan) -ain, -an m bough.

meann n (myown) -inn m kid.

meannt n (myownt) -a m mint.

mear a (mer) -ire, merry.

mearachadh n (merakhagh) -aidh, -aidhean m aberration.

mearachd n (merakhk) -an f mistake, error.

mearachdach a (merakhkakh) erroneous.

meàrrsadh n (mehrssagh) -aidh, march.

meas n (mess) -a, -an m fruit.

meas n (mess) m respect, esteem; assessment.

meas v (mess) -adh, esteem, estimate, reckon, value.

measach a (messakh) fruity.

measail a (messel) respectable.

measan n (messan) -ain m lapdog.

measarra a (messara) temperate, moderate, sober.

measarrachd n (messarakhk) f temperance.

measg prep a-measg (gen) (a mesk) among, amid. a-measg nan Gaidheal, among the Highlanders; nar measg, among us.

measgachadh n (meskakhagh) -aidh, -aidhean m mixture.

measgaich v (meskikh) -achadh, mix.

meata a (meta) faint-hearted.

meatailt n (metalch) -eilte, -ean f metal.

meatailteach a (metalchakh) metallic.

meatair n (meter) -ean m metre.

meath v (me) -adh, fade.

meath n (me) -a m fading.

meatrach *a* (metrakh) metric.

meicnic *n* (meknik) -ean *m* mechanic.

meicnic *n* -e *f* mechanics.

meicniceil *a* (-el) mechanical.

meidh *n* (meh) -e, -ean *f* balance. **cuir air mheidh** *v* balance.

meidh-uisge *n* (-ooshka) *f* hydrometer.

meil *v* (mehl) -eadh, grind.

mèilich *n* (mehlikh) *f* bleating. **dèan mèilich** *v* bleat.

mèin *n* (mehn) -e *f* disposition.

mèinn *n* (mehn) -e *f* ore.

mèinn-eòlaiche *n* (-yohlikha) -ean *m* mineralogist.

mèinn-eòlas *n* (-yohlass) *m* mineralogy.

mèinne *n* (mehna) -ean *f* mine.

mèinneach *a* (mehnakh) mineral.

mèinneadair *n* (mehnater) -ean *m* miner.

mèinnearach *n* (mehnarakh) -aich *m* mineral.

meirbheach *a* (meravakh) digestible, gastric.

meirg *n* (merak) -e *f* rust.

meirg *v* (merak) -eadh, rust.

meirg-dhìonach *a* (-yeeonakh) rustproof.

meirgeach *a* (merakakh) -eiche, rusty.

meirghe *n* (merya) -ean *f* standard (flag).

meirle *n* (merla) *f* theft.

meirleach *n* (merlakh) -ich *m* thief.

meomhair *n* (myoer) -e, -ean *f* memory. **cùm air mheomhair** *v* memorize; **ionnsaich air mheomhair**, learn by heart.

meòraich *v* (myohrikh) -achadh, deliberate.

meud *n* (meeat) *m* size, amount. **rach am meud**, increase.

meudachadh *n* (meeatakhagh) -aidh, -aidhean *m* increase, amplification, multiplication.

meudachd *n* (meeatakhk) *f* greatness, bulk.

meudaich *v* (meeatikh) -achadh, increase, amplify, multiply.

meudàireamh *n* (meeatahrav) *f* mathematics.

meug *n* (meeak) -eòig *m* whey.

meur *n* (meear) -eòir, -eòirean *f* finger,

digit, branch.

meurach *a* (meearakh) digital.

meuran *n* (meearan) -ain, -an *m* thimble.

meurchlàr *n* (-khkahr) -air *m* keyboard.

mi *pron* (mee) I, me.

mì-bharail *n* (mee varal) bharalach, bharalaichean/bharailean *f* misconception.

mì-bheus *n* (mee veeass) -a *f* immorality, misconduct.

mì-bheusach *a* (-veeassakh) immoral.

mì-bhreithnich *v* (-vrenikh) -eachadh, misinterpret.

mì-bhuilich *v* (-voolikh) -eachadh, misapply.

mì-cheart *a* (-chyarst) -eirte, unjust, unfair.

mì-chiatach *a* (-kheeatakh) unseemly.

mì-chliù *n* (-khlyoo) *m* infamy.

mì-chliùiteach *a* (-khlyoochakh) infamous, dishonourable.

mì-chòrd *v* (-khohrt) -adh, disgrace, dissent.

mì-chòrdadh *n* (-khohrtagh) -aidh, -aidhean *m* disagreement, inconsistency.

mì-chreideas *n* (-khrechass) -eis *m* distrust.

mì-chreideasach *a* (-khrechassakh) distrustful.

mì-chuibheasach *a* (-khooivassakh) indecent.

mì-chumadh *n* (-khoomagh) -aidh, -aidhean *m* deformity.

mì-chùram *n* (-khooram) -aim *m* carelessness.

mì-chùramach *a* (-khooramakh) careless.

mì-dhaonna *a* (-ghaona) inhuman.

mì-dhaonnachd *n* (-ghaonakhk) *f* inhumanity.

mì-dhealbh *n* (-jalav) -an *m* deformity.

mì-dhealbhach *a* (-yalavakh) shapeless.

mì-dhleasanach *a* (-ghlessanakh) undutiful.

mì-dhligheach *a* (-ghliakh) illegal.

mì-dhreachmhor *a* (-ghrekhvar) inelegant.

mì-fhaiceallach *a* (-ekalakh) incautious.

mì-fhallain *a* (-alaheen) unwholesome, unsound.

mì-fhoighidinn *n* (-oijin) *f* impatience.

mì-fhoighidneach *a* (-oijnakh) impatient.

mì-fhoisneach *a* (-oshnakh) restless.

mì-fhortan *n* (-orstan) -ain, -an *m* misfortune.

mì-fhortanach *a* (-orstanakh) unfortunate.

mì-ghnàthachadh *n* (-ghrahakhagh) -aidh *m* abuse.

mì-ghnàthaich *v* (-ghrahikh) abuse.

mì-ghoireasach *a* (-ghorassakh) inconvenient.

mì-laghail *a* (-laoghel) unlawful, illegal.

mì-leas *n* (-less) *m* disadvantage.

mì-loinn *n* (-loin) -e *f* inelegance.

mì-loinneil *a* (-loinel) inelegant.

mì-mhìneachadh *n* (-veenakhagh) -aidh, -aidhean *m* misconstruction.

mì-mhìnich *v* (-veenikh) -eachadh, misconstrue.

mì-mhisneachadh *n* (-vishnakhagh) *m* discouragement.

mì-mhisnich *v* (-vishnikh) -eachadh, discourage.

mì-mhodh *n* (-vogh) -a *m* impertinence, rudeness.

mì-mhodhail *a* (-voghel) impolite, unmannerly.

mì-nàdurach *a* (-nahtoorakh) unnatural.

mì-naomha *a* (-naova) unholy, profane.

mì-naomhaich *v* (-naovikh) profane.

mì-nàrach *a* (-nahrakh) immodest.

mì-onair *n* (-oner) -e *f* dishonesty.

mì-onorach *a* (-onarakh) dishonest.

mì-riaghailt *n* (-reealch) -e, -ean *f* disorder, irregularity.

mì-riaghailteach *a* (-reealchakh) disorderly, irregular.

mì-riaghlaich *v* (-reealikh) -achadh, mismanage.

mì-riarachadh *n* (-reearakhagh) -aidh *m* dissatisfaction.

mì-rùn *n* (-roon) -ùin *m* malice.

mì-runach *a* (-roonakh) malicious.

mì-shealbh *n* (-halav) -a, -an *m* misfortune.

mì-shealbhach *a* (-halavakh) unfortunate, unlucky.

mì-shealbhar *a* (-halavar) unsuccessful.

mì-shona *a* (-hona) unhappy.

mì-shonas *n* (-honass) -ais *m* unhappiness.

mì-stuaim *n* (-stooaheem) -e *f* intemperance, immodesty.

mì-stuama *a* (-stooama) intemperate, immodest.

mì-thaingealachd *n* (-haheengalakhk) *f* ingratitude.

mì-thaingeil *a* (-haheengel) ungrateful.

mì-thaitneach *a* (-hachnyakh) -iche, unpleasant.

mì-thaitneamh *n* (-hachnyev) -eimh *m* dislike.

mì-thapadh *n* (-hapagh) -aidh, -aidhean *m* mishap.

mì-theòma *a* (-hyohma) unskilful.

mì-thighinn *n* (-heein) *m* misfit.

mì-thoileachadh *n* (-holakhagh) -aidh *m* displeasure, dissatisfaction, discontent.

mì-thoilich *v* (-holikh) -eachadh, displease.

mì-thoilichte *a* (-holikhcha) displeased, discontent.

mì-threòrachadh *n* (-hryohrakhagh) -aidh *m* misguidance.

mì-threòraich *v* (-hryohrikh) -achadh, mislead, misguide.

mì-thuigse *n* (-hooksha) *f* misunderstanding.

miadh *n* (meeagh) *m* esteem.

miadhaich *v* (meeaikh) -achadh, esteem.

mial *n* (meeal) -a, -an *f* louse.

mialach *a* (meealakh) lousy.

miamhail *n* (meeowl) -e *f* mew. **dèan miamhail** *v* mew.

miann *n* (meean) -(t)an *m* desire, appetite. **bu mhiann leam taigh a cheannach**, I would like to buy a house.

miannach *a* (meeanakh) desirous.

miannaich *v* (meeanikh) -achadh, desire, long for.

mias *n* (meeass) -èise, -an *f* platter.

mil *n* (mil) meala (myala) *f* honey.

mìle *n* and *a* (meela) -tean, thousand. **dà mhìle**, two thousand; **deich mìle**, ten thousand.

mìleamh *a* (meelav) thousandth.

milis *a* (milish) **mìlse** (meelsha) sweet.

mill *v* (mil) -eadh, spoil, mar.

millean *n* (milyan) -ein, -an *m* million.

millean-fhear *n* (-er) -fhir *m* millionaire.

millteach *a* (milchakh) -iche, ruinous, destructive.

mìlseachd *n* (meelshakhk) *f* sweetness.

mìlsean *n* (meelshan) -ein, -an *m* dessert.

mìlsich *v* (meelshikh) -eachadh, sweeten.

mìn *a* (meen) smooth.

min *n* (min) -e *f* meal.

mìn-gheàrr *v* (meen-yahr) -adh, mince.

mìn-phronn *v* (-frown) -adh, pulverise.

mìneachadh *n* (meenakhagh) -aidh, -aidhean *m* explanation, analysis, exposition, interpretation.

mìneachail *a* (meenakhel) explanatory.

mìnead *n* (meenat) -eid *m* smoothness.

mìnich *v* (meenikh) -eachadh, explain, expound, interpret.

minidh *n* (minee) -e, -ean *m* awl.

minig *adv* (minik) often.

ministear *n* (minishchar) -eir, -an *m* minister.

ministrearach *a* (minishcharakh) ministerial.

ministrealachd *n* (minishtralakhk) *f* ministry, ministration.

miodal *n* (meetal) -ail *m* flattery. **dèan miodal** *v* flatter.

mìolchu *n* (meealkhoo) -oin *m* greyhound.

mion *a* (meean) -a, minute.

mion-cheannaiche *n* (-khyanikha) -ean *m* retailer.

mion-reic *v* (rehk) -reic, retail.

mion-sgrùdadh *n* (-skrootagh) -aidh, -aidhean *m* analysis.

mion-sgrùdaich *v* (-skrootikh) -achadh, analyse.

mion-sgrùdaire *n* (-skrootara) -ean *m* analyst.

mionach *n* (meenakh) -aiche, -aichean *f* entrails.

mionaid *n* (meenech) -e, -ean *f* minute.

mionnachadh *n* (meeanakhagh) -aidh *m* swearing.

mionnaich *v* (meeanikh) -achadh, swear.

mionnan *n pl* (meeanan) oath. **dèan mionnan** *v* swear.

mìorbhail *n* (meervel) -e, -ean *f* miracle.

mìorbhaileach *a* (meervalakh) -eiche, miraculous.

mìos *n* (meess) -a, -an *m f* month. **An t-Og-mhìos** (an tohkveess), *m* June.

mìosach *a* (meessakh) monthly.

mìosachan *n* (meessakhan) -ain, -an *m* calendar, monthly (publication).

miosgainn *n* (meeskeen) -e *f* spite.

miotag *n* (meetak) -aige, -an *f* glove.

miotas *n* (meetass) -ais *m* myth.

mìr *n* (meer) -e, -ean *m* bit, piece.

mire *n* (mira) *f* frolic, merriment.

mirr *n* (mir) *m* myrrh.

misde *a* (mishcha) worse. **cha mhisde mi sin**, I am none the worse for that.

mise *pron* (misha) I, me. **cò tha sin? Tha mise**, who is there? It is me.

misg *n* (mishk) -e *f* drunkenness. **bha Murchadh air mhisg**, Murdo was drunk.

misgear *n* (miskar) -eir, -an *m* drunkard.

misneach(d) *n* (mishnyakh(k)) *f* courage.

misneachadh *n* (mishnyakhagh) -aidh *m* encouragement.

misneachail *a* (mishnyakhel) courageous.

misnich *v* (mishnyikh) -eachadh, encourage.

mo (*len*) *poss pron* (mo; my (before vowels or **fh** use **m'**). **m' fhaclair**, my dictionary.

mo *a* (moh) bigger, larger (comp. of **mòr**).

moch *a* (mokh) early. **bho mhoch gu dubh**, from morning till night.

mòd *n* (moht) -òid, -an *m* court, mod.

modh *n* (mogh) -a, -an *m f* manner(s), mode, breeding, etiquette.

modhail *a* (moghel) polite.

modhalachd *n* (moghalakhk) *f* politeness.

modhannach a (moghanakh) ethical.
modhannan n pl (moghanan) ethics.
mogall n (mokal) -aill, -an m mesh.
mòine n (mohna) f peat.
mòinteach n (mohnchakh) -iche, -ichean f moor.
moit n (moch) -e f pride.
moiteil a (mochel) proud.
mol v (mol) -adh, praise, recommend.
mol n (mol) -oil, -an m shingle, shingly beach.
molach a (molakh) rough, hairy.
moladh n (molagh) -aidh, -aidhean m praise, recommendation.
moll n (mowl) -uill m chaff.
molldair n (mowlter) -e, -ean m mould.
monadail a (monatel) mountainous, hilly.
monadh n (monagh) -aidh, -aidhean m moor.
monmhur n (monavar) -uir, -an m murmur. **dèan monmhur** v murmur.
mòr a (mohr) mò, motha, big, large, great.
mòr-bhuileachadh n (-vooilakhagh) -aidh m mass production.
mòr-chuid n (-khooch) -chodach, -chodaichean f majority. **leabhraichean sa' mhòr-chuid**, mostly books.
mòr-chumhachdach a (-khoovakhkakh) high-powered.
mòr-inntinneach a (-inchinakh) -eiche, magnanimous.
mòr-reic n (-rehk) m wholesale.
mòr-shluagh n (-hlooa) -uaigh m multitude.
mòr-thir n (-heer) -e, -ean f mainland, continent.
mòr-thireach a (-heerakh) -eiche, mainland, continental.
mòr-uaislean n pl (-ooashlan) nobility.
mòrachd n (mohrakhk) f majesty, greatness.
morair n (morer) -e, -ean m lord.
mòran (gen) n (mohran) -ain, many. **mòran pheann**, many pens.
mòrbhùth n (mohrvoo) -a, -bhùithtean f supermarket.
mòrchuiseach a (mohrkhooshakh) -eiche, pompous.

mòrdhail n (mohrghal) -dhalach, -dhalaichean m assembly.
morgadh n (morakagh) -aidh m gangrene.
morgais n (morakash) -ean m mortgage.
mòrghath n (morgha) -a, -an m harpoon.
mort n (morst) moirt m murder, manslaughter.
mort v (morst) murder.
mortair n (morster) -ean m murderer.
mosach a (mossakh) nasty.
mosgail v (moskel) mosgladh, waken.
motair-rothair n (moter roher) -ean m motor-cycle.
mothachadh n (moakhagh) -aidh, -aidhean m sensation, sense.
mothachail (air) a (moakhel) conscious (of), sensible.
mothachas n (moakhass) -ais m sensibility.
mothaich v (moikh) -achadh, notice.
mu (asp) prep (moo) about, around. **choimhead e mun cuairt**, he looked around; **mu thrì uairean**, about three o'clock; **mu(n) seach**, alternately.
muc n (moohk) -uice, -an f pig, sow.
muc-mhara n (-vara) f whale.
mùch v (mookh) -adh, extinguish, smother.
mùgach a (mookakh) sulky, sullen.
mùgalachd n (mookalakhk) f sullenness.
muicfheoil n (moohkyohl) -eòla f pork.
muidhe n (mooya) -ean m churn.
muilcheann n (moolikhan) -an m sleeve.
muileann n (moolan) -inn/-ne -an m f mill.
muileid n (moolech) -e, -ean m f mule.
muillear n (moolar) -ir, -an m miller.
muilt-fheoil n (moolchyohl) -eòla f mutton.
muime n (mooima) -eachan f stepmother.
mùin v (mooin) mùn/mùnadh, urinate.
muinchill n (moonikhil) -ean m sleeve.
muineal n (mooinal) -eil, -an m neck.
muing n (mooing) -e, -ean f mane.

82

muinghinn *n* (mooinin) -e, -ean *f* trust.
  cuir muinghinn ann *v* trust.
muinntir *n* (mooinchir) -e *f* people, folk,
  inhabitants.
muir *n* (mooir) mara, marannan *m f* sea.
muir-thìreach *n* and *a* (-heerakh) -ich *m*
  amphibian(ous).
mulad *n* (moolat) -aid, -an *m* sadness.
muladach *a* (moolatakh) sad.

mullach *n* (moolakh) -aich, -aichean *m*
  top, summit.
mùn *n* (moon) -ùin *m* urine.
mur *conj* (moor) if not, unless. **mur eil
  thu trang**, if you are not busy, unless
  you are busy.
mus *conj* (mooss) before. **mus tèid e**,
  before he goes.
mùth *v* (moo) -adh, alter, change.

N

na *art pl* (na) **na h-òganaich**, the young people. *art f gen* **leud na h-uinneige**, the width of the window. *conj* than. **tha Seumas nas treasa na Iain**, James is stronger than John. *rel* what. **leugh na leanas**, read what follows. *neg part* **na bi gòrach**, do not be stupid; **na h-abair sin**, do not say that.

'na *prep pron* in his (*len*), in her. **'na phòcaid**, in his pocket; **'na pòcaid**, in her pocket; **bha e 'na shuidhe**, he was sitting; **bha i 'na suidhe**, she was sitting.

nàbaidh *n* (nahpee) -e, -ean *m* neighbour.

nàbaidheachd *n* (nahpeeakhk) *f* neighbourhood.

nàbaidheil *a* (nahpee-el) neighbourly.

nach *conj* (nakh) that not. **tha fhios agam nach eil e glè shona**, I know that he is not very happy. *rel.* who not, which not. **am balach nach eil a' sgrìobhadh**, the boy who is not writing. *interr part* **nach eil thu fuar?**, are you not cold?

nad (*len*) *prep pron* (nat) in your. **tha thu nad dhuine a-nis**, you are a man now; **nad thaigh**, in your house.

nàdur *n* (nahtar) -uir, -uirean *m* nature.

nàdur-fheallsanach *n* (-elssanakh) -aich *m* physicist.

nàdur-fheallsanachd *n* (elssanakhk) *f* physics.

nàdurrach *a* (nahtarakh) natural.

naidheachd *n* (naheeakhk) -an *f* news, story.

naidheachd-ghoileam *n* (-gholam) -eim *m* journalese.

naidheachdair *n* (naheeakhker) -ean *m* journalist.

naidheachdas *n* (naheeakhkass) -ais *m* journalism.

nàimhdeas *n* (naheejess) -eis *m* hostility.

nàimhdeil *a* (naheejel) hostile.

nàire *n* (nara) *f* shame. **chan eil nàire orm**, I am not ashamed.

nàisean *n* (nahshan) -ein, -an *m* nation.

nàiseanta *a* (nahshanta) national.

nàiseantach *n* (nahshantakh) -aich *m* nationalist.

nàiseantachd *n* (nahshantakhk) *f* nationalism.

naisg *v* (nashk) nasgadh, bind.

naisgear *n* (nashkar) -an *m* conjunction.

'nam *prep pron* (nam) in my (*len*), in their (before **b f m p**). **'nam bhàta**, in my boat; **'nam bàta**, in their boat; **bha mi 'nam chadal**, I was asleep. *art pl* (*gen*) **nam balach**, of the boys. *conj* if. **nam buailinn an cù**, if I struck the dog.

nàmhaid *n* (nahvech) **nàimhdean** (naheejen) *m* enemy.

'nan *prep pron* (nan) in their. **'nan carbad**, in their car. *art pl* (*gen*) **nan caileag**, of the girls. *conj* if. **nan robh mi ann an Lunnainn**, if I was in London.

naodh *a* and *n* (naogh) nine.

naodhamh *a* (naoghav) ninth.

naoi *a* and *n* (naoi) nine.

naoi-deug *a* and *n* (-jeeak) nineteen.

naoidhean *n* (naoyan) -ein, -an *m* infant, babe.

naoinear (*gen pl*) *n* (naoinar) nine (persons). **naoinear chaileag**, nine girls.

naomh *n* (naov) -aoimh *m* saint.

naomh *a* (naov) holy, sacred.

naomhachadh *n* (naovakhagh) -aidh, sanctification.

naomhachd *n* (naovakhk) *f* holiness, sanctity.

naomhaich *v* (naovikh) -achadh, sanctify.

naosg *n* (naosk) -aoisg *m* snipe.

nar *prep pron* (nar) in our. **nar suidheachadh**, in our situation.

nàr *a* (nahr) shameful, disgraceful.

nàraich *v* (nahrikh) -achadh, shame, disgrace. **bu chòir dhomh a bhith air mo nàrachadh**, I ought to be ashamed.

nathair *n* (na her) -rach, nathraichean *f* snake, serpent.

neach *n* (nyakh) *m* person. **neach sam bith**, anyone.

nead *n* (net) nid *m* nest.

neadaich *v* (netikh) -achadh, nest, nestle.

nèamh *n* (nehv) -èimh, -an *m* heaven.

nèamhaidh *a* (nehvee) heavenly.

neamhnaid *n* (newnech) -e, -ean *f* pearl.

neapaigear *n* (nepekar) -eire, -an *f* handkerchief.

neapaigin *n* (nepakin) -ean *m* napkin.

nearòis *n* (nerohsh) -e, -ean *f* neurosis.

nearòiseach *a* (nerohshakh) neurotic.

neart *n* (nyarst) -eirt *m* strength, might.

neartaich *v* (nyarstikh) -achadh, strengthen.

neasgaid *n* (neskech) -e, -ean *f* boil, ulcer.

neo-àbhaisteach *a* (nyo-ahvishchakh) -eiche, exceptional, unusual.

neo-aire *n* (-ara) *f* inattention.

neo-aireach *a* (-arakh) heedless.

neo-aireil *a* (-arel) inattentive.

neo-airidh *a* (-aree) unworthy, undeserving.

neo-aithnichte *a* (-anikhcha) unknown.

neo-aithreachail *a* (-aheerakhel) impenitent.

neo-aithreachas *n* (-aheerakhass) -ais *m* impenitence.

neo-aoibhneach *a* (-aoivnyakh) joyless.

neo-bhàsmhor *a* (-vahsfar) immortal. **dèan neo-bhàsmhor** *v* immortalise.

neo-bhàsmhorachd *n* (-vahsfarakhk) *f* immortality.

neo-bhith *n* (-vee) *f* non-entity.

neo-bhlasta *a* (-vlasta) tasteless, insipid.

neo-bhlastachd *n* (-vlastakhk) *f* tastelessness, insipidity.

neo-bhuaireasach *a* (-vooarassakh) inoffensive.

neo-bhuairte *a* (-vooarcha) undisturbed, untroubled.

neo-bhunailteachd *n* (-voonalchakhk) *f* instability.

neo-chàirdeil *a* (-khahrchel) unfriendly.

neo-chaochlaideach *a* (-khaokhlachakh) unchangeable.

neo-charthannach *a* (-kharanakh) uncharitable.

neo-cheartaichte *a* (-khyarstikhcha) uncorrected.

neo-chinnteach *a* (-khinchakh) -eiche, uncertain.

neo-chiontach *a* (-kheeantakh) innocent.

neo-chiontachd *n* (-kheeantakhk) *f* innocence.

neo-chleachdte *a* (-khlekhcha) unaccustomed.

neo-choibhneas *n* (-khoinass) -ais *m* unkindness.

neo-choibhneil *a* (-khoinyel) unkind.

neo-choireach *a* (-khorakh) -eiche, blameless.

neo-choltach *a* (-kholtakh) unlike.

neo-chomas *n* (-khomass) -ais *m* inability.

neo-chomasach *a* (-khomassakh) unable, incapable.

neo-chomasachd *n* (-khomassakhk) *f* incapability.

neo-chompàirt *n* (-khomparshch) -e *f* non-participation.

neo-chrìochnach *a* (-khreekhnakh) endless, infinite.

neo-chrìochnachd *n* (-khreekhnakhk) *f* infinity.

neo-chronail *a* (-khronel) harmless.

neo-chruinn *a* (-khrooin) inaccurate.

neo-chruinne *n* (-khrooina) *f* inaccuracy.

neo-chruinnichte *a* (-khrooinikhcha) uncollected.

neo-chudromach *a* (-khootromakh) unimportant.

neo-chuideachdail *a* (-khoojakhkel) unsociable.

neo-chùramach *a* (-khooramakh) imprudent, careless.

neo-dhaingnichte *a* (-ghaheenikhcha) unconfirmed.

neo-dhiadhach *a* (-yeeaghakh) atheistic.

neo-dhiadhachd *n* (-yeeaghakhk) *f* atheism.

neo-dhiadhaire *n* (-yeeaghara) -ean *m* atheist.

neo-dhìleas *a* (-yeelass) -ìlse, unfaithful, disloyal.

neo-dhìlseachd *n* (-yeelshakhk) *f* infidelity.

neo-ealanta *a* (-elanta) inexpert.

neo-èifeachd *n* (-ehfakhk) *f* inefficiency, inefficacy.

neo-èifeachdach *a* (-ehfakhkakh) inefficient, inefficacious.

neo-eisimealach *a* (-eshimalakh) independent.

neo-fhàbharrach *a* (-ahvarakh) unfavourable.

neo-fhaireachdail *a* (-arakhkel) unfeeling.

neo-fhasanta *a* (-assanta) unfashionable.

neo-fhearail *a* (-erel) unmanly.

neo-fheumail *a* (-ehmel) unnecessary.

neo-fhiosrach *a* (-eessrakh) unconscious.

neo-fhoghlamaichte *a* (-olamikhcha) unlearned.

neo-fhoirfe *a* (-orafa) imperfect.

neo-fhonnmhor *a* (-ownfar) unharmonious.

neo-fhreagarrach *a* (-rekarakh) discordant.

neo-fhreagarrachd *n* (-rekarakhk) *f* discordance.

neo-fhreasdalach *a* (-restalakh) improvident.

neo-ghealtach *a* (-yaltakh) undaunted.

neo-gheanmnaidh *a* (-yenamnee) unchaste.

neo-ghlic *a* (-ghlihk) unwise.

neo-ghluaiste *a* (-ghlooashcha) unmoved.

neo-ghluasadach *a* (-ghlooassatakh) immoveable.

neo-ghnìomhach *a* (-ghreevakh) inactive.

neo-ghnìomhachas *n* (-ghreevakhass) -ais *m* inactivity, inaction.

neo-ghoireasachd *n* (-ghorassakhk) *f* inconvenience.

neo-ghoirtichte *a* (-ghorshchikhcha) unleavened.

neo-iomchaidh *a* (-eemkhee) unfit, unsuitable, improper.

neo-iomlan *a* (eemlan) incomplete, imperfect.

neo-iomlanachd *n* (-eemlanakhk) *f* imperfection.

neo-ionnan *a* (-eeanan) unequal.

neo-ionnanachd *n* (-eeananakhk) *f* inequality.

neo-laghail *a* (-laoghel) illicit, illegal.

neo-làthaireachd *n* (-laharakhk) *f* absence.

neo-leasaichte *a* (-lessikhcha) unimproved, underdeveloped.

neo-litireach *a* (-lichirakh) illiterate.

neo-litireachd *n* (-lichirakhk) *f* illiteracy.

neo-lochdach *a* (-lokhkakh) harmless, inoffensive.

neo-loisgeach *a* (-loshkakh) incombustible.

neo-mhathach *a* (-vahakh) unforgiving.

neo-mhearachdach *a* (-verakhkakh) unerring.

neo-mheasgte *a* (-veskcha) unmixed.

neo-mheirbhte *a* (-verafcha) undigested.

neo-ni *n* (-nee) *m* nothing.

neo-sgairteil *a* (-skarshchel) spiritless.

neo-sgàthach *a* (-skahakh) daring.

neo-shaillte *a* (-haheelcha) unsalted.

neo-sheasmhach *a* (-hessvakh) unstable.

neo-shoilleir *a* (-holyer) indistinct.

neo-shònraichte *a* (-hohnrikhcha) indefinite.

neo-shuidhichte *a* (-hooikhcha) unsettled.

neo-smiorail *a* (-smeerel) spiritless.

neo-tharbhach *a* (-haravakh) ineffectual, unfruitful, unprofitable.

neo-thaitneach *a* (-hachnyakh) disagreeable.

neo-thèarainte *a* (-hehrancha) insecure.

neo-thearainteachd *n* (-hehranchakhk) *f* insecurity.

neo-thimcheall-gheàrrte *a* (-himikinal yahrcha) uncircumcised.

neo-thoileach *a* (-holakh) disinclined.

neo-thràthail *a* (-hrahel) unseasonable.

neo-thruacanta *a* (-hrooakanta) relentless, pitiless.

neo-thruaillte *a* (-hrooaheelcha) undefiled.

neo-ullamh *a* (-oolav) unprepared.

neòghlan *a* (nyohghlan) unclean.

neòghloine *n* (nyohghloina) *f* uncleanliness.

neòinean *n* (nyohnan) -ein, -an *m* daisy.

neònach *a* (nyohmakh) strange, curious.

neul *n* (neeal) -eòil *m* cloud; hue; faint. **rach an neul** *v* faint.

neulach *a* (neealakh) cloudy.

neulaich *v* (neealikh) -achadh, cloud.

nì *n* (nee) nithean *m* thing.

86

nì *v irr* (nee) will do, make. See Appendix verb **dèan**.

Nic *abbrev.* (nihk) short for **nì mhic** (daughter of the son of), used in place of **Mac** with surnames of women e.g. **NicCoinnich**, daughter of Kenneth/Mackenzie; **Mairead NicCoinnich**, Margaret Mackenzie.

nigh *v* (nee) -eadh, wash.

nighe *n* (neea) *m* wash.

nigheadair *n* (neeater) -ean *m* washer.

nigheadair-shoithichean *n* (-hoyikhan) *m* dish-washer.

nighean *n* (neean) -inne, -an *f* girl, daughter.

n(e)imh *n* (niv) -e *m* poison, venom.

nimheil *a* (nivel) poisonous, venomous, baneful.

nitheil *a* (nee-hel) concrete (not abstract).

niùclach *a* (nyooklakh) nuclear.

niùclas *n* (nyooklass) -ais, -an₁ *m* nucleus.

no (*len*) *conj* (no) or.

nochd *v* (nokhk) -adh, appear, show, reveal.

nochdadh-seala *n* (nokhkagh shela) -aidh, -aidhean *m* time-exposure.

nòin *n* (nohn) *m* noon.

Nollaig *n* (nolek) -e, -ean *f* Christmas.

nòs *n* (nohss) -òis, -an *m* habit, custom.

nòsarachd *n* (nohssarakhk) -an *f* idiosyncracy.

nuadh *a* (nooagh) new.

nuadhachd *n* (nooakhk) *f* newness.

nuadhaich *v* (nooaikh) -achadh, renew, renovate.

nuair *conj* (nooar) n'ar (*coll.*) when.

nur *pron prep* (noor) in your. **nur carbad**, in your car; **tha sibh nur n-ollamh**, you are a doctor (acad.).

O

o (*asp*) *prep* and *conj* (o) from, since. **o àm gu àm**, from time to time; **on a tha an cratan ort chan fhan mi**, since you have a cold I will not stay.

obair *n* (oper) obrach, obraichean *f* work, activity. **tha e ag obair**, he is working.

obann *a* (opan) sudden. **gu h-obann**, suddenly.

ochd *n* (okhk) eight. **a h-ochd** (when counting).

ochd-deug *n* (-jeeak) eighteen.

ochdamh *a* (okhkav) eighth.

ochdnar (*gen pl*) *n* (okhknar) eight (persons). **ochdnar fhear**, eight men.

odhar *a* (oar) dun.

òg *a* (ohk) young.

ògail *a* (ohkel) adolescent.

òganach *n* (ohkanakh) -aich *m* youth, youngster.

òganta *a* (ohkanta) juvenile.

ogha *n* (oa) -achan *m* grandchild.

oibrich *v* (oiprikh) -eachadh, work, act.

oibriche *n* (oiprikha) -ean *m* workman.

oide *n* (oja) -ean *m* step-father.

oideachas *n* (ojakhass) -ais *m* education, training.

oidhche *n* (oikha) -eannan *f* night. **a dh' oidhche**, at night.

oidhirp *n* (ao-irp) -e, -ean *f* effort, attempt. **dèan oidhirp** *v* attempt.

oifig *n* (ofik) -e, -ean *f* office. **Oifig a' Phuist** (fooshch), Post Office.

oifigeach *n* (oifikakh) -ich *m* official, officer.

oifigeil *a* (oifikel) official.

oifis *n* (ofish) -e, -ean *f* office.

òige *n* (ohika) *f* youth.

òigh *n* (ohi) -e, -ean *f* virgin, maiden.

òigh-cheòl *n* (-khyohl) *m* virginal.

òigheil *a* (ohyel) virginal.

oighre *n* (oira) -eachan *m* heir.

oighreachd *n* (oirakhk) -an *f* heritage, estate.

òigridh (*coll.*) *n* (ohikree) *f* youth, children.

oilbheum *n* (olveeam) -eim, -an *m* offence. **dèan oilbheum do** *v* offend.

oilbheumach *a* (olveeamakh) offensive.

oileanach *n* (olanakh) -aich *m* student.

oillt *n* (oilch) -e, -ean *f* terror, dread.

oillteil *a* (oilchel) frightful.

oilltich *v* (oilchikh) -eachadh, dread.

oilthigh *n* (ol-hahee) -e, -ean *m* university.

oir *conj* (or) because. **chan fhaic thu e oir tha e ro thrang**, you will not see him because he is too busy.

oir *n* (or) -e, -ean *m* edge, border, margin. **às oir a shùla**, out of the corner of his eye.

òir *a* (ohr) golden.

oirbh *prep pron* (oriv) on you.

oirfideach *n* (orfijakh) -ich *m* entertainer.

oirfideas *n* (orfijass) -eis *m* entertainment.

òirleach *n* (ohrlakh) -ich *f* inch. **seachd òirlich ri naoi**, seven inches by nine.

oirnn *prep pron* (orin) on us.

oirre *prep pron* (ora) on her.

oirthir *n* (orhir) -e, -ean *f* coast.

oisean *n* (oshan) -ein, -an *m* corner.

oisinn *n* (oshin) -e, -ean *f* corner.

oistric *n* (oshtrik) -e, -ean *f* ostrich.

oiteag *n* (ochak) -eige, -an *f* breeze.

òl *v* (ohl) òl, drink.

ol-ungaidh *n* (ol-oongee) -aidhean *f* ointment.

ola *n* (ola) -aidh, -aidhean *f* oil. **beairt ola**, oil rig; **clàr ola**, oil production platform; **raon ola**, oil field.

olann *n* (olan) -ainne *f* wool.

olc *n* (olk) uilc *m* evil.

olc *a* (olk) miosa (meessa) evil, bad, wicked.

ollamh *n* (olav) -aimh, -an *m* doctor (*acad.*).

ollamhachd *n* (olavakhk) -an *f* doctorate.

òmar *n* (ohmar) -air *m* amber.

on See **o**.

onair *n* (oner) -e, -ean *f* honour.

onaraich *v* (onarikh) -achadh, honour.
onorach *a* (onarakh) honourable.
òr *n* (ohr) òir *m* gold.
òr-cheàrd *n* (-khart) -eàird, -an *m* goldsmith.
òr-dhuille *n* (-ghoola) -ean *f* gold-leaf.
òrach *a* (ohrakh) golden.
òradh *n* (ohragh) -aidh *m* gilding.
òraich *v* (ohrikh) -achadh, gild.
òraid *n* (ohrech) -e, -ean *f* speech, oration.
òran *n* (ohran) -ain *m* song. **gabh òran** *v* sing a song.
òrd *n* (ohrt) ùird *m* hammer.
òrdag *n* (ohrtag) -aige, -an *f* thumb.
òrdaich *v* (ohrtikh) -achadh, order.
òrdugh *n* (ohrtoo) -uigh, -an *m* order.
orm *prep pron* (oram) on me.
orra *prep pron* (ora) on them.
òrraiseach *a* (ohrashakh) squeamish.
ort *prep pron* (orst) on you.

òs *n* (ohss) -a, -an *m* outlet.
os cionn (*gen*) *prep* (oss kyoon) above.
os-nàdurrach *a* (-nahtoorakh) supernatural.
os-nàiseanta *a* (-nahshanta) cosmopolitan.
os-thogail *n* (-hokel) -alach, -alaichean *f* superstructure.
osan *n* (ossan) -ain, -an *m* stocking, hose.
osbarrach *a* (osparakh) redundant.
òsdachd *n* (ohstakhk) *f* licensing trade. **cùirt òsdachd**, licensing court; **bòrd òsdachd**, licensing board.
òsdair *n* (ohster) -ean *m* innkeeper.
osna *n* (ossna) -aidhean *f* sigh. **leig osna** *v* sigh.
osnaich *v* (ossnikh) -achadh, sigh.
othail *n* (oal) -e, -ean *f* hubbub.
othaisg *n* (oeshk) -e, -ean *f* ewe.

P

paca *n* (paka) -annan *m* pack.
pacaid *n* (pakech) -e, -ean *f* packet, package.
pàganach *n* and *a* (pahkanakh) -aich *m* pagan.
pàganachd *n* (pahkanakhk) *f* paganism.
paidhir *n* (paheer) paidhreach, paidhrichean *f* pair.
paidir *n* (pajir) -e, paidrichean *f* Lord's prayer.
paidirean *n* (pajiran) -ein, -einean *m* rosary.
pàigh (air) *v* (pahee) -eadh, pay (for).
pàigheadh (air) *n* (paheeagh) -idh *m* pay, payment (for).
pàilliun *n* (paheelin) -iuin, -an *m* tent, pavilion.
pailt *a* (palch) abundant, plentiful.
pailteas *n* (palchass) -eis *m* abundance, plenty. **pailteas de bhiadh**, plenty of food.
pàipear *n* (paheepar) -eir, -an *m* paper.
pàipearaich *v* (paheeparikh) -achadh, paper.
pàirce *n* (paheerka) -ean *f* park.
pairilis *n* (parilish) *m* paralysis.
pairiliseach *a* (parilishakh) paralytic.
pàirt *n* (pahrshch) -e, -ean *f* part.
pàirteachadh *n* (pahrshchakhagh) -aidh *m* division.
pàirtich *v* (pahrshchikh) -eachadh, divide, share.
pàirtidh *n* (pahrtee) -ean *m* party. **Pàirtidh Nàiseanta na h-Alba**, Scottish National Party.
pàisde *n* (pahshcha) -ean *m* child.
paisg *v* (pashk) pasgadh, wrap, fold.
pàiteach *a* (pahchakh) -iche, thirsty.
pannal *n* (panal) -ail *m* panel.
pàpa *n* (pahpa) -an, -achan *m* pope.
pàpachd *n* (pahpakhk) *f* papacy.
pàpanach *a* (pahpanakh) papal.
Pàrlamaid *n* (pahrlamech) -e, -ean *f* Parliament.
Pàrlamaideach *a* (pahrlamechakh) -iche, Parliamentary.
Pàrras *n* (pahrass) -ais *m* Paradise.

partan *n* (parstan) -ain, -an *m* crab.
pasgan *n* (paskan) -ain, -an *m* bundle.
pathadh *n* (pa-agh) -aidh *m* thirst. **tha am pathadh orm**, I am thirsty.
peacach *n* (pekakh) -aich *m* sinner.
peacach *a* (lekakh) -aiche, sinful.
peacadh *n* (pekagh) -aidh, -aidhean *m* sin.
peacaich *v* (pekikh) -achadh, sin.
peanas *n* (penass) -ais, -an *m* penalty.
peanasachadh *n* (penassakhagh) -aidh, -aidhean *m* punishment.
peanasaich *v* (penassikh) -achadh, punish.
peann *n* (pyown) pinn *m* pen.
peansail *n* (pensel) -ean *m* pencil.
pears-eaglais *n* (perss eklish) pearsachan *m* clergyman, parson.
pearsa *n* (perssa) -achan/-annan *m* person.
pearsanachadh *n* (perssanakhagh) -aidh, -aidhean *m* personification.
pearsanaich *v* (perssanikh) -achadh, impersonate.
pearsanta *a* (perssanta) personal.
pearsantachd *n* (perssantakhk) -an *f* personality.
peasair *n* (pesser) *f* peas.
peata *n* (pehta) -aichean *m* pet.
peile *n* (pela) -ichean *m* pail.
pèileag *n* (pehlak) -eige, -an *f* porpoise.
peileastair *n* (pelastar) -ean *m* quoit.
peileir *n* (peler) -e, -ean *m* bullet.
peirceal *n* (perkal) -ill, -an *m* jaw.
peitean *n* (pechan) -ein, -an *m* waistcoat.
peucag *n* (peeakak) -aige, -an *f* peahen, peacock. **coileach-peucaig**, peacock.
peur *n* (peear) -èire, -an *f* pear.
Pharasach *n* (farassakh) -aich *m* Pharisee.
pian *n* (peean) -èin, -tan *f* pain, torment.
pian *v* (peean) -adh, pain, torment.
pianadh *n* (peeanagh) -aidh *m* torture.
piantach *a* (peeantakh) painful.
pic *n* (pik) -ean *m* pickaxe.

piceid n (pikech) m picket.

picil n (pikil) -e, -ean f pickle.

pillean n (pilan) -ein, -an m saddle, pillion.

pinnt n (pinch) -e, -ean m pint.

pìob n (peep) -a, -achan f pipe, tube. **a' phìob mhòr**, the bagpipe.

pìob-chòmhla n (-khohla) f valve.

pìobaire n (peepara) -ean m piper.

pìobaireachd n (peeparakhk) f piping. **dèan pìobaireachd** v pipe.

pìobach a (peepakh) tubular.

pìobag n (peepak) -aige, -an f tubule.

pìoban n (peepan) -ain, -an m tube.

pìoghaid n (pee-ech) -e, -ean f magpie.

pìochan n (peekhan) -ain m wheeze. **dèan pìochan** v wheeze.

pìochanach a (peekhanakh) wheezing.

pìos n (peess) -a, -an m piece; distance.

pìseag n (pishak) -eige, -an f kitten.

piuthar n (pyooar) peathar, peathraichean (perikhan) f sister.

piuthar-chèile n (-khehla) peathraichean-cèile f sister-in-law.

plaide n (plaja) -ean, -eachan f blanket.

plàigh n (plàhee) -e, -ean f plague, pest(ilence).

plàighich v (plaheekh) -eachadh, plague.

plangaid n (plangech) -e, -ean f blanket.

plaoisg v (plaoshk) plaosgadh, shell, peel.

plaosg n (plaosk) -aoisg, -an m husk, pod, peel.

plàsd n (plahst) -a, -an/-aidhean m plaster (med.).

plathadh n (pla-agh) -aidh, -aidhean m glance.

pleadhag m (plaghak) -aige, -an f paddle.

pleadhagaich v (plaghakikh) paddle.

pleuna n (pleeana) -aichean f aeroplane.

pliutach a (plootakh) splay-footed.

ploc n (plok) -uic, -an m clod, block.

plosg v (plosk) -adh, palpitate.

plosgadh n (ploskagh) -aidh, -aidhean m throb.

plosgartaich n (ploskartikh) f palpitation. **dèan plosgartaich** v

throb.

plub n (ploop) -uib, -an m splash, plop.

plubraich n (plooprikh) -e f gurgle, plopping. **dèan plubraich** v gurgle.

plucan n (plookan) -ain, -an m pimple.

plumas n (ploomass) -ais, -an m plum.

poball n (popal) -aill, -an m people.

poblachail a (poplakhel) republican.

poblachd n (poplakhk) -an f republic.

poca n (poka) -an/-annan m bag, sack.

pòca n (pohka) -an/-annan m pocket.

pòcaid n (pohkech) -e, -ean f pocket.

pòg n (pohk) -òige, -an f kiss. **thoir pòg do** v kiss.

pòg v (pohk) -adh, kiss.

poileas n (polass) -eis m police, policeman.

poit n (poch) -e, -ean f pot.

pòit n (pohch) -e f drinking, tippling. **dèan pòit** v tipple.

pòitear n (pohchar) -eir, -an m tippler.

poll n (powl) -uill, -an m mud, mire, bog.

pònaidh n (pohnee) -ean m pony.

pònair n (pohner) -e f beans.

pong n (pong) -oing, -an m note (mus.).

pongail a (pongel) exact, pointed (argument).

pòr n (pohr) -òir, -an m pore.

pòrach a (pohrakh) porous.

port n (porst) -uirt, -an m port; tune. **port-adhair**, airport.

port-a-beul n (-a-beeal) m mouth-music.

portair n (porster) -ean m porter.

pòs v (pohss) -adh, marry.

pòsadh n (pohssagh) -aidh, -aidhean m marriage.

pòsda a (pohsta) married.

post n (post) puist (pooshch) -achan m post. **oifis a' phuist**, post-office; **post-adhair**, airmail.

post-seòlaidh n (-shohlee) -uist, -achan m sign-post.

posta n (posta) -achan m postman.

postachd n (postakhk) f postage.

prab n (prap) -aib, -an m rheum.

prab-shùileach a (-hoolakh) blear-eyed.

pràbar n (prahpar) -air, -an m rabble.

pràis n (prahsh) -e f brass.

pràmh n (prahv) -aimh m dejection. fo phràmh, dejected.

preantas n (prentass) -ais m apprentice.

preas n (press) -eis, -an m bush, shrub; cupboard.

preas n (press) -a, -an m wrinkle.

preas v (press) -adh, wrinkle.

preasach a (pressakh) bushy; wrinkled.

preasadh n (pressagh) -aidh, -aidhean m wrinkle.

prìne n (preena) -eachan m pin.

priob v (preep) -adh, blink, wink.

priobadh n (preepagh) -aidh, -aidhean m wink. ann am priobadh na sùla, in the twinkling of an eye.

prìomh a (preev) prime, chief, principal. prìomh sholas -ais m head-lamp.

prìomh-àros n (-ahross) -ois, -an m headquarters.

prìomh-athair n (-a-her) -ar, -athraichean m patriarch.

prìomh-bhaile n (-vala) -tean m capital.

prìomh-shamhla n (-howla) m archetype.

prìomhadail a (preevadel) primitive.

prionnsa n (preeanssa) -an/-achan m prince.

prionnsachd n (preeanssakhk) -an f principality.

prionnsail a (preeanssel) princely.

prìosan n (preessan) -ain, -an m prison.

prìosanach n (preessanakh) -aich m prisoner.

prìs n (preesh) -e, -ean f price.

prìseil a (preeshel) valuable, precious.

probhadh n (provagh) -aidh, -aidhean m experiment.

probhail a (provel) experimental.

pròbhaist n (prohvasht) -e, -ean m provost.

procadair n (prokater) -ean m procurator.

pròis n (prohsh) -e f pride.

pròiseil a (prohshel) proud.

pronn v (prown) -adh, pound, grind, mash.

pronnasg n (pronask) -aisg m sulphur.

pronnasgach a (pronaskakh) sulphuric.

pronnasgail a (pronaskel) sulphurous.

Pròsdanach n and a (prohstanakh) -aich m Protestant.

puball n (poopal) -aill, -an m marquee.

puing n (poong) -e, -ean f point, degree (temperature).

puinnse n (poonsha) m punch (drink).

puinnsean n (poonshan) -ein, -an m poison.

puinnseanach a (poonshanakh) poisonous.

puinnseanaich v (poonshanikh) -achadh, poison.

pùnnd n (poont) pùinnd (poonch) m pound. dà phùnnd siùcair, two pounds of sugar; trì pùinnd buntàta, three pounds of potatoes.

Purgadair n (poorgater) -e m Purgatory.

purgaid n (poorgech) -e, -ean f purge.

purgaideach a (poorgechakh) -eiche, purgative.

purpaidh a (poorpee) purple.

put v (poot) -adh, push.

put n (poot) m clutch (car).

putadh n (pootagh) -aidh, -aidhean m push.

putan n (pootan) -ain, -an m button.

R

rabhadh *n* (ravagh) -aidh, -aidhean *m*
warning. **thoir rabhadh** *v* warn.
ràc *n* (rahk) -àic, -an *m* drake.
ràc *v* (rahk) -adh, rake.
racaid *n* (rakech) -e, -ean *f* racket
(sport).
ràcan *n* (rahkan) -ain, -an *m* rake.
rach *v irr* (rakh) go. See Appendix verb
rach.
radan *n* (ratan) -ain, -an *m* rat.
ràdh *n* (rah) *m* saying, proverb.
ràdh (ri) *v irr* (rah) say, tell. See
Appendix verb **abair. tha mi ag ràdh
riut,** I am telling you.
rag *a* (rak) stiff, rigid.
rag-mhuinealach *a* (-vooinalakh)
obstinate.
rag-mhuinealas *n* (-vooinalas) -ais *m*
obstinacy.
ragaich *v* (rakikh) -achadh, stiffen.
raige *n* (rega) *f* stiffness.
ràith *n* (rahee) -e, -ean *f* quarter (of
year).
ràitheachan *n* (raheeakhan) -ain, -an *m*
quarterly (review etc.).
ràitheil *a* (rahee-el) quarterly.
ràmh *n* (rahv) -àimh, -an *m* oar.
ràmhaiche *n* (rahvikha) -ean *m* rower.
rann *n* (rown) -ainn, -an *m* verse, stanze,
rhyme. **dèan rann** *v* rhyme.
rannaigheach *a* (raneeakh) metrical.
rannaigheachd *n* (raneeakhk) *f* metre.
rannsachadh *n* (rownssakhagh) -aidh,
-aidhean *m* inquiry, research,
investigation, survey.
rannsaich *v* (rownssikh) research,
search, investigate, explore, examine.
raon *n* (raon) -aoine, -tan *m* field, plane
(*abstr.*).
raon-laighe *n* (-lahya) *m* landing strip,
airfield.
ràth *n* (rah) -a, -an *m* raft.
rathad *n* (ra-hat) -aid, -aidean *m* road.
cearcall a' rathaid, roundabout;
cuairt-rathad, ring road; **fo-rathad,**
underpass; **frith-rathad,** minor road;
mòr-rathad, motorway; **os-rathad,**

flyover; **rathad dùbailte,** dual
carriageway; **rathad mòr,** major road;
seach-rathad, bypass; **sraon-rathad,**
expressway.
rè *n* (reh) *f* duration.
rè (*gen*) *prep* (reh) during. **rè na h-
oidhche,** during the night.
reachd *n* (rekhk) *m* statute, law.
reachd *n* (rekhk) *f* hysterics.
reachdail *a* (rekhkel) hysterical.
reamhar *a* (revar) reamhra, fat.
reamhrachd *n* (revrakhk) *f* fatness, fat.
reamhraich *v* (tevrikh) -achadh, fatten.
reic (air) *v* (rek) reic, sell (for).
reic *n* (rek) -e *m* sale.
rèidh *a* (reh) level, smooth. **dèan rèidh** *v*
level, smoothe.
rèidhlean *n* (rehlan) -ein, -an *m* green,
lawn.
rèidio *n* (rehdyo) *m* radio.
rèidio-bheò *a* (-vyoh) radio-active.
rèis *m* (rehsh) *f* race, span, lifetime.
rèiseamaid *n* (rehshamech) -e, -ean *f*
regiment.
rèite *n* (rehcha) -ean *f* agreement,
reconciliation.
reithe *n* (re-ha) -eachan *m* ram.
rèitich *v* (rehchikh) -eachadh, reconcile.
reò-sheargte *a* (ryo-harakcha) frostbitten.
reobhart *n* (ro-art) -airt, -an *m* springtide.
reòdh *v* (ryoh) -adh, freeze.
reodhadair *n* (ryohatar) -ean *m* freezer.
reòta *a* (ryohta) frosty.
reothadh *n* (ryoagh) -aidh, -aidhean *m*
frost.
reub *v* (reeap) -adh, tear, rend, mangle.
reubadh *n* (reeapagh) -aidh, -aidhean *m*
rent.
reubalach *n* (reeapalakh) -aich *m* rebel.
reul *n* (reeal) -èile, -tan *f* star, asterisk.
reul-bhad *n* (-vat) -aid *m* constellation.
reul-chearbach *n* (-kherapakh) *f* comet.
reul-chuairt *n* (-khooarshch) -e, -ean *f*
orbit.
reul-eòlas *n* (-yohlass) -ais *m* astronomy.
reul-eòlasach *a* (-yohlassakh) astro-
nomical.

reul-lann *n* (-lown) -ainne, -an *f* observatory.

reul-shealladh *n* (-halagh) -aidh, -aidhean *m* horoscope.

reuladair *n* (reealatar) -ean *m* astronomer.

reusan *n* (reeassan) -ain, -an *m* reason.

reusanachadh *n* (reeassanakhagh) -aidh *m* reasoning.

reusanaich *v* (reeassanikh) -achadh, reason.

reusanta *a* (reeassanta) reasonable, rational.

reusantachd *n* (reeassantakhk) *f* rationality.

reusantaich *v* (reeassantikh) -achadh, rationalise.

ri *prep* (ree) to, at. **ri reic**, for sale, to be sold; **ri dhèanamh**, to be done; **bha e ris a' phìob**, he was busy smoking.

riadh *n* (reeagh) rèidh *m* interest (*fin.*) **riadh agus calpa**, interest and principal; **riadh a' bhanca**, bank rate.

riadhach *a* (reeaghakh) usurious.

riadhadair *n* (reeaghater) -ean *m* usurer.

riadhadaireachd *n* (reeaghatarakhk) *f* usury.

riaghail *v* (reeael) riaghladh, rule, govern.

riaghailt *n* (ree-elch) -e, -ean *f* rule, regulation, regularity, system.

Riaghailt-àireamh *n* (-ahriv) *f* Calculus.

riaghailteach *a* (reealchakh) -eiche, regular, orderly.

riaghaltas *n* (reealtass) -ais *m* government.

riaghladair *n* (reealater) -ean *m* governor, ruler.

riaghlaich *v* (reealikh) -achadh, regulate, administer.

riamh *adv* (reeav) ever, never (past). **mar sin bha e riamh**, he was ever thus; **cha robh mi air a bhith anns an àite sin roimhe riamh**, I had never been in that place before.

rian *n* (reean) -an *m* mode, method; arrangement (*mus.*).

rianail *a* (reeanel) methodical.

riaraich *v* (reearikh) -achadh, satisfy, please; distribute.

riaraichte *a* (reearikhcha) satisfied.

riatanach *a* (reeatanakh) necessary.

rib *v* (rip) -eadh, snare, trap.

ribe *n* (ripa) -eachan *f* snare, trap.

ribh *prep pron* (riv) to you.

ribheid *n* (rivech) -e, -ean *f* reed (*mus.*).

rìbhinn *n* (reevin) -e, -ean *f* beautiful woman.

ridhil *n* (reel) rìdhle, -eachan *m* reel (dance).

ridire *n* (richira) -ean *m* knight.

ridireachd *n* (richirakhk) *f* knighthood.

rìgh *n* (ree) -rean *m* king.

rìgh-chathair *n* (-khaher) -chathrach, -chathraichean *f* throne.

rìgh-mhort *n* (-vorst) -oirt *m* regicide.

rìgh-mhortair *n* (-vorster) -ean *m* regicide (assassin).

righinn *a* (riyin) tough.

righnead *n* (rinet) -eid *n* toughness.

righnich *v* (rinikh) -eachadh, toughen.

rinn *n* (rin) -e, -ean *f* point.

rinn *v irr* (raoin) did, made. See Appendix verb **dèan**.

riochd *n* (reeakhk) -a, -an *m* form, scale.

riochdachadh *n* (reeakhkakhagh) -aidh *m* representation.

riochdaich *v* (reeakhkikh) -achadh, represent.

riochdair (riochd-ainmear) *n* (reeakhker) -ean *m* pronoun. **riochdair ceisteach**, interrogative pronoun; **r. dàimheach**, relative p.; **r. neo-chinnteach**, indefinite p.; **r. pearsantach**, personal p.

riochdaire *n* (reeakhkara) -ean *m* producer (radio etc.), representative.

rìoghachadh *n* (reeakhagh) -aidh, -aidhean *m* reign.

rìoghachd *n* (reeakhk) -an *f* kingdom.

rìoghaich *v* (reeikh) -achadh, reign.

rìoghail *a* (reeyel) royal, regal, kingly.

rìoghalachd *n* (reealakhk) *f* royalty.

rìomhach *a* (reevakh) beautiful.

rìomhachas *n* (reevakhass) -ais *m* finery.

rionnach *n* (reeanakh) -aich *m* mackerel.

rionnag *n* (reeanak) -aige, -an *f* star.

rionnagach *a* (reeanakakh) starry.

ris *prep pron* (rish) to him, to it.

rithe *prep pron* (ria) to her.

riu *prep pron* (rioo) to them.

rium *prep pron* (rioom) to me.

riut *prep pron* (rioot) to you.

riutha *prep pron* (riooa) to them.

ro *adv* (ro) too, very. **ro mhòr**, too big; **ro-mhòr**, very big.

ro-tharraing *n* (-haring) -e, -ean *f* overdraft.

robh *v irr* (ro) was. See Appendix verb **bi.**

roc *n* (rok) -a, -an *f* wrinkle.

rocach *a* (rokakh) wrinkled.

ròcas *n* (rohkass) -ais, -an *m* rook.

ròd *n* (roht) -òid, -òidean *m* road.

roghainn *n* (roin) -e, -ean *m* choice, preference.

roghnach *a* (ronakh) selective.

roghnaich *v* (ronikh) -achadh, choose.

roimh (*asp*) *prep* (roi) before. **roimhe** *adv.* **roimhe seo**, by now; **chuir mi romham sin a dhèanamh**, I decided/ intended to do that.

roi-ainmichte *a* (-anamikhcha) forementioned, aforesaid.

roi-aithne *n* (-anya) *f* foreknowledge.

roi-bhlasad *n* (-vlassat) -aid, -an *m* foretaste.

roi-innis *v* (-inish) innse, foretell.

roi-ruithear *n* (-roohar) -an *m* forerunner.

roi-shamhla *n* (-howla) -aidhean *m* prototype.

roi-shealladh *n* (-hallagh) -aidh *m* foresight.

roi-smuain *n* (-smooaheen) -tean *m* forethought.

roi-theachdaire *n* (-hekhkara) -ean *m* forerunner.

roimhe *preppron* (roia) before him.

roimhpe *prep pron* (roipa) before her.

ròineag *n* (rohnyak) -eige, -an *f* a hair.

roinn *n* (roin) -e, -ean *f* share, portion, department, sector, region, division, distribution.

roinn *v* (roin) roinn, divide, share, distribute.

roinneadair *n* (roinatar) -ean *m* divider(s).

ròiseid *n* (rohshech) -e, -ean *f* resin.

ròiseideach *a* (rohshechakh) resinous.

ròist *v* (orhshch) ròstadh, roast.

ròlaist *n* (rohlashch) -e, -ean *m* romance (story).

ròlaisteach *a* (rohlashchakh) romantic, inclined to exaggeration.

rolla *n* (rola) *f* roll.

romhad *prep pron* (roat) before you.

romhaibh *prep pron* (roiv) before you.

romhainn *prep pron* (roin) before us.

romham *prep pron* (roam) before me.

rompa *prep pron* (ropa) before them.

ròn *n* (rohn) -òin *m* seal.

rong-phlug *n* (rong flook) -uig, -an *m* sparking-plug.

ronn *n* (rown) -oinn, -an *m* mucus.

ronnach *a* (ronakh) mucous, catarrhal.

ròpa *n* (rohpa) -an *m* rope.

ròs *n* (rohss) -òis, -an *m* rose.

rosg *n* (rosk) -uisg, -an *m* eyelash; prose.

ròsta *n* (rohsta) -achan *f* roast.

roth *n* (ro) -a, -an *m* wheel. **roth fiaclach**, cog-wheel.

roth-ghineadair *n* (-yinater) -ean *m* turbo-generator.

roth-uidheam *n* (-ooyam) -ime, -an *f* turbine.

rothair *n* (roer) -ean *m* bicycle, cycle.

ruadh *a* (rooa) red-haired.

ruadhag *n* (rooaghak) -aige, -an *f* roe.

ruag *v* (rooak) -adh, rout.

ruaidhe *n* (rooaheea) *f* redness; erysipelas.

ruaig *n* (rooaheek) -e, -ean *f* rout, flight, pursuit.

ruamhair *v* (rooer) ruamhradh, dig, delve.

rubair *n* (rooper) -e, -ean *m* rubber.

rubha *n* (rooa) -achan *m* promontory.

rùcail *n* (rokel) -e *f* rumble. **dèan rùcail** *v* rumble.

rud *n* (root) -uid, -an *m* thing.

rùdan *n* (rootan) -ain, -an *m* knuckle.

rudeigin *pron* (rootekin) something.

rug *v irr* (rook) bore, caught. See Appendix verb **beir.**

ruig *v irr* (rook) reach. See Appendix verb **ruig. cha ruig thu leas sin a ràdh**, you need not say that; **gu ruige** (*gen*), as far as, until; **gu ruige seo**, so far, until now; **gu ruige Dùn Eideann**, as far as Edinburgh.

ruighe *n* (rooya) -ean *m f* forearm.
ruinn *prep pron* (rooin) to us.
rùisg *v* (rooshk) rùsgadh, strip, peel, shear, fleece.
ruiteach *a* (roochakh) -eiche, ruddy.
ruith *v* (rooi) ruith, run, flow.
ruith *n* (rooi) -e *f* running. **ann an ruith nam bliadhnachan**, in the course of years.
ruith-chùnntas *n* (-khoontass) -ais, -an *m* current account.
ruith-fhual *n* (-ooal) **an ruith-fhual**, diabetes.
rùm *n* (room) -ùim, -an/-annan *m* room.
rumpall *n* (rumpal) -aill, -an *m* rump.

rùn *n* (roon) -ùin, -ùntan/-ùintean *m* secret, intention, aim, purpose, love. **fo rùn**, confidential.
rùnaich *v* (roonikh) -achadh, intend, wish.
rùnaire *n* (roonara) -ean *m* secretary. **Rùnaire na Rìoghachd**, (reeakhk) Home Secretary; **Rùnaire (na) Stàite** (stahcha), Secretary of State.
rùnaireachd *n* (roonarakhk) -an *f* secretariat.
rùraich *v* (roorikh) -achadh, grope.
rùsg *n* (roosk) -ùisg, -an *m* peel, rind, bark.

S

's short for is and agus.

sa'/'sa short for anns a', in the.

Sàbaid n (sahbech) -e, -ean f Sabbath.
Là na Sàbaid, Sunday.

sabaid n (sabech) -e, -ean f fight. dèan
sabaid v fight.

sabaidich v (sabajikh) -eachadh, fight.

sabaidiche n (sabajikha) -ean m fighter.

sàbh n (sahv) -àibh, -an m saw.

sàbhail v (sahvel) sàbhaladh, save.

sabhal n (sowal) -ail, -an m barn.

sàbhs n (sowss) sàibhse, -an m sauce.

sac n (sak) saic, -an m sack.

sàcramaid n (sahkramech) -e, -ean f
sacrament.

sagart n (sakart) -airt, -an m priest.

sagartachd n (sakartakhk) -an f
priesthood.

sagartail a (sakartel) priestly.

saic-aodach n (saheek aotakh) -aich m
sackcloth.

saidhbhir a (saheevir) rich, wealthy,
opulent.

saidhbhreas n (saheevrass) -eis m riches,
wealth.

saighdear n (saheejar) -eir, -an m
soldier.

saighead n (saheeat) saighde, saighdean
f arrow.

sail n (sal) -e, -ean f beam.

sàil n (sahl) -e/sàlach, -tean f heel.

sail-chuach n (sal khooakh) -aiche, -an f
violet.

sàile n (sahla) m salt water, sea.

sàill n (saheel) -e f fat.

sàill v (saheel) -eadh, salt, pickle, cure.

saillear n (saheelar) -ir, -an m saltcellar.

sàillteachd n (saheelchakhk) f saltness.

sàinnseal n (senshal) -eil, -an m new-
year's gift, handsel.

sal n (sal) -ail m dross.

salach a (salakh) dirty, filthy.

salaich v (salikh) -achadh, dirty, soil.

salchar n (salakhar) -air, -an m dirt,
filth.

salann n (salan) -ainn m salt.

salann-na-groide n (-groja) m alkali.

salm n (salam) -ailm m f psalm.

salmadair n (salamatar) -ean m psalter.

salmadaireachd n (salamatarakhk) f
psalmody.

salmaire n (salamara) -ean m psalmist.

saltair v (salter) saltrachadh, tread,
trample.

sam bith e.g. fear sam bith/neach sam
bith, anyone; rud sam bith, anything;
àite sam bith, anywhere.

sàmhach a (sahvakh) quiet, silent.

samhach n (savakh) -aiche, -aichean f
haft, handle.

sàmhaich v (sahvikh) -achadh, quieten.

samhail n (saval) samhla f equivalent,
likeness, model.

Samhainn n (sowin/savin) Samhna f
Feast of All Souls. Oidhche Shamhna
(hawna), Hallowe'en; an t-Samhainn
(an tavin), November.

sàmhchair n (sahvakher) -e f quietness,
silence.

samhla n (sawla) -aidhean m sample,
allegory, figure.

samhlachail a (sawlakhel) figurative.

samhlaich v (sawlikh) -achadh, liken,
compare.

samhradh n (sawragh) -aidh, -aidhean m
summer. as t-samhradh (as tawragh)
in summer.

san/'san contr. of anns an.

sanaidh n (sanee) -ean m sanatorium.

sanas n (sanass) -ais, -an m notice, hint,
advertisement. thoir/cuir sanas,
advertise.

sanas-reic n (-rek) m advertisement.

sannt n (sawnt) -ainnt m greed, avarice,
covetousness.

sanntach a (sawntakh) greedy,
avaricious, covetous.

sanntaich v (sawntikh) -achadh, covet.

saobh a (saov) erroneous, false.

saobh-chràbhach a (-khrahvakh)
superstitious.

saobh-chràbhadh n (-khrahvagh) -aidh,
-aidhean m superstition.

saobh-chreideach n (-khrechakh) -ich m heretic.

saobh-chreideamh n (-khrechav) m heresy.

saobh-chreidmheach a (-khrechvakh) -eiche, heretical.

saobh-shruth n (-hroo) -a, -an m eddy.

saobh-smuain n (-smooaheen) -tean m whim.

saobhaidh n (saovee) -ean m den.

saoghal n (saoal) -ail, -an m world, lifetime.

saoghalta a (saoalta) worldly, mundane.

saoil v (saol) -sinn, think, suppose. **saoil an cuimhnich e**, I wonder if he will remember.

saoiread n (saorat) -eid m cheapness.

saoirsinneachd n (saorshinakhk) f joinery.

saor a (saor) free, cheap. **saor 's an asgaidh**, gratis free.

saor v (saor) -adh, free, liberate.

saor n (saor) -aoir m joiner, carpenter.

saor-chlachair n (-khlakher) -ean m freemason.

saor-inntinneach n and a (-inchinakh) -ich m free-thinker, free-thinking.

saor-làithean n pl (-lahyan) holidays.

saor-mhalairt n (-valarch) f free-trade.

saor-thoil n (-hol) f free-will.

saor-thoileach a (-holakh) voluntary.

saoradh n (saoragh) -aidh m liberation.

saorsa(inn) n (saorssa) f freedom.

saothair n (saoher) saothrach, saothrachan f labour.

saothrachadh n (saorakhagh) -aidh, -aidhean m manufacture.

saothrachail a (saorakhel) laborious.

saothraich a (saorikh) -achadh, labour, manufacture.

sàrachadh n (sahrakhagh) -aidh m oppression, distress, bother.

sàraich v (sahrikh) -achadh, oppress, distress, annoy.

sàr a (sahr) excellent (precedes noun). **sàr dhuine**, an excellent man.

sàr-bheachd n (-vekhk) -a, -an m ideal.

sàr-ghin n (-yin) -idhean m genius.

sàs n (sahss) -àis m restraint, hold, grasp. **an sàs**, involved, aground; **bi**

an sàs ann an obair, be involved in work.

sàsachadh n (sahssakhagh) -aidh m satisfaction, approval.

sàsaich v (sahssikh) -achadh, satisfy.

Sasainn n (sassin) -e f England.

Sasannach n and a (sassanakh) -aich m Englishman, English.

sàth n (sah) -aith m surfeit, abundance.

sàth v (sah) -adh, thrust, push.

sàthadh n (sahagh) -aidh, -aidhean m thrust, push.

'se/'s e (sheh) short for **is e**. **'s e Calum a th' ann**, it's Malcolm.

seabhag n (sheak) -aig, -an m f hawk.

seac v (shek) -adh, wither.

seacadh n (shekagh) -aidh m withering.

seach n (shakh) -a, -an m turn. **mu(n) seach**, by turns, alternately.

seach prep rather than. **seach tìde**, overdue; **chan eil mi a' creidsinn fear seach fear agaibh**, I do not believe either of you; **dhiùlt e fear seach fear a thaghadh**, he refused to choose one rather than the other.

seach-rathad n (-ra-at) -aid, -aidean m by-pass.

seach-thìm n (-heem) -e f overtime.

seachad (air) prep (shakhat) past, by. **chaidh e seachad air an taigh**, he went past the house; **thoir seachad do** v present to; **cuir seachad an ùine** v pass the time.

seachainn v (shakhin) seachnadh, avoid, shun.

seachd a (shakhk) seven.

seachd-deug a (-jeeak) seventeen.

seachd-shliosach n and a (-hleessakh) -aich m heptagon(al).

seachdain n (shakhken) -e, -ean f week. **an t-seachdain seo tighinn**, next week; **an t-seachdain seo chaidh**, last week.

seachdamh a (shakhkav) seventh.

seachdnar (gen pl) n (shakhknar) seven (persons).

seachran n (shakhran) -ain m wandering. **rach air seachran** v wander, err.

seachranaiche n (shakhranikha) -ean m wanderer.

seachtrach *a* (shakhtrakh) extramural.

seadh *adv* (shaogh) yes, indeed. **a Mhàiri? seadh**, (calling people) Mary? yes; **seadh?**, really?; **seadh dìreach**, yes indeed.

seagal *n* (shekal) -ail *m* rye.

seagh *n* (shaogh) -a, -an *m* meaning.

sealbh *n* (shalav) -eilbh, -an *m* fortune, luck, ownership.

sealbhach *a* (shalavakh) lucky.

sealbhachadh *n* (shalavakhagh) -aidh, -aidhean *m* possession.

sealbhadair *n* (shalavater) -ean *m* possessor.

sealbhaich *v* (shalavikh) -achadh, possess.

sealbhag *n* (shalavak) -aige, -an *f* sorrel.

sealg *n* (shalak) -eilge, -an *f* hunt.

sealg *v* (shalak) sealg, hunt.

sealgair *n* (chalaker) -ean *m* hunter.

sealgaireachd *n* (shalakarakhk) *f* hunting.

seall (ri) *v* (showl) sealltainn, look, show.

sealladh *n* (shalagh) -aidh, -aidhean *m* sight, view, aspect, spectacle, show. **às an t-sealladh**, out of sight; **an dà shealladh**, second sight.

seamrag *n* (shamrak) -aige, -an *f* shamrock.

sean *a* (shen) sine, old. **seann** (shown) *before* nouns. **an seann duine**, the old man; **tha e sean**, he is old.

seana-ghille *n* (shena-yeela) -ean *m* batchelor.

seanchaidh *n* (shenakhee) -e, -ean *m* story-teller.

seanachas *n* (shenakhass) -ais, -an *m* conversation.

seanadh *n* (shenagh) -aidh, -aidhean *m* senate, synod.

seanadhair *n* (shenagher) -ean *m* senator.

seanair *n* (shenar) -ar, -airean *m* grandfather.

seanfhacal *n* (shenakal) -ail, -an *m* proverb.

seang *a* (sheng) -a, slender, lank, slim.

seangan *n* (shengan) -ain, -an *m* ant.

seanndachd *n* (shendakhk) *f* antiquity.

seanndaiche *n* (shendikha) -ean *m* antiquarian.

seanndaidh *a* (shendee) antique.

searbhadair *m* (sheravater) -ean *m* towel.

searbh *a* (sherav) -eirbhe, bitter, sour, tart, acid.

searbhachd *n* (sheravakhk) *f* bitterness.

searbhag *n* (sheravak) -aige, -an *f* acid.

searg *v* (sherak) searg, shrivel, wither, decay.

seargadh *n* (sherakagh) -aidh *m* decay.

searmon *n* (sheraman) -oin, -an *m* sermon.

searmonachadh *n* (sheramanakhagh) -aidh *m* preaching.

searmonaich *v* (sheramonikh) -achadh, preach.

searmonaiche *n* (sheramanikha) -ean *m* preacher.

searrach *n* (sherakh) -aich *m* foal.

searrag *n* (sherak) -aige, -an *f* bottle, flask.

seas *v* (shess) -amh, stand. **bha e 'na sheasamh**, he was standing.

seasg *a* (shesk) -a, barren.

seasgachd *n* (sheskakhk) *f* sterility.

seasgaich *v* (sheskikh) -achadh, sterilise.

seasgair *a* (sheskar) settled, quiet, at ease, snug, comfortable.

seasmhach *a* (shessvakh) stable.

seic(h)e *n* (shekha) -e, -ean *f* hide, skin, pelt.

sèid *v* (shahch) -eadh, blow, puff.

seilbh *n* (shelav) -e, -ean *f* possession.

seilbheach(ail) *a* (shelavakhel) possessive.

seilcheag *n* (shelakhak) -eige, -an *f* snail, slug.

seile *n* (shela) -ean *m* spittle, saliva.

seileach *n* (shelakh) -ich, -ean *m* willow.

seilear *n* (selar) -eir, -an *m* cellar.

seileasdair *n* (shelaster) -e, -ean *f* iris.

seillean *n* (shelyan) -ein, -an *m f* bee.

sèimh *a* (shehv) mild, gentle.

sèimhe *n* (shehva) *f* mildness, gentleness.

sèimheachadh *n* (shehvakhagh) -aidh *m* lenition.

sèimhich *v* (shehvikh) -eachadh, lenite.

seinn *v* (shehn) seinn, sing.

seinneadair *n* (shenyater) -ean *m* singer.

seirbheis *n* (sheravish) -e, -ean *f* service. **dèan seirbheis** *v* serve; **Seirbheis na Stàite** (stahcha), The Civil Service.

seirbheiseach *n* (sheravishakh) -ich *m* servant.

seirc *n* (sherk) -e *f* love, charity.

seirm *v* (sheram) seirm, ring.

sèisd *n* (shehshch) -e, -ean *m f* siege. dèan sèisd air *v* besiege.

seo *demon pron* (sho) this. iad seo, these; an seo, here; an leabhar seo, this book; seo agaibh an litir, here is the letter.

seòl *n* (shohl) -iùil *m* sail.

seòl *v* (shohl) -adh, sail, navigate, guide, direct.

seòl-mara *n* (-mara) *m* tide.

seòladair *n* (shohlatar) -ean *m* sailor.

seòladh *n* (shohlagh) -aidh, -aidhean *m* direction, address.

seòlta *a* (shohlta) cunning, crafty.

seòltachd *n* (shohltakhk) *f* cunning, craftiness, diplomacy.

seòltaire *n* (shohltara) -ean *m* diplomat.

seòmar *n* (shohmar) -air, seòmraichean *m* room, chamber. seòmar-bidhe (beea) dining-room; seòmar-cadail (katel), bed-room; seòmar-ionnlaid (eenlech), bathroom.

seòmrach *a* (shohmrakh) chambered.

seòrsa *n* (shohrssa) -achan *m* kind, sort, species, brand. dè an seòrsa rùm anns a bheil Iain?, what sort of room is John in?

seòrsachadh *n* (shohrssakhagh) -aidh, -aidhean *m* classification.

seòrsaich *v* (shohrssikh) -achadh, sort, classify.

seud *n* (sheeat) -an/seòid (shohch) *m* jewel, gem.

seudair *n* (sheeater) -ean *m* jeweller.

seula *n* (sehla) -achan *m* seal.

seulaich *v* (sehlikh) -achadh, seal.

seun *n* (sheean) -a, -an *m* charm.

sgadan *n* (skatan) -ain, -an *m* herring.

sgàil *n* (skahl) -e, -ean *m* shade, shadow, covering.

sgàil-thaigh *n* (-hahee) *m* porch.

sgailc *n* (skalk) -e, -ean *f* knock, slap.

sgàile *n* (skahla) -ean *f* veil, blind.

sgàileach *a* (skahlakh) -eiche, shadowy.

sgàilean *n* (skahlan) -ein, -an *m* umbrella, screen.

sgàilich *v* (skahlikh) -eachadh, screen.

sgàin *v* (skahn) -eadh, burst.

sgainneal *n* (skanal) -eil, -an *m* scandal.

sgainnealaich *v* (skanalikh) -achadh, scandalise.

sgàird *n* (skahrch) -e *f* diarrhoea.

sgairt *n* (skarshch) -e, -ean *f* diaphragm, midriff; yell.

sgairteil *a* (skarshchel) brisk.

sgait *n* (skach) -e, -ean *f* skate (fish).

sgal *n* (skal) -a, -an *m* yell; blow.

sgàla *n* (skahla) *f* scale (*mus*).

sgalag *n* (skalak) -aig, -an *m* servant.

sgalan *n* (skalan) -ain, -an *m* scaffold.

sgalanta *a* (skalanta) shrill.

sgàld *v* (skahlt) -adh, scald.

sgàldadh *n* (skahltagh) -aidh, -aidhean *m* scalding.

sgall *n* (skowl) -aill *m* baldness.

sgamhan *n* (skavan) -ain, -an *m* lungs.

sgannan *n* (skanan) -ain, -an *m* film, membrane.

sgaoil *v* (skaoil) -eadh, spread, scatter, disperse, broadcast. cuir ma sgaoil *v* free, liberate, loosen.

sgaoileadh *n* (skaolagh) -idh, -idhean *m* dispersal, dispersion, broadcast.

sgaoth *n* (skao) -a, -an *m* swarm.

sgaothaich *v* (skaoikh) -achadh, swarm.

sgap *v* (skap) -adh, scatter, disperse, decentralise.

sgapadh *n* (skapagh) -aidh, -aidhean *m* scattering, dispersal, decentralisation.

sgar *v* (skar) -adh, separate, sever.

sgarachdach *n* (skarakhkakh) -aich *m* separatist.

sgaradh *n* (skaragh) -aidh, -aidhean *m* separation.

sgarbh *n* (skarav) -airbh *m* cormorant.

sgàrlaid *n* (skahrlech) -e *f* scarlet.

sgàth *n* (skah) -a, -an *m* sake. air sgàth (*gen*), for the sake of; air mo sgàth, for my sake.

sgath *v* (ska) -adh, prune, cut, slash.

sgàthan *n* (skahan) -ain, -an *m* mirror.

sgeadaich *v* (sketikh) -achadh, dress, clothe, decorate.

sgealb *n* (skyalap) -eilbe, -an *f* splinter.

sgeap *n* (skep) -ipe, -an *f* hive.

sgeig *n* (skek) -e *f* derision, ridicule. dèan sgeig *v* ridicule.

sgeigeil *a* (skekel) derisive.

sgeigeireachd n (skekerakhk) f mockery, burlesque.

sgeileid n (skelech) -e, -ean f saucepan.

sgeilp n (skelap) -e, -ean f shelf.

sgeir n (sker) -e, -ean f reef, shelf (rock).

sgeith n (skeh) -e m vomit(ing).

sgeith v (skeh) -eadh, vomit.

sgeul n (skeeal) sgeòil, -an m story, tale.

sgeulachd n (skeealakhk) -an f tale, fable.

sgeulaiche n (skeealikha) -ean m story-teller.

sgian n (skeean) -eine, sgeanan (skehnan) f knife.

sgiath n (skeea) -èithe, -an f wing; shield.

sgiathach a (skeeakh) winged.

sgiathaire n (skeeara) -ean m winger.

sgil n (skil) -e m skill.

sgileil a (skilel) skillful.

sgillinn n (skilin) -e, -ean f penny.

sgioba n (skeepa) -an m f crew, team.

sgiobair n (skeeper) -ean m skipper.

sgiobalta a (skeepalta) tidy.

sgiort n (skurt) -a, -an f skirt.

sgìos n (skeess) f fatigue, weariness.

sgìre n (skeera) -ean f parish, district.

sgìreachdail a (skeerakhkal) parochial.

sgìth a (skee) tired, weary.

sgitheach n (skeeakh) -eich m hawthorn.

sgitheachdail a (skeeakhkel) tire-some.

sgitheil a (skee-el) tiring, wearisome.

sgithich v (skeeikh) -eachadh, tire, fatigue.

sgiùrs v (skyoorss) -adh, scourge, lash.

sgiùrsair n (skyoorsser) -e, -ean m scourge.

sglèat n (skleht) -èait, -an m slate.

sglèatach a (sklehtakh) slatey.

sglèataich v (sklehtikh) -achadh, slate.

sglèatair n (sklehter) -ean m slater.

sgòd-siùil n (skoht shool) -òid, -an m sheet (sail).

sgoil n (skol) -e, -ean f school.

sgoilear n (skolar) -eir, -an m scholar, pupil.

sgoilearach a (skolarakh) scholastic.

sgoilearachd n (skolarakhk) f scholarship.

sgoilt v (skolch) sgoilt, split, cleave.

sgol v (skol) -adh, rinse.

sgoltadh n (skoltagh) -aidh, -aidhean m cleft.

sgonn n (skown) -uinn, -an m block.

sgòrnan n (skohrnan) -ain, -an m throat.

sgòrnanach a (skohrnanakh) bronchial.

sgoth n (sko) -a, -an m skiff.

sgoth-long n (-lowng) -uinge, -an f yacht.

sgraing n (skreng) -e, -ean f frown.

sgreab n (skrep) -a, -an f scab.

sgreabach a (skrepakh) scabby.

sgread n (skret) -a, -an m shriek, screech.

sgreadach a (skretakh) grating.

sgreamh n (skrev) -eimhe m loathing, disgust.

sgreamhaich v (skrevikh) -eachadh, disgust, nauseate.

sgreamhail a (skrevel) disgusting, nauseating.

sgreamhalachd n (skrevalakhk) f loathsomeness.

sgreuch v (skreeakh) sgreuch, scream, screech.

sgreuch n kreeakh) -a, -an m scream, screech.

sgreuchan-coille n (-colya) -ain, -an m jay.

sgrìob v (skreep) -adh, scrape, scratch.

sgrìob n (skreep) -a, -an f scrape, scratch; walk. gabh sgrìob v have a walk.

sgrìobach a (skreepakh) abrasive.

sgrìoban n (skreepan) -ain, -an m hoe.

sgrìobh v (skreev) -adh, write.

sgrìobhadair / sgrìobhaiche n (skreevater/skreevikha) -ean m writer.

sgrìobhadh n (skreevagh) -aidh, -aidhean m writing.

sgriobtar n (skriptar) -air, -an m scripture.

sgriobtarail a (skriptarel) scriptural.

sgrios n (skriss) -a, -an m destruction, ruin.

sgrios v (skriss) -adh, destroy, ruin.

sgriosadair n (skrissater) -ean m destroyer.

sgriosail a (skrissel) destructive, ruinous.

sgriubha n (skrooa) -achan f screw.

sgriubhaire n (skrooara) -ean m screwdriver.

sgròb v (skrohp) -adh, scratch.

sgròbadh n (skrohpagh) -aidh, -aidhean m scratch.

sgròban n (skrohpan) -ain, -an m crop (of a bird), gizzard.

sgrùd v (skroot) -adh, examine, scrutinise, audit, review.

sgrùdach a (skrootakh) critical.

sgrùdadh n (skrootagh) -aidh, -aidhean m examination, scrutiny, audit, review, criticism.

sgrùdair n (skriuter) -ean m critic, auditor.

sguab n (skooap) -aibe, -an f broom, brush, sheaf.

sguab v (skooap) -adh, sweep, brush.

sguir (de) v (skoor) sguir, cease, stop. sguir dheth! stop it!; sguir e de smocadh, he stopped smoking.

sgùird n (skoorch) -e, -ean f skirt.

shìos adv (heeass) down (stationary). tha e shìos an staidhre, he is downstairs.

shuas adv (hooass) up (stationary). tha e shuas an staidhre, he is upstairs.

's i (shee) short for is i. 's i Mairi a th' ann, it's Mary.

sia n and a (sheea) six.

sia-deug n and a (-jeeak) sixteen.

siab v (sheeap) -adh, wipe, drift.

siabadh n (sheeapagh) -aidh, -aidhean m drift.

siaban n (sheeapan) -ain m sand-drift, sea-spray.

siabann n (sheeapan) -ainn m soap.

sian n (sheean) m anything, something. chan fhaca mi sian, I did not see anything.

sianar n (sheeanar) six (persons).

siar a (sheear) western, oblique. Na h-Eileanan Siar, The Western Isles.

siaradh n (sheearagh) -aidh m obliqueness.

siathamh a (sheeav) sixth.

sibh pron (shiv) you (polite and pl).

sìde n (sheecha) f weather.

sil v (hil) -eadh, drip, drop.

sileadh n (shilagh) -idh, -idhean m drip.

sileagan n (shilakan) -ain, -an m jar.

silidh n (shilee) -ean m jam, jelly.

similear n (shimilar) -eir, -an m chimney.

sin demon pron (shin) that. iad sin, those; an sin, there, then; an leabhar sin, that book.

sìn v (sheen) -eadh, stretch, reach.

sine n (shina) -ean/-eachan f teat, nipple.

sine a (shina) (comp. of sean) older.

sinead n (shinat) -eid m seniority.

sìneadair n (sheenater) -ean m stretcher.

sìneadh n (sheenagh) -idh, -idhean m stretch.

sinn pron (sheen) we, us.

sinnsear n (sheenshar) -ir, -ean m ancestor.

sinnsearachd n (sheensharakhk) -an f ancestry.

sìnteag n (sheentak) -eige, -an f bound, stride.

siobhag n (sheevak) -aige, -an f wick.

siobhail v (sheevel) siobhalachd, civilise.

siobhalta a (sheevalta) civil. An t-Seirbheis Shìobhalta, The Civil Service.

siobhaltachd n (sheevaltakhk) -an f civilization, civility.

siobhaltair n (sheevalter) -ean m civilian.

sìothchail a (sheekhel) peaceful, peaceable.

sìothchaint n (sheekhanch) -e f peacefulness.

sìoda n (sheeta) -achan m silk.

sìodach a (sheetakh) silky.

sìol n (sheel) sìl m seed, progeny, sperm.

sìol-chuir v (-khoor) -chur, sow.

sìolachan n (sheelakhan) -ain, -an m filter, strainer.

sìolaich v (sheelikh) -achadh, seed.

sìolaidh v (sheelee) -adh, filter, strain, subside, settle.

sìon n (sheen) sìn, -ten m storm, climate. pl., the elements.

sionnach n (shoonakh) -aich m fox.

sìor a (sheer) continual.

sìor-mhaireannach a (-varamakh) perpetual.

sìor-mhaireannachd n (-varanakhk) f perpetuity.

102

siorraidh/siorram *n* (shoorahee/am) -ean/an *m* sheriff.

siorrachd/siorramachd *n* (shoorakhk / amakhk) -an *f* shire, county.

siorraidh *a* (sheeree) eternal. **gu sìorraidh**, for ever.

sìorraidheachd *n* (sheereeakhk) *f* eternity.

sìos *adv* (sheess) down, downwards. **tha mi a' dol sìos an staidhre**, I am going downstairs.

siosar *n* (sheessar) -aire, -an *f* scissors.

sir *v* (shir) -eadh, seek, search, request.

sireadh *n* (shiragh) -idh, idhean *m* search.

sirist *n* (shirishch) -e, -ean *f* cherry.

sìth *n* (shee) -e *f* peace, reconciliation.

sìtheachadh *n* (sheeakhagh) -aidh, -aidhean *m* pacification.

sìthean *n* (sheean) -ein, -an *m* hillock.

sitheann *n* (shian) -inne *f* venison.

sìthich *v* (sheeikh) -eachadh, pacify.

sitig *n* (shitik) -e, -ean *f* dunghill.

sitir *n* (shichir) -e *f* neigh. **dèan sitir** *v* neigh.

siubhail *v* (shooel) siubhal, travel.

siubhal *n* (shooal) -ail, siùbhlaichean *m* travel.

siùbhlach *a* (shoolakh) vagrant, swift.

siùcairinn *n* (shookarin) *m* saccharine.

siùcar *n* (shookar) -air *m* sugar.

siùcarach *a* (shookarakh) sugary.

siùdan *n* (shootan) -ain, -an *m* swing. **dèan siùdan** *v* swing.

siùrsach *n* (shoorssakh) -aiche, -aichean *f* whore.

siuthad *v def* (shooat) go on!

slabhraidh *n* (slavree) -e, -ean *f* chain.

slaightear *n* (slaheechar) -ir, -an *m* rogue, rascal, knave.

slàinte *n* (slahncha) *f* health. **Roinn na Slàinte**, Department of Health.

slàinteachail *a* (slahnchakhel) hygienic.

slàinteachas *n* (slahnchakhass) -ais *m* hygiene.

slàintealachd *n* (slahnchalakhk) *f* sanitation.

slàinteil *a* (slahnchel) sanitary, salutary.

slaman *n* (slaman) *m* curds.

slàn *a* (slahn) healthy, whole(some). **slàn leat**, goodbye, farewell.

slànaich *v* (slahnikh) -achadh, heal,

sure.

slànaighear *n* (slahneear) -ir *m* saviour.

slaod *v* (slaot) -adh, drag, pull, haul.

slaodach *a* (slaotakh) awkward, sluggish.

slaodadh *n* (slaotagh) -aidh, -aidhean *m* pull.

slat *n* (slat) -aite, -an *f* rod, twig, switch, wand, yard.

slat-tomhais *n* (-toish) *f* criterion.

sleagh *n* (slaogh) -a, -an *f* spear, javelin.

sleamhainn *a* (slevin) sleamhna, slippery.

sleamhnaich *v* (slevnikh) -achadh, slip, slide.

sleuchd *v* (sleeakhk) -achadh, kneel, prostrate.

sliabh *n* (sleeav) -èibhe, -èibhtean *m* moor.

sliasaid *n* (sleeassech) slèisde (slehshcha) slèisdean *f* thigh.

slige *n* (slika) -ean *f* shell.

slighe *n* (sleea) -ean *f* way, road, path.

slinnean *n* (slinan) -ein, -an *m* shoulder.

slìob *v* (sleep) -adh, stroke.

sliochd *n* (sleeakhk) -a, -an *m* offspring, progeny, tribe, seed.

slìogach *a* (sleekakh) sly.

slìom *a* (sleem) sleek.

sliseag *n* (slishak) -eige, -an *f* slice, rasher.

sloc *n* (slok) -uic, -an *m* pit, cavity.

sloinneadh *n* (sloinagh) -idh, -idhean *m* surname.

sloinnteachail *a* (slonchakhel) genealogical.

sloinntear *n* (slonchar) -an *m* genealogist.

sloinntearachd *n* (sloncharakhk) -an *f* genealogy.

sluagh *n* (slooagh) -uaigh *m* people, population, host, multitude.

sluagh-fhlaitheach *a* (-laheeakh) democratic.

sluagh-fhlaithear *n* (-laheear) -an *m* democrat.

sluagh-fhlaitheas *n* (-laheeass) -ais *m* democracy.

sluaghmhor *a* (slooavar) populous.

sluasaid *n* (slooassech) -aide, -ean *f* shovel.

103

slugadh *n* (slookagh) -aidh, -aidhean *m* gulp.

sluig *v* (slooik) slugadh, swallow.

smachd *n* (smakhk) *m* authority, control.

smachdaich *v* (smakhkikh) -achadh, punish.

smal *n* (smal) -ail *m* spot, stain.

smàl *v* (smahl) -adh, extinguish, put out.

smàladair *n* (smahlatar) -ean *m* extinguisher.

smàladh *n* (smahlagh) -aidh, -aidhean *m* extinction.

smaoin *n* (smaoin) -e, -tean *f* thought.

smaoinich (air) *v* (smaoinikh) -eachadh, think (of).

smàrag *n* (smahrak) -aige, -an *f* emerald.

smèid (air) *v* (smehch) -eadh, beckon, wave.

smeòrach *n* (smyohrakh) -aiche, -aichean *f* thrush.

smeur *n* (smeear) -a, -an *f* bramble.

smid *n* (smich) -e, -ean *f* syllable. cha tuirt e smid, he did not say a word.

smig *n* (smik) -e, -ean *m* chin.

smior *n* (smeear) -a *m* marrow.

smiorail *a* (smeerel) courageous, active.

smioralachd *n* (smeeralakhk) *f* mettle, courage.

smiùr *v* (smyoor) -adh, smear.

smodalan *n* (smotalan) -ain *m* fricassee.

smuain *n* (smooaheen) -e, -tean *f* thought.

smuainich *v* (smooaheenikh) -eachadh, think.

smùch *v* (smookh) -adh, snivel.

smùdan *n* (smootan) -ain, -an *m* ringdove.

smug *n* (smook) -uig, -an *m* phlegm.

smugach *a* (smookakh) mucous.

smugaid *n* (smookech) -e, -ean *f* spittle. tilg smugaid *v* spit, expectorate.

smugaideach *a* (smookechakh) catarrhal.

smùirnean *n* (smoornan) -ein, -an *m* mote, atom.

smùr *n* (smoor) -ùir *m* dross.

snagan-daraich *n* (snakan darikh) -ain, -an *m* woodpecker.

snaidhm *n* (snaheem) -e, -ean/-eannan *m* knot.

snaidhmeach *a* (snaheemakh) knotty.

snaidhmich *v* (snaheemikh) -eachadh, knot.

snàig *v* (snahk) snàg, creep.

snaigh *v* (snahee) -eadh, hew, cut down, whittle, carve.

snàithleach *n* (snahlakh) -ich *m* fibre.

snàmh *v* (snahv) snamh, swim, float.

snaoisean *n* (snaoshan) -ein *m* snuff.

snas *n* (snass) *m* neatness, trimness.

snasaich *v* (snassikh) -achadh, trim.

snasail *a* (snassel) neat.

snàthad *n* (snahat) -aide, -an *f* needle.

snàthainn *n* (snahin) -e, -ean *m* thread.

snàthlainneach *a* (snahlinakh) fibrous.

sneachd *n* (snekhk) -a *m* snow. cuir sneachd *v* snow.

sneachdach *a* (snekhkakh) snowy.

snigh *v* (snee) -eadh, drip.

snìomh *v* (sneev) snìomh spin, twist.

snìomhan *n* (sneevan) -ain, -an *m* spiral.

snìomhanach *a* (sneevanakh) spiral.

snodha-gàire *n* (snoa gahra) -an *m* smile. dèan snodha-gàire *v* smile.

snodhach *n* (snoakh) -aich *m* sap.

snuadh *n* (snooa) -aidh, -aidhean *m* aspect, complexion, appearance. cuir snuadh *v* put on make-up; stuth snuadhachaidh *m* make-up, cosmetics.

so-cheannsachadh *a* (so-khyanssakhagh) manageable.

so-chnàmh *a* (-khnahv) digestible.

so-dhèanamh *a* (-yenav) practicable.

so-dhìonta *a* (-yeenta) defensible.

so-fhaotainn *a* (-aotin) obtainable.

so-fhulang *a* (-oolang) tolerable.

so-ghluasad *a* (-ghlooassat) moveable.

so-ghiùlain *a* (-yoolan) portable.

so-làimhseachadh *a* (-laheesakhagh) tangible.

so-leaghadh *a* (-lyaoghagh) dissoluble.

so-leigheas *a* (-lyehass) curable.

so-leònta *a* (-lyohnta) vulnerable.

so-leughadh *a* (-lehvagh) legible.

so-leughtachd *n* (-lehtakhk) *f* legibility.

so-loisgeach *a* (-loshkakh) combustible.

so-lùbadh *a* (-loopagh) flexible.

so-mhaoin *n* (sovaoin) *f* assets.

104

so-mhathadh *a* (-vahagh) venial, pardonable.

so-òl *a* (-ohl) drinkable.

so-riaghladh *a* (-reealagh) governable, manageable.

so-roinn *a* (-roin) divisible.

so-ruithimeach *a* (-rooimakh) eurhythmic.

so-sheacaich *a* (-hekikh) collapsible.

so-sheòladh *a* (-hyohlagh) navigable.

so-thuigsinn *a* (-hookshin) intelligible, clear.

sòbhrach *n* (sohrakh) -aiche, -aichean *f* primrose.

soc *n* (sok) suic *m* ploughshare, snout.

socair *a* (soker) -e *f* ease. **rinn mi an obair air mo shocair,** I did the work leisurely; **air do shocair,** at your ease.

sochair *n* (sokher) -e, -ean *f* benefit, privilege.

socrach *a* (sokrakh) comfortable.

socraich *v* (sokrikh) -achadh, fix, determine.

sodal *n* (sotal) -ail *m* flattery. **dèan sodal** *v* flatter.

sògh *n* (sohgh) -òigh *m* luxury.

sòghail *a* (sohghel) luxurious.

soilleir *a* (solyer) clear, bright.

soilleireachd *n* (solyarakhk) *f* clearness, brightness.

soilleirich *v* (solyarikh) -eachadh, clear, brighten.

soillse *n* (solsha) -ean *f* light.

soillsich *v* (solshikh) -eachadh, light, enlighten.

soineannta *a* (sonyanta) naive.

soirbh *a* (sorav) easy.

soirbheachadh *n* (soravakhagh) -aidh, -aidhean *m* success, prosperity.

soirbheachail *a* (soravakhel) successful, prosperous.

soirbhich (le) *v* (soravikh) -eachadh, succeed. **shoirbhich leis anns gach nì,** he succeeded in everything.

sòisealach *n* and *a* (sohshalakh) -aich *m* socialist.

sòisealachd *n* (sohshalakhk) *f* socialism.

soisgeul *n* (soshkeeal) -eil *m* gospel.

soisgeulach *a* (sochkeealakh) evangelical.

soisgeulaiche *n* (soshkeealikha) -ean *m* evangelist.

soitheach *n* (soyakh) -ich, -ichean *m* vessel. **soithichean-crèadha** (-kreha) *m* crockery.

soitheamh *a* (soyav) -eimhe, gentle.

solair *v* (soler) solaradh, provide.

solar *n* (solar) -air, -an *m* provision, supply.

solarach *a* (solarakh) provident.

sòlas *n* (sohlass) -ais *m* consolation, solace.

solas *n* (solass) -ais *m* light.

son *n* (son) *m* cause, account. See **airson. air mo shon-sa,** on my account.

sona *a* (sona) happy.

sonas *n* (sonass) -ais -an *m* happiness.

sònraich *v* (sohnrikh) -achadh, ordain, specify.

sònraichte *a* (sohnrikhcha) special, particular.

sop *n* (sop) -uip, -an *m* wisp.

soraidh *n* (soree) *m* farewell. **soraidh leat,** farewell to you; **ghabh e soraidh leis,** he said goodby to him.

sorchan *n* (sorakhan) -ain, -an *m* trestle.

sòrn *n* (sohrn) -ùirn *m* flue.

spàin *n* (spahn) -e, -ean *f* spoon.

spàirn *n* (spahrn) -e *f* exertion, stress, struggle. **dèan spàirn** *v* (struggle, strive, exert oneself.

spàl *n* (spahl) -àil, -an *m* shuttle. **spàl fànais** (fahnish) space shuttle.

spàl-ite *n* (-icha) -ean *f* shuttlecock.

spàraig *v* (spahrek) -eadh, spar.

spàrr *n* (spahr) -a, -an *m* joist, roost.

spàrr *v* (spahr) -adh, thrust.

sparradh *n* (sparagh) -aidh, -aidhean *m* thrust.

spastach *n* and *a* (spastakh) -aich *m* spastic.

speach *n* (spekh) -a, -an *f* wasp.

speal *n* (spyal) -a, -an *f* scythe.

spealg *n* (spyalak) -eilge, -an *f* splinter.

spèil *v* (spehl) skate.

spèiliche *n* (spehlikha) -ean *m* skater.

speireag *n* (sperak) -eige, -an *f* sparrow-hawk.

spèis *n* (spehsh) -e *f* affection, fondness, attachment. **tha spèis aige dhi,** he is fond of her.

speuclairean n pl (speeaklaran) glasses, spectacles.

speur n (speear) -a m sky, heavens.

speur-sheòladair n (-hyohlater) -ean m aeronaut.

speur-shiubhal n (-hooal) -ail m space travel.

speuradair n (speearater) -ean m meteorologist, astrologer.

speuradaireachd n (speearatarakhk) f meteorology, astrology.

speurair n (speearer) -ean m spaceman.

spideag n (spijak) -eige, -an f nightingale.

spìocach a (speekakh) mean.

spìocaire n (speekara) -ean m miser.

spìocaireachd n (speekarakhk) f miserliness, meanness.

spìon v (speen) -adh, pluck, tug.

spionnadh n (speeanagh) -aidh m strength, vigour.

spiorad n (spirat) -aid, -an m spirit.

spioradachd n (spiratakhk) f spiritualism.

spioradail a (spiratel) spiritual.

spioradalachd n (spiratalakhk) f spirituality.

spìosrach a (speessrakh) spicy.

spìosradh n (speessragh) -aidh, -aidhean m spice.

spiris n (spirish) -e, -ean f roost.

spleadhach a (splaoghakh) splay-footed.

spleuchd v (spleeakhk) -adh, stare, gaze.

spliuchan n (splyookhan) -ain, -an m tobacco pouch.

spòg n (spohk) -òige, -an f paw, claw, spoke.

spolt v (spohlt) -adh, hack.

spong n (spong) -uing, -an m sponge; tinder.

spor n (spor) -uir, -an m spur; flint.

spor v (spor) -adh, spur.

sporan n (sporan) -ain, -an m purse.

spòrs n (spohrss) -a f sport, fun.

spoth n (spoh) m castration, gelding.

spoth v (spoh) spoth, castrate, geld.

spraidheadh n (spraheeagh) -idh, -idhean m shot.

sprèadh v (spraogh) -adh, burst, explode.

spreadhadh n (spraoghagh) -aidh, -aidhean m explosion, burst.

spreagadh n (sprekagh) -aodh m excitement.

sprèidh n (spreh) -e f cattle.

spreig v (sprek) -eadh, incite.

spreigeach a (sprekakh) active (gram.).

sprogaill n (sprokel) -e, -ean f dewlap.

sprùilleach n (sproolakh) -ich m crumbs.

sprùilleag n (sproolak) -eige, -an f crumb.

spùill v (spooil) -eadh, rob, plunder.

spùinn v (spooin) -eadh, plunder.

spùinneadair n (spooinatar) -ean m plunderer.

spùt v (spoot) -adh, spout, squirt.

srac v (srak) -adh, rend, tear. **srac às a chèile**, tear apart.

sracadh n (srakagh) -aidh, -aidhean m rent (in cloth etc.).

sradag n (sratak) -aige, -an f spark. **leig sradagan** v spark.

sràid n (srahch) -e, -ean f street.

sràid-thobar n (-hopar) -air, -thobraichean m f hydrant.

srann n (srown) -ainne, -an f snore, hum, whiz. **dèan srann** v snore.

srannartaich n (sranartikh) -e f snort.

srath n (srah) -a, an m valley.

sreang n (sreng) -einge, -an f string, line.

sreangaich v (srengikh) -achadh, string.

sreath n (sreh) -a, -an m series, lane (motorway), line, row, rank.

sreòthart n (sryoart) -airt, -an m sneeze. **dèan sreòthart** v sneeze.

srian n (sreean) -èine, srèinean f bridle.

sròl n (srohl) -òil, -an m satin.

sròn n (srohn) -òine, -an/sròintean f nose, promontory.

srùb n (sroop) -ùib, -an m spout.

srùban n (sroopan) -ain, -an m cockle.

sruth n (sroo) -a, -an m stream.

sruth-chruthach a (-khrooakh) stream-lined.

sruth-shoillseach a (-holshakh) fluorescent.

sruthan n (srooan) -ain, -an m streamlet.

sruthlaich v (sroolikh) -achadh, flush (toilet).

stàball n (stahpal) -aill, -an m stable.

stad n (stat) -a, -an m stop, cessation, pause. **cuir stad air** v stop; **tha a' chùis 'na stad**, the matter is in abeyance.

stad v (stat) stad/stadadh, stop, cease, pause.

staid n (stach) -e, -ean f state, condition, case.

staidhre n (staheera) staidhrichean f stair.

stailc n (stalik) -e, -ean f strike.

stàilinn n (stahlin) f steel. **stàilinn neo-mheirgeach**, stainless steel.

stairs(n)each n (starsh(n)akh) -ich, -ichean f threshold.

stàitealachd n (stahchalakhk) f stateliness.

stàiteil a (stahchel) stately.

stàitire n (stahchira) -ean m statesman.

stàitireachd n (stahchirakhk) f statesmanship.

staitistear n (statishcher) -an m statistician.

staitisteil a (statishchel) statistical.

staitistic n (statishchik) -e f statistics.

stalc n (stalak) -ailc m starch.

stamag n (stamak) -aige, -an f stomach.

stamh n (stav) -aimh m tangle (seaweed).

stàmp v (stahmp) -adh, stamp.

staoig n (staoik) -e, -ean f steak, chop.

staoin n (staoin) -e f tin.

starradh n (staragh) -aidh, -aidhean m bar, obstacle.

steall v (styowl) -adh, spout, squirt.

steallaire n (stelara) -ean m syringe.

stèidh n (steh) -e, -ean f foundation, base.

stèidheachadh n (stehakhagh) -aidh, -aidhean m establishment.

stèidhich v (stehikh) -eachadh, found, establish.

steud-each n (-ekh) -eich m racehorse.

stiall n (steeal) -èill, -an f streak, stripe.

stiallach a (steealakh) streaky.

stìopall n (steepal) -aill, -an m steeple.

stiorap n (steearap) -aip, -an m stirrup.

stiùbhard n (styooart) -aird, -an m steward.

stiùir v (styoor) -eadh, direct, steer, drive.

stiùir n (styoor) -e, -ean f rudder.

stiùireadair n (styoorater) -ean m steersman, helmsman.

stiùireadh n (styooragh) -aidh m steering, management.

stòbha n (stohva) -aichean f stove.

stoc n (stok) -uic m stock, trunk, scarf.

stoc-mhargaid n (-varkech) -e, -ean f stock-exchange.

stocaich v (stokikh) -achadh, stock.

stocainn n (stokin) -e, -ean f stocking.

stoidhle n (stoila) -ean f style.

stoirm n (storam) -e, -ean f storm.

stoirmeil a (storamel) stormy.

stòl n (stohl) -òil/ùil, -an m stool.

stòlda a (stohlta) sedate, grave.

stòr n (stohr) -òir m store.

stràc n (strahk) -aic, -an m accent (diacritic).

streap v (strep) streap, climb.

streapaiche n (strepikha) -ean m climber.

strì n (stree) f strife, contention, striving. **dèan strì** v strive.

strìochd v (streekhk) -adh, submit, yield, surrender, give in.

strìochdadh n (streekhkagh) -aidh, -aidhean m surrender.

strìopach n (streepakh) -aiche, -aichean f prostitute, whore.

strìopachail a (streepakhel) whorish.

strìopachas n (streepakhass) -ais m prostitution, fornication.

strìtheach a (streeakh) competitive.

stròdhail a (strohel) prodigal.

stròdhalachd n (strohalakhk) f prodigality.

strùidhear n (strooyar) -an m spendthrift.

strùidheil a (strooyel) lavish.

struth n (stroo) -a, -an m f ostrich.

stuadh n (stooagh) -aidhe, -an f wave; gable.

stuaim n (stooaheem) -e f moderation.

stuama a (stooama) moderate, temperate.

stuamachd n (stooamakhk) f temperance.

stùr n (stoor) -ùir m dust.

stuth n (stoo) -uith, -uithean m matter, material.

stuthail a (stooel) materialistic.

suaicheanta a (sooaheekhanta) remarkable, notable.

suaicheantas n (sooaheekhantass) -ais m badge, escutcheon, emblem.

suaimhneach a (sooaheevnyakh) -eiche, tranquil, quiet.

suaimhneas n (sooaheevnyass) -eis m tranquility, quiet.

suain n (sooaheen) -e f deep sleep, slumber.

suainealach a (sooaheenalakh) hypnotic, narcotic.

suainealachadh n (sooaheenalakhagh) -aidh m hypnotism.

suainealaiche n (sooaheenalikha) -ean m hypnotist.

suainealas n (sooaheenalass) -ais m hypnosis.

suaip n (sooaeep) -e, -ean f slight resemblance.

suairce a (sooaheerka) affable.

suarach a (sooarakh) insignificant, trifling, mean, contemptible.

suarachas n (sooarakhass) -ais m meanness.

suas adv (sooass) up. **rach suas staidhre**, go upstairs.

suath v (sooa) -adh, rub, wipe.

suathadh n (sooagh) -aidh, -aidhean m rub, massage, friction.

sùbailte a (soopalcha) supple, flexible, elastic.

sùbailteachd n (soopalchakhk) f suppleness, flexibility.

sùbh n (soo) -ùibh, -an m berry.

sùbh-craoibh n (-kraoiv) m raspberry.

sùbh-làir n (-laheer) m strawberry.

subhailc n (soovalak) -e, -ean f virtue.

subhailceach a (soovalkakh) virtuous.

sùgh n (soogh) -ùigh, -an m juice.

sùghach a (sooakh) absorbent.

sùghadh n (sooghagh) -aidh m suction, absorption.

sùghor a (sooghar) juicy.

sùgradh n (sookragh) -aidh m mirth.

suidh v (sooi) suidhe, sit. **dèan suidhe** v sit down.

suidhe n (sooya) m sitting.

suidheachadh n (sooyakhagh) -aidh, -aidhean m situation, settlement, site.

suidheachan n (sooyakhan) -ain, -an m seat.

suidhich v (sooyikh) -eachadh, settle, appoint, place, plant, set.

suids-chlàr n (sooich khlahr) -àir m switchboard.

sùigh v (sooi) sùghadh, suck, absorb, dry out, season.

sùil n (sool) -ùla, -ean f eye. **thoir deagh shùil air**, have a good look at.

sùil-chritheach n (-khriakh) -ich f quagmire.

suilbhir a (soolvir) cheerful.

sùileach a (soolakh) enterprising.

sùilich v (soolikh) -eachadh, anticipate.

sùileachadh n (soolakhagh) -aidh m anticipation.

suim n (sooim) -e, -eannan f sum, amount, quotation, regard. **gabh suim de/ann** v regard.

suipear n (sooipar) -ach, -an f supper.

suirghe n (soorya) f courtship, love-making, wooing. **dèan suirghe** v make love, court.

suirghiche n (soorikha) -ean m lover, wooer.

sùist n (soosht) -e, -ean f flail.

sùithe n (sooya) m soot.

sùitheach a (sooyakh) sooty.

sult n (soolt) -uilt m fat.

Sultain n **an t-Sultain** (an toolten) -e f September.

sultmhor a (sooltar) fat.

sultmhorachd n (sooltarakhk) f fatness.

sumainn n (soomin) -e, -ean f billow, surge.

sùnnd n (soont) m alacrity, mood, humour.

sùnndach a (soontakh) lively.

sùnndachd n (soontakhk) f liveliness.

sùrd n (soort) -ùird, alacrity.

suth n (soo) -an m embryo.

suthainn a (sooin) eternal.

T

t' (*asp*) *poss pron* (short for do before vowels and **fh**) **t' athair**, your father; **t' fhacal**, your word.

tàbhachdach *a* (tahvakhkakh) substantial.

tabhair *v* (taver) give. See **thoir**.

tabhairt *n* (taverch) *f* giving. See **toirt**.

tabhartas *n* (tavartass) -ais *m* presentation, donation, contribution, grant.

taca *n* (taka) *f* tack (naut.).

tacaid *n* (takech) -e, -ean *f* tack.

tacan *n* (takan) -ain, -an *m* a short time, while.

tachair (ri) *v* (takher) tachairt, happen (to).

tachais *v* (takhish) tachas, scratch.

tachas *n* (takhass) -ais *m* itch.

tachasach *a* (takhassakh) itchy.

tachd *v* (takhk) -adh, choke, strangle.

tadhail (air) *v* (taoel) tadhal, call on, visit. **thadhail e orm a-raoir**, he called in on me last night.

tagair *v* (taker) tagradh, plead, claim, advocate.

tagairt *n* (takerch) -e *f* claim.

tagh *v* (taogh) -adh, choose, select, elect.

taghach *a* (taoghakh) elective.

taghadair *n* (taoghater) -ean *m* elector.

taghadaireachd *n* (taoghatarakhk) *f* electioneering.

taghadh *n* (taoghagh) -aidh, -aidhean *m* election, choice, selection.

taghaidh *a* (taoghee) electoral.

taghan *n* (taoghan) -ain, -an *m* marten.

tagradh *n* (takragh) -aidh, -aidhean *m* proposal, pleading.

taibhse *n* (taheesha) -ean *m* f ghost.

taibhseil *a* (taheeshel) ghostly.

taic *n* (taheek) -e *f* support, prop, asset.

taicealachd *n* (taheekalakhk) *f* solidity.

taifeid *n* (tafech) -e, -ean *m* bowstring.

taigeis *n* (takish) -e, -ean *f* haggis.

taigh *n* (tahee) -e, -ean *m* house. **aig an taigh**, at home.

taigh-bainne *n* (-banya) *m* dairy.

taigh-ceàirde *n* (-kyarja) *m* factory.

taigh-chaoich *n* (-khaoikh) *m* lunatic asylum.

taigh-chearc *n* (-khyarak) *m* hen-house.

taigh-chon *n* (-khon) *m* kennel.

taigh-cluiche *n* (-klooikha) *m* theatre.

taigh-cùirte *n* (-koorshcha) *m* court-house.

taigh-eiridinn *n* (-erijin) *m* hospital.

taigh-leanna *n* (-lyana) *m* inn.

taigh-losgaidh *n* (-loskee) *m* crematorium.

taigh-òsda *n* (-ohsta) *m* hotel.

taigh-seinnse *n* (-shensha) *m* public house, pub.

taigh-staile *n* (-stala) *m* distillery.

taigh-stòir *n* (-stohr) *m* storehouse.

taigh-tasgaidh *n* (-taskee) *m* warehouse.

taigh-tionnsgain *n* (-choonsken) *m* factory.

tailceas *n* (talkass) -eis *m* reproach.

tailceasach *a* (talkassakh) reproachful.

tàileasg *n* (tahlesk) -eisg, -an *m* backgammon, chess.

tàillear *n* (tahlyar) -eir, -an *m* tailor.

tainead *n* (taheenat) -eid *m* thinness.

taing *n* (taheeng) -e *f* thanks.

taingealachd *n* (taheengalakhk) *f* thankfulness, gratitude.

taingeil *a* (taheengal) thankful.

tàir *n* (taheer) -e *f* contempt.

tair-bhrid *n* (-vrich) *m* cross-breed.

tair-dhealbh *n* (-yalav) -a, -an *m f* cross-section.

tair-sgrìobhadh *n* (-skreevagh) -aidh, -aidhean *m* transcription.

tair-thorrachadh *n* (-horakhagh) -aidh *m* cross-fertilisation.

tàireil *a* (tahral) mean, contemptible.

tairbeart *n* (taraparst) -eirte, -an *f* isthmus.

tairbhe *a* (tarava) *f* profit, advantage.

tairbheach *a* (taravakh) advantageous, beneficial.

tairbhich *v* (taravikh) -eachadh, profit.

tairg *v* (tarak) tairgse, offer, propose.

tairgse *n* (taraksha) -eachan *f* offer, proposal.

tàirneanach *n* (tahrnanakh) -aich *m* thunder.

tais *a* (tash) moist, damp, soft.

taisbeanadh *n* (tashpenagh) -aidh, -aidhean *m* revelation, show, exhibition.

taisbein *v* (tashpen) -eanadh, reveal, manifest, exhibit.

taisdeal *n* (tashtal) -eil, -an *m* travel.

taisdealaiche *n* (tashtalikha) -ean *m* traveller.

taise-dhìonte *a* (tasha yeenta) damp-proof.

taiseachd *n* (tashakhk) *f* moisture.

taisg *v* (tashk) tasgadh, deposit, hoard.

taisgear *n* (tashkar) -an *m* depositor.

taisich *v* (tashikh) -eachadh, moisten, damp, soften.

taitinn (ri) *v* (tachin) taitneadh, please, delight. **thaitinn e rium**, it pleased me.

taitneach *a* (tachnyakh) -eiche, pleasant, attractive, agreeable.

tàl *n* (tahl) -àil, -an *m* adze.

tàlaidh *v* (tahlahee) tàladh, entice, allure, soothe, lull.

talamh *n* (talav) talmhainn (talavin) -an *f* earth, land, soil.

tàlann *n* (tahlan) -ainn, -an *m* talent.

talla *n* (tala) -achan *m f* hall.

talmhaidh *a* (talavee) earthly, terrestrial.

tàmailt *n* (tahmalch) -e, -ean *f* insult, shame.

tàmh *n* (tàhv) -àimh *m* rest. **tha e 'na thàmh an-dràsda**, he is idle at present.

tana *a* (tana) thin, shallow.

tanaich *v* (tanikh) -achadh, thin.

tannasg *n* (tanask) -aisg *m* spirit, spectre.

taobh *n* (taov) -aoibh, -an *m* side. **a thaobh** (*gen*), regarding, concerning.

taobhach *a* (taovakh) lateral.

taobhan *n* (taovan) -ain, -an *m* rafter.

taois *n* (taosh) -e *f* dough.

taoisg *v* (taoshk) taosgadh, pump.

taoisnich *v* (taoshnikh) -eachadh, knead.

taoitear *n* (taochar) -ir, -an *m* tutor (in clan polity).

taom *n* (taom) -a, -annan *m* fit (anger etc.).

taom *v* (taom) -adh, pour.

taosgair *n* (taosker) -ean *m* pump.

tapachd *n* (tapakhk) *f* cleverness.

tapadh *n* (tapagh) -aidh, -aidhean *m* clever or heroic feat; thanks. **tapadh** (tapa) **leat**, thank you.

tapaidh *a* (tapee) clever; well-built.

tar-chaochail *v* (tar-khaokhel) -chaochladh, transmute.

tar-chruthair *n* (-khrooer) -ean *m* transformer.

tar-chuir *v* (-khoor) -chur, transmit. **tar-chur** *n m* transmission.

tar-chuirear *n* (-khoorar) -an *m* transmitter.

tar-dhìreadhail *a* (-yeeraghel) transcendent.

tarbh *n* (tarav) -airbh *m* bull.

tarbh-nathrach *n* (-narakh) *m* dragonfly.

tarbhach *a* (tarvakh) profitable, gainful, productive.

tarcais *n* (tarkish) -e, -ean *f* contempt.

tarcaiseach *a* (tarkashakh) -eiche, contemptuous.

targaid *n* (taragech) -e, -ean *f* target.

tàrmachan *n* (tahrmakhan) -ain -an *m* ptarmigan.

tàrmaich *v* (tahrmikh) -achadh, originate.

tarrag *n* (tarak) -aige, -an *f* nail.

tarrail *n* (tarel) subsidy.

tarraing *v* (taring) tarraing, pull, draw, attract, distil. **tarraing à**, tease; **thug e tarraing air**, he referred to it.

tarraing-banca *n* (-banka) -e, -ean *f* bank-draft.

tarraingeach *a* (taringakh) -eiche, attractive.

tarsannan *n* (tarssanan) -ain, -an *m* cross-beam.

tarsainn (air) *adv prep* (tarssin) across.

tart *n* (tarst) -airt *m* thirst (extreme).

tartmhor *a* (tarstar) thirsty.

tasdan *n* (tastan) -ain, -an *m* shilling.

tasgadh *n* (taskagh) -aidh, -aidhean *m* deposit, reserve.

tasgaidh *n* (taskee) -e, -ean *f* hoard.

tàth *v* (tah) -adh, cement.

tathaich *v* (taikh) -achadh, frequent.

tàthan *n* (tah-han) -ain *m* hyphen.

tàthchuid *n* (tahkhooch) -chodach, -chodaichean *f* ingredient.

110

tè *n* (cheh) *f* woman (also used as the numeral 'one' when referring to fem. nouns: **tè bhàn**, a blond (one); **tè bheag**, a whisky (a small one).

teachd *n* (chekhk) *m* arrival, coming.

teachd-a-steach *n* (-a styakh) *m* income, takings.

teachd-an-tìr *n* (-an cheer) *m* livelihood.

teachdaire *n* (chekhkara) -ean *m* messenger, courier.

teachdaireachd *n* (chekhkarakhk) -an *f* message, legation.

teadhair *n* (chaoer) teadhrach, teadhraichean *f* tether.

teagaisg *v* (chekishk) teagasg, teach, instruct.

teagamh *n* (chekav) -aimh, -an *m* doubt, suspense. **theagamh gu bheil e 'na chadal**, perhaps he is asleep.

teagasg *n* (chekask) -aisg, -an *m* teaching, pedagogy, instruction, doctrine.

teaghlach *n* (chowlakh) -aich, -aichean *m* family.

teagmhach *a* (chekfakh) doubtful.

teallach *n* (chelakh) -aich, -aichean *m* fireside, forge.

teampall *n* (chempal) -aill *m* temple.

teanchair *n* (chenkher) -e, -ean *m* pincers, vice.

teanga *n* (chenga) -an *m* tongue, language.

teann *a* (chown) tense, taut, tight, austere.

teann-dhealbh *n* (-yalav) -an *m* close-up.

teannachadh *n* (chanakhagh) -aidh, -aidhean *m* tension.

teannaich *v* (chenikh) -achadh, tighten, squeeze.

teanntachd *n* (chowntakhk) -an *f* austerity.

tearb *v* (cherap) -adh, separate.

tearc *a* (cherk) rare, scarce, few.

tearc-eun *n* (-eean) -eòin *m* phoenix.

tearmann *n* (chehrman) -ainn *m* protection, refuge, sanctuary.

teàrn *v* (charn) -adh, deliver.

teàrnadh *n* (charnagh) -aidh, -aidhean *m* deliverance, descent.

teàrr *n* (char) -a *f* tar.

tèarainn *v* (cherin) teàrnadh, save, rescue.

tèarainte *a* (cherincha) secure.

tèarainteachd *n* (cherinchakhk) *f* security.

teas *n* (chess) *m* heat.

teas-mheidh *n* (-veh) -e, -ean *f* thermometer.

teasach *a* (chessakh) calorific.

teasach *n* (chessakh) -aiche, -aichean *f* fever.

teasachadh *n* (chessakhagh) -aidh *m* heating.

teasaich *v* (chessikh) -achadh, heat.

teasraig *v* (chessrek) teasraiginn, rescue, save, deliver.

teasraiginn *n* (chessrakin) *f* rescue. **bàta-teasraiginn** *m* lifeboat.

teich *v* (chekh) -eadh, flee, escape.

teicheadh *n* (chekhagh) -idh, -idhean *m* flight, escape.

teicneolach *a* (teknyolakh) technical.

teicneòlach *n* (teknyohlakh) -aich *m* technician.

teicneolas *n* (teknyolass) -ais *m* technology.

tèid *v irr* (chehch) will go. See Appendix verb **rach**.

teile-chlòthair *n* (tela khloher) -ean *m* teleprinter.

teile-fhios *n* (-eess) *m* telecommunications.

teilebhisean *n* (televishan) *m* television.

teine *n* (chena) teintean *m* fire. **taigh 'na theine**, a house on fire; **cuir teine ri**, set fire to.

teine-chaithream *n* (-kharam) -eim *m f* fire-alarm.

teinne *n* (chenya) *f* severity.

teinnteach *a* (chenchakh) fiery.

teinntean *n* (chenchan) -ein *m* hearth.

teip *n* (tep) -ichean *m* tape.

teip-chlàradair *n* (-khlahrater) -ean *m* tape-recorder.

teirce *n* (cherka) *f* scarcity, fewness.

teirinn *v* (cherin) teàrnadh, descend, alight.

teisteanas *n* (cheshchanass) -ais *m* testimony, testimonial, certificate.

teò *v* (choh) teodhadh, heat.

teò-chridheach *a* (-khreeakh) -eiche, affectionate.

teòclaid *n* (chohklech) -ean *f* chocolate.

teòma *a* (chohma) expert.

teòmachd *n* (chohmakhk) *f* expertness, dexterity.

teòr *n* (chohr) -eòir *m* limit (speed etc.).

teothaich *v* (chohikh) -achadh, warm, heat.

teò-thaigh *n* (choh-hahee) -e, -ean *m* hothouse.

teth *a* (cheh) teotha, hot.

teud *n* (cheeat) -èid, -an *m* string (*mus.*).

teum *v* (cheeam) -adh, bite.

tha *v irr* (ha) is, are. See Appendix verb **bi**.

thabhair *v irr* (haver) give. See Appendix verb **thoir**.

thàinig *v irr* (hahnik) came. See Appendix verb **thig**.

thairis (air) *adv prep* (harish) over.

thall *adv* (howl) yonder, on the other side. **air a' cheann thall**, ultimately, in the end; **thall thairis**, abroad; **air taobh thall**, beyond.

thar *prep* (har) over, across, beyond. **an trìtheamh salm thar fhichead**, the twenty-third psalm.

theab *v def* (hep) **theab e tuiteam**, he almost fell.

theagamh *adv* (hekav) perhaps. **theagamh gu bheil e air falbh**, perhaps he is away.

thèid *v irr* (hehch) will go. See Appendix verb **rach**. **chaidh aca air mo chumail air ais**, they succeeded in detaining me; **tha mi an dòchas gun teid gu math leibh**, I hope you will get on all right; **theid leat nas fheàrr**, you will do better.

their *v irr* (her) will say. See Appendix verb **abair**.

theirig *v irr* (herik) go. See Appendix verb **rach**.

thig *v irr* (hik) will come. See Appendix verb **thig**. **thig ort pàigheadh air**, you will have to pay for it.

thoir *v irr* (hor) give, bring, take. See Appendix verb **thoir**. **thoir gàire air**, amuse; **thoir an aire air**, notice; **thug e air sin a dhèanamh**, he made him do that; **thoir seachad duais**, present a prize; **thoir gu buil** *v* implement.

thu *pers pron* (oo) you, thou, thee.

thuca *prep pron* (hooka) to them.

thugad *prep pron* (hookat) to you.

thugaibh *prep pron* (hookiv) to you.

thugainn *prep pron* (hookin) to us.

thugam *prep pron* (hookam) to me.

thuice *prep pron* (hooika) to her.

thuige *prep pron* (hooika) to him. **thuige seo**, by now.

thusa *pers pron* (oossa) emphatic form of **thu**.

tìde *n* (cheecha) *m* time. **ri tìde**, with time, eventually.

tighearna *n* (cheerna) -an *m* lord.

tighearnas *n* (cheernass) -ais *m* lordship.

tighinn *n* (cheein) coming. See Appendix verb **thig**. **Diluain seo tighinn**, next Monday; **seachdain Dihaoine seo tighinn**, Friday week.

tilg *v* (chilik) -eil, throw.

tilgeadair *n* (chilikatar) -ean *m* projector (film).

tilgeadh *n* (chilikagh) -idh, idhean *m* throw. **tilgeadh chrann** *m* ballot.

tìm *n* (cheam) -e, -ean/-eannan *f* time.

timcheall *adv prep* (chimikhal) around. **mu thimcheall a' chaisteil**, around the castle.

timcheall-ghèarr *v* (-yahr) -adh, circumcise.

timcheall-ghearradh *n* (-yaragh) -aidh *m* circumcision.

tinn *a* (chin) sick, ill.

tinne *n* (china) -ean/-eachan *f* link.

tinneas *n* (chinass) -ais *m* sickness, illness.

tiodhlac *n* (cheelak) -aic, -aicean *m* gift, present.

tiodhlaic *v* (cheelek) tiodhlacadh, bury.

tiodhlacadh *n* (cheelakagh) -aidh, -aidhean *m* burial, funeral.

tiomnadh *n* (cheemanagh) -aidh, -aidhean *m* bequest, will, testament. **An Seann Tiomnadh**, The Old Testament; **An Tiomnadh Nuadh**, The New Testament.

tiomnaich *v* (cheemanikh) -achadh, bequeath.

tiompan *n* (cheempan) -ain, -an *m* cymbal.

tionail *v* (cheenel) tional(adh) collect, gather.

112

tional n (cheenal) -ail, -an m collection.

tionndadh n (choondagh) -aidh, -aidhean m turn(ing).

tionndaidh (gu) v (choondahee) tionndadh, turn (to).

tionndaire n (choondara) -ean m transformer.

tionnsgail v (choonskel) -al, invent.

tionnsgal n (choonskal) -ail, -an m industry, invention.

tionnsgalach a (choonskalakh) industrial, inventive.

tionnsgalachd n (choonskalakhk) f industrialism.

tionnsgalair n (choonskaler) -ean m inventor.

tioram a (cheeram) tiorma, dry.

tioram-ghlan v (-ghlan) -adh, dry-clean.

tiormachd n (cheermakhk) f dryness, drought.

tiormadair n (cheermater) -ean m dryer.

tiormaich v (cheermikh) -achadh, dry.

tiotal n (cheetal) -ail, -an m title.

tiotan n (cheetan) -ain, -an m moment.

tìr n (cheer) -e, -ean f land.

tìr-imrich n (-imrikh) -e, -ean f colony.

tiugainn v def (chookin) come!, come on!

tiugh a (choo) tighe (cheea) thick.

tiughaich v (chooikh) -achadh, thicken.

tlachd n (tlakhk) f pleasure.

tlachdmhor a (tlakhkfar) pleasing.

tlàth a (tlah) mellow.

tlàths n (tlahss) -àiths m mellowness.

tnù n (tnoo) -a m envy.

tobar n (topar) -air, tobraichean m f well.

tochail v (tokhel) tochladh, quarry.

tòchd n (tohkhk) m unpleasant smell, stink.

tochradh n (tokhragh) -aidh, -aidhean m dowry.

tocsaid n (toksech) -e, -ean f hogshead.

todhar n (toar) -air, -an m manure, dung.

tog v (tok) -ail, lift, raise, rear, build, brew, withdraw (money). **tog an teine**, lay the fire; **tog an taigh**, build the house; **tha mi a' togail orm**, I am leaving.

togail n (tokel) -alach, -alaichean f structure.

togair v (toker) togradh, wish.

togalach n (tokalakh) -aich m building.

togradh n (tokragh) -aidh, -aidhean m wish, inclination.

toibheum n (toiveeam) -eim, -an m blasphemy.

toigh a (toi) -e, docha, pleasing. **is toigh leam** (sto loom) **cofaidh**, I like coffee; **an toigh leis** (an to lesh) **a bhith a' dannsadh? Is toigh** (stol), does he like dancing? Yes.

toil n (tol) -e, -ean f will. **mas e do thoil e**, if it is your will, please.

toil-inntinn n (-inchin) -e f pleasure.

toileach a (tolakh) -eiche, willing, voluntary.

toileachadh n (tolakhagh) -aidh m pleasure, satisfaction, gratification.

toileachas-inntinn n (tolakhass-inchin) -ais m contentment.

toilich v (tolikh) -eachadh, please, satisfy.

toilichte a (tolikhcha) pleased, glad.

toill v (toil) -tinn, deserve.

toillteanach a (toilchanakh) deserving.

toillteanas n (toilchanass) -ais, -an m desert(s).

tòimhseachan n (tohshakhan) -ain, -an m riddle, puzzle.

tòimhseachan-tarsainn n (-tarssin) m crossword puzzle.

toinisg n (tonishk) -e f sense.

toinn v (toin) -eamh, twist, twine.

toinntean n (toinchan) -ein, -an m twine.

toir v irr (tor) give. See Appendix verb **thoir**.

tòir n (tohr) -e, -ean f pursuit. **an tòir air**, in pursuit (search) of.

toirbheartach a (torvarstakh) munificent.

toirbheartas n (torvarstass) -ais m munificence.

toirm n (toram) -e, -ean f noise.

toirmeasg n (toramesk) -isg m prohibition.

toirmeasgach a (torameskakh) prohibitive.

toirmisg v (toramishk) toirmeasg, forbid, prohibit.

toiseach n (toshakh) -ich, -ichean m beginning, front, bow (of ship). **an toiseach**, at first; **ann an toiseach a'**

chàir, in the front of the car; **is i a dh'èirich air thoiseach**, she got up first; **rach air thoiseach**, go forward.

tòisich (air) *v* (toshikh) -eachadh, begin. **thòisich e air iasgach**, he began to fish.

toit *n* (toch) -e *f* smoke.

toitean *n* (tochan) -ein, -an *m* cigarette, fag.

toll *n* (towl) -uill *m* hole.

toll *v* (towl) -adh, bore, perforate, pierce.

tolladh *n* (tolagh) -aidh, -aidhean *m* perforation.

tolm *n* (tolam) -uilm, -an *m* knoll.

tom *n* (tom) -uim, -an/-annan *m* hillock.

tomad *n* (tomat) -aid, -an *m* quantity, bulk.

tomadach *a* (tomatakh) bulky, large.

tombaca *n* (tombaka) *m* tobacco.

tomhais *v* (toish) tomhas, measure, guess.

tomhas *n* (toass) -ais, -an *m* measure, mensuration, guage, guess.

tòn *n* (tohn) -òine, -an *f* anus, buttock.

tonn *n* (town) -uinn, -an *m* wave, billow.

tonn-luasgadh *n* (-looaskagh) -aidh, -aidhean *m* undulation.

torach *a* (torakh) fertile.

torachadh *n* (torakhagh) -aidh *m* fertilization.

torachas *n* (torakhass) -ais *m* fertility.

toradh *n* (toragh) -aidh, -aidhean *m* produce, production, fruit, result, consequence.

torc *n* (tork) -uirc *m* boar.

torman *n* (toraman) -ain, -an *m* murmur. **dèan torman** *v* murmur.

tòrr *n* (tohr) -a, -an *m* mound, heap.

torrach *a* (torakh) pregnant.

torrachas *n* (torakhass) -ais *m* gestation.

tosd *n* (tost) *m* silence.

tosdach *a* (tostakh) silent.

tosgaire *n* (toskara) -ean *m* ambassador, envoy.

tosgaireachd *n* (toskarakhk) -an *f* embassy.

trachdadh *n* (trakhkagh) -aidh *m* traffic.

tràchdas *n* (trahkhkass) -ais *m* thesis.

tràghadh *n* (trahagh) -aidh *m* ebb.

tràigh *v* (trahee) tràghadh, ebb.

tràigh *n* (trahee) tràgha(d), tràighean *f* sandy beach, shore.

tràigheadh *n* (traheeagh) -aidh, -aidhean *m* subsidence.

tràill *n* (trahl) -e, -ean *f* slave, drudge, addict.

tràillealachd *n* (trahlalakhk) *f* slavery, servitude, servility, drudgery.

tràilleil *a* (trahlel) slavish, servile.

traisg *v* (trashk) trasgadh, fast.

trannsa *n* (trownssa) -achan *f* passage, corridor, aisle.

traogh *v* (traogh) -adh, subside, exhaust.

traoghadh *n* (traoghagh) -aidh *m* exhaustion. **pìob thraoghaidh** *f* exhaust pipe.

traon *n* (traon) -a, -an *m* corncrake.

trasd(anach) *a* (trastanakh) diagonal.

trasdan *n* (trastan) -ain *m* diagonal.

trasg *n* (trask) -aisge, -an *f* fast.

trasgadh *n* (traskagh) -aidh *m* fasting.

tràth **n** (trah) -a/-àith, -an *m* time, season.

tràth *a* (trah) early. **mu thràth**, already.

tràth-nòin *n* (-nohin) *m* afternoon.

tràthail *a* (trahel) seasonable.

tre *prep* (tre) through.

treabh *v* (trev) -adh, plough, till.

treabhadas *n* (trevatass) -ais, economy. **treabhadas dealbhaichte**, planned economy.

treabhaiche *n* (trevikha) -ean *m* ploughman.

treallaich *n* (trelikh) -e, -ean *f* lumber, rubbish, accessory. **treallaichean**, baggage.

treas *a* (tress) third.

treibhdhireach *a* (trevyirakh) -eiche, sincere.

treibhdhireas *n* (trevyirass) -eis *m* sincerity.

trèig *v* (trehk) -sinn, leave, quit, forsake, desert.

treòrachadh *n* (tryohrakhagh) -aidh *m* guidance.

treòraich *v* (tryorikh) -achadh, guide, lead.

treubh *n* (treeav) -èibh -an/-achan *f* tribe.

treud n (treeat) -èid, -an m flock, herd.
treun a (treean) -èine, brave, valiant.
treunachas n (treeanakhass) -ais m
bravery.
trì n and a (tree) three.
trì-chasach a (-khassakh) three-legged.
trì-cheàrnach a (-khyarnakh) triangular.
trì-cheàrnag n (-khyarnak) -aige, -an f
triangle.
trì-bhileach n (-vilakh) -ich m trefoil.
trì-deug n and a (-jeeak) thirteen.
trì-dhualach a (-ghooalakh) three-ply.
trì-fhillte a (-ilcha) threefold, triple,
treble.
trì-fichead n and a (-fikhat) sixty.
trì-ficheadaibh a (-fikhatav) sixtieth.
triall v (treeal) triall, travel, depart,
commute.
trian n (treean) m a third.
Trianaid n (treeanech) -e f Trinity.
tric adv (trik) often, frequently. mar as
tric, usually, as a rule.
tricead n (trikat) -eid m frequency.
tricead àrd, high frequency.
trìd prep (treech) through.
trìd-shoilleir a (-holyer) transparent.
trioblaid n (treeblech) -e, -ean f trouble.
triobhuail v (treevooel) triobhualadh,
vibrate.
triobhualadh n (treevooalagh) -aidh,
-aidhean m vibration.
triubhas n (trooass) -ais, -an m trousers.
triùir (gen pl) n (trooir) three (of
persons). triùir mhac, three sons.
trobhad v def (troat) come here.
tròcair n (trohker) -e, -ean f mercy.
tròcaireach a (trohkarakh) -eiche,
merciful.
troid v (troch) trod, scold, nag.
troich n (troikh) -e, -ean m f dwarf.
troicheil a (troikhel) dwarfish.
troigh n (troi) -e, -ean f foot.
troimh (asp) prep (troi) through. troimh
'n là, by day.
troimh-chèile a (-khehla) confused.
troimhe prep pron (troya) through him.
troimhpe prep pron (troipa) through
her.
trom a (trown) truime, heavy.
trom-cheannach a (-khyownakh) drowsy.
trom-inntinneach a (-inchinakh) -eiche,
dull.
trom-laighe n (-lahya) m f nightmare.
trom-neul n (-neeal) -neòil, -an m
coma.
tromb n (tromp) -a, -an f jew's harp.
trombaid n (trompech) -e, -ean f trumpet.
tromhad prep pron (troat) through you.
tromhaibh prep pron (troiv) through
you (pol., pl).
tromhainn prep pron (troin) through us.
tromham prep pron (troam) through
me.
tromhpa prep pron (tropa) through
them.
trosg n (trosk) -uisg m cod.
trotan n (trotan) m trot. dèan trotan v
trot.
truacanta a (trooakanta)
compassionate, merciful, humane,
pitiful.
truacantas n (trooakantass) -ais m pity.
truagh a (trooagh) wretched, miserable.
truaghan n (trooaghan) -ain, -an m
wretch.
truaighe n (trooaya) -ean f misery.
truaill n (trooaheel) -e, -ean f sheath,
scabbard.
truaill v (trooaheel) -eadh, pollute,
defile.
truailleachd n (trooahellakhk) f
corruption.
truailleadh n (trooaheelagh) -idh m
pollution, defilement, impurity.
truaillte a (trooaheelcha) corrupt.
truas n (trooass) -ais m compassion,
pity. gabh truas de v pity.
truime n (trooima) f heaviness.
truimead n (trooimat) -eid m weightiness.
trùp n (troop) -a, -an m troop.
trùpair n (trooper) -ean m trooper.
trus v (trooss) -adh, tuck up, truss,
gather.
trusgan n (trooskan) -ain, -an m clothes,
clothing.
tu pers pron (too) you, thee, thou.
tuagh n (tooagh) -aighe, -an f axe.
tuaileas n (tooalass) -ais, -an m scandal.
tuainealach a (tooaheenalakh) dizzy,
giddy.
tuainealaich n (tooaheenalikh) -e f
dizziness, giddiness.

tuairream *n* (tooaram) -eime, -an *f* guess.
thoir tuaiream *v* guess.

tuairisgeul *n* (tooaheerishkel) -eil, -an *m* description.

tuairmeas *n* (tooaramass) -eis *m* conjecture. dèan tuairmeas *v* conjecture.

tuairnear *n* (tooarnar) -an *m* turner.

tuam *n* (tooam) -an *m* tomb.

tuar *n* (tooar) -air *m* hue, complexion.

tuarasdal *n* (tooarastal) -ail, -an *m* wages, salary, earnings.

tuarasdalaich *v* (tooarastalikh) -achadh, hire.

tuath *a* and *n* (tooa) north. Alba a Tuath, North Scotland; mu thuath, northward, in the north; tuath air Dun Eideann, north of Edinburgh.

tuath-cheathairn *n* (-khearn) -a *f* tenantry, peasantry.

tuathach *a* (tooa-akh) northern.

tuathanach *n* (tooa-hanakh) -aich *m* farmer.

tuathanachas *n* (tooa-hanakhass) -ais *m* agriculture.

tuathanas *n* (tooa-hanass) -ais *m* farm.

tuba *n* (toopa) -achan/-annan *f* tub.

tubaist *n* (toopasht) -e, -ean *f* accident, mishap.

tubaisteach *a* (toopashchakh) -eiche, accidental.

tubhailte *n* (tooalcha) -ean *f* towel.

tùchadh *n* (tookhagh) -aidh *m* hoarseness.

tùchanach *a* (tookhanakh) hoarse.

tudan *n* (tootan) -ain, -an *m* stack.

tug *v irr* (took) gave. See Appendix verb thoir.

tugh *v* (toogh) -adh, thatch.

tughadair *n* (tooghater) -ean *m* thatcher.

tughadh *n* (tooghagh) -aidh *m* thatch.

tuig *v* (took) -sinn, understand.

tuigse *n* (tooksha) *f* understanding, intelligence.

tuigseach *a* (tookskakh) understanding.

tuil *n* (tool) -e, -ean *f* flood, deluge, downpour.

tuil-dhoras *n* (-ghorass) -dhorsan *m* flood-gate.

tuil-sholas *n* (-holass) -ais *m* flood-light.

tuilleadh *n adv* (toolyagh) more. a

thuilleadh air, in addition to.

tuireadh *n* (tooragh) idh *m* lament, mourning. dèan tuireadh *v* lament, mourn.

tuireasg *n* (toorask) -isg, -an *m* saw.

tùirl *v* (toorl) tùirling, descend, land (of plane).

tùirse *n* (toorsha) *f* sorrow.

tùis *n* (toosh) -e, -ean *f* incense.

tuiseal *n* (tooshal) *m* case (*gram*). tuiseal ainmneach, nominative case; t. cuspaireach, accusative c.; t. seilbheach, genitive c.; t. tabhartach, dative c.; t. gairmeach, vocative c.

tuisleadh *n* (tooshlagh) -idh *m* stumble.

tuislich *v* (tooshlikh) -eachadh, stumble.

tuit *v* (tooth) -eam fall. tuit am broinn a chèile *v* collapse.

tuiteam *n* (toocham) -eim, -an *m* fall.

tuiteamach *a* (toochamakh) fortuitous, contingent, epileptic.

tuiteamas *n* (toochamass) -ais *m* chance.

tulach *n* (toolakh) -aich, -aichean *m* hillock.

tum *v* (toom) -adh, dip, plunge, immerse, duck.

tumadh *n* (toomagh) -aidh *m* dip, plunge, immersion, ducking.

tunna *n* (toona) -achan *f* tun.

tunnag *n* (toonak) -aige, -an *f* duck.

tùr *n* (toor) -ùir *m* tower.

tur *a* (toor) whole, absolute. gu tur, absolutely.

turadh *n* (tooragh) -aidh *m* fair weather. bha an t-uisge ann ach rinn i turadh, it was raining but it cleared up.

turaid *n* (toorech) -e, -ean *f* turret.

tùrsach *a* (toorssakh) sorrowful.

turtur *n* (toortar) -uire, -an *f* turtle.

turas *n* (toorass) -ais, -an *m* journey, expedition, occasion, time. a' chiad turas, the first time; fear-turais (toorish) *m* tourist; luchd-turais, tourists.

turasachd *n* (toorassakhk) *f* tourism.

tùs *n* (toos) -ùis *m* beginning, origin.

tusa *pres pron* (toossa) emphatic form of tu. is tusa a tha ann, it is you.

U

uabhar *n* (ooavar) -air *m* pride.

uachdar *n* (ooakhkar) -air, -an *m* top, surface, cream.

uachdrach *a* (ooakhkrakh) upper, superior.

uachdrachd *n* (ooakhkrakhk) *f* superiority.

uaibh *prep pron* (ooaheev) from you.

uaibhreach *a* (ooaheevrakh) -eiche, proud, haughty.

uaigh *n* (ooahee) -e, -ean *f* grave.

uaigneach *a* (ooaheegnakh) -eiche, solitary, lonely, private.

uaigneachd *n* (ooaheegnakhk) *f* loneliness, privacy.

uaigneas *n* (ooaheegnass) -eis *m* solitude.

uaim *n* (ooaheem) -e *f* alliteration.

uaine *a* (ooaheena) green.

uainfheòil *n* (ooaheenyohl) -eòla *f* lamb (meat).

uainn *prep pron* (ooaheen) from us.

uaipe *prep pron* (ooaheepa) from her.

uair *n* (ooer) -ach, -eannan *f* hour, time. **dè 'n uair a tha e?**, what time is it?; **uair**, one o'clock, once; **dà uair**, two o'clock, twice; **trì uairean**, three o'clock, three times; **dh'fheith iad uair a thìde (uair an uaireadair)**, they waited an hour; **mu dhà uair**, about two o'clock; **uair sam bith**, at any time; **an uair mu dheireadh**, last time; **an ceart uair**, presently; **uair eile**, again; **rinn e sin uair is uair**, he did that more than once/over and over again; **uaireannan**, sometimes.

uaireadair *n* (ooaratar) -e, -ean *m* clock, watch.

uaireigin *adv* (ooarekin) sometime.

uaisle *n* (ooaheeshla) *f* gentility.

uaisleachd *n* (ooaheeshlakhk) *f* nobleness.

uaislich *v* (ooaheeshlikh) -eachadh, ennoble.

uait *prep pron* (ooaheech) from you.

uaithe *prep pron* (ooaheea) from him.

uallach *n* (ooalakh) -aich, -an/-aichean *m* burden, concern. **ghabh i uallach mòr**, she was very concerned.

uallaich *v* (ooalikh) -achadh, burden.

uam *prep pron* (ooam) from me.

uamh *n* (ooav) -aimhe, -annan *f* cave.

uamhann *n* (ooavan) -ainn, -an *m* horror.

uamhasach *a* (ooavassakh) terrible, awful, atrocious.

uan *n* (ooan) uain (ooaheen) *m* lamb.

uapa *prep pron* (ooapa) from them.

uasal *a* (ooassal) uaisle, noble, genteel.

ubhal *n* (ooal) -ail, ùbhlan (oolan) *m* apple.

uchd *n* (ookhk) *m* breast, bosom.

uchd-mhacachd *n* (-vakakhk) -an *f* adoption.

uchd-mhacaich *v* (-vakikh) -achadh, adopt.

ud *adv* (oot) yonder, over there.

udalan *n* (ootalan) -ain, -an *m* swivel.

ugan *n* (ookan) -ain, -annan *m* collarbone.

ugh *n* (oo) uighe, uighean *m* egg.

ugh-lann *n* (-lown) -ainn, -an *f* ovary.

ùghdar *n* (ootar) -air, -an *m* author.

ùghdarras *n* (ootarass) -ais *m* authority, commission. **thoir ùghdarras** *v* authorise.

ùghdarrasail *a* (ootarassel) authoritative.

ùidh *n* (ooi) -e, -ean *f* interest. **tha ùidh aige ann an Gàidhlig**, he is interested in Gaelic; **tog ùidh ann** *v* create interest in.

uidh *n* (ooi) -e, -ean *f* step, degree. **uidh air n-uidh**, step by step, by degrees, little by little; **ceann-uidhe** *m* destination; **saor-uidhe** *m* freeway.

uidheam *n* (ooyam) -ime, -an *f* equipment, tackle. **uidheam bùird**, tableware.

uidheam-sgaoilidh *n* (-skaolee) *m* transmitter.

uidheamaich *v* (ooyamikh) -achadh, equip, furnish.

uil-eaglaiseil *a* (ooleklashel) ecumenical.

uil-fhiosrach *a* (ooleessrakh) omniscient, all-knowing.

uil-ìoc/an t-uil-ìoc *n* (an tooleek) *m* mistletoe.

uile *a* (oola) all. **thàinig iad uile**, they all came; **thàinig na h-uile**, all came; **tha na daoine uile an sin**, all the people are there; **a h-uile duine**, everyone; **a h-uile seachdain**, every week; **uile gu lèir**, altogether.

uile-choitcheannas *n* (-khochkhenass) -ais *m* universality.

uile-chumhachd *n* (-khooakhk) *f* omnipotence.

uile-chumhachdach *a* (-khooakhkakh) omnipotent, all-powerful.

uile-làthaireachd *n* (-laharakhk) *f* omnipresence.

uile-shluigeach *a* (-hlooikakh) omnivorous.

uileann *n* (oolan) -inn/-uillne, -an *f* elbow.

uilebheist *n* (oolaveshch) -e, -ean *m* monster.

uilinn *n* (ooilin) -e, -ean *f* angle.

uime *prep pron* (ooima) about him. **uime sin**, therefore.

uimhir *n* (ooihir) *f* amount. **a dhà uimhir**, double the amount.

uimpe *prep pron* (ooimpa) about her.

ùine *n* (oonya) *f* time. **chan eil ùine agam**, I have no time.

uinneag *n* (oonyak) -eige, -an *f* window.

uinnean *n* (oonyan) -ein, -an *m* onion.

uinnsean *n* (oonshan) -inn *m* ash tree.

ùir *n* (oor) -e/ùrach, -ean *f* soil, mould.

uiread *adv* (oorat) so much, so many. **uiread eile**, as much (many) again; **chan eil uiread de leabhraichean agamsa is a tha aig Seumas**, I do not have as many books as James; **dèan uiread 's as urrainn ('s a ghabhas)**, do as much as you can.

uireasbhaidh *n* (oorasfee) -e, -ean *f* want.

uirigh *n* (ooree) -e, -ean *f* couch.

uirsgeul *n* (oorskeeal) -eòil, -an *m* fiction, novel, fable, myth.

uirsgeulach *a* (oorskeealakh) fictitious, fabulous.

uiseag *n* (ooshak) -eige, -an *f* skylark.

uisge *n* (ooshka) -ean/-eachan *m* water. **tha an t-uisge ann**, it is raining.

uisge-beatha *n* (-be-ha) *m* whisky.

uisge-dhathan *n pl* (-gha-han) water-colours.

uisge-dhìonach *a* (-yeenakh) waterproof.

uisge-dhruim *n* (-ghrooim) -dhroma, -dhromannan *m* watershed.

uisgeachadh *n* (ooshkakhagh) -aidh *m* irrigation.

uisgich *v* (ooshkikh) -eachadh, water, irrigate.

uisgidh *a* (ooshkee) watery.

ulag *n* (oolak) -aige, -an *f* pulley.

ulaidh *n* (oolee) -e, -ean *f* treasure.

ulfhart *n* (oolarst) -airt *m* howl. **dèan ulfhart** *v* howl.

ullachadh *n* (oolakhagh) -aidh, -aidhean *m* provision, preparation.

ullachail *a* (oolakhel) preparatory.

ullaich *v* (oolikh) -achadh, prepare.

ullamh *a* (oolav) ready.

ullamhachd *n* (oolavakhk) *f* readiness.

ultach *n* (ooltakh) -aich, -aichean *m* armful.

umad *prep pron* (oomat) about you.

umaibh *prep pron* (oomiv) about you (pol., pl).

ùmaidh *n* (oomee) -ean *m* blockhead.

umainn *prep pron* (oomin) about us.

umam *prep pron* (oomam) about me.

umhail *a* (ooal) obedient, submissive, humble. **bi umhail do** *v* obey.

ùmhlachd *n* (oolakhk) *f* obedience, submission, allegiance.

ùmhlaich *v* (oolikh) -achadh, humble.

umpa *prep pron* (oompa) about them.

ung *v* (oong) -adh, anoint.

ungadh *n* (oongagh) -aidh, -aidhean *m* anointing.

ùnnsa *n* (oonssa) -aichean *m* ounce.

ùprait *n* (ooprech) -e, -ean *m* bustle, confusion.

ùr *a* (oor) new, recent, modern, fresh. **às ùr**, afresh.

ur *poss pron* (ur) your. See **bhur**.

ùr-fhas *n* (-ahss) -àis *m* bloom.

ur-labhradh *n* (-lavragh) -aidh *m* rhetoric.

ùrachd *n* (oorakhk) *f* freshness.

ùraich *v* (oorikh) -achadh, renovate, modernise, freshen.

ùralachd *n* (ooralakhk) *f* freshness.

urchair *n* (oorakher) -e, urchraichean *f* shot, cast, missile.

urchasg *n* (oorkhask) -aisg, -an *m* antidote.

ùrlar *n* (oorlar) -air, -an *m* floor.

ùrnaigh *n* (oornee) -e, -ean *f* prayer. **dèan ùrnaigh** *v* pray.

urra *n* (oora) -aidhean *f* person, authority. **an urra ri**, in charge of.

urrainn *n* (oorin) -ean *m* power, ability. **an urrainn dhut seo a dhèanamh?**, can you do this?; **'s urrainn**, yes; **chan urrainn**, no; **am b' urrainn dha tighinn a-màireach?**, could he come tomorrow?; **b' urrainn**, yes; **cha b' urrainn**, no; **cha b' urrainn dhomh gun gàire a dhèanamh**, I could not help laughing.

urram *n* (ooram) -aim *m* respect, reverence, honour, deference, dignity. **cuir urram air** *v* honour.

urramach *a* (ooramakh) reverend, honourable, venerable. **An t-Urramach Iain MacLeòid**, The Reverend John MacLeod.

urras *n* (oorass) -ais, -an *m* trust, insurance, bail. **An t-Urras Nàiseanta**, The National Trust; **airgead-urrais beatha/taighe/càir**, life/house/car insurance; **thoir urras air** v bail; **rach an urras do** *v* guarantee, assure.

urrasach *a* (oorassakh) trustworthy.

urrasachd *n* (oorassakhk) *f* trustworthiness, trusteeship.

urrasair *n* (oorasser) -ean *m* trustee.

ursainn *n* (oorssin) -e, -ean *f* doorpost, jamb.

usgar *n* (ooskar) -air, -an *m* jewel.

ùth *n* (oo) -a, -an/-annan *m* udder.

ùthan *n* (oohan) -ain *m* cyst.

APPENDIX: THE GAELIC VERB

The details given below apply to all verbs, regular and irregular. The irregular verbs in this Appendix are therefore presented in a less detailed form, and reference can be made to this first table for information regarding full meaning or use.

THE MODEL FOR REGULAR VERBS

The Verb **buail** (booal) strike
The VERBAL NOUN **bualadh** (booalagh), striking, is used to express the PRESENT TENSE:
Tha e a' bualadh He is striking.
The INFINITIVE **a bhualadh** (a vooalagh) means 'to strike':
Tha e a' dol a bhualadh He is going to strike.

FUTURE TENSE
buailidh (booalee) **mi** I will strike.
buailidh t(h)u you will strike (familiar).

buailidh e, i he, she will strike.
buailidh sinn we will strike.

buailidh sibh you will strike (polite or plural).
buailidh iad they will strike.
am buail mi? will I strike?
cha bhuail (vooal) **mi** I will not strike.

nach buail mi? will I not strike?
tha e ag ràdh gum buail mi he says that I will strike.
tha e ag ràdh nach buail mi he says that I will not strike.
ma bhuaileas (vooalass) **mi** if I (will) strike.
mur buail mi if I will not (do not) strike.

ged a bhuaileas mi though I (will) strike.
ged nach buail mi though I will not (do not) strike.

SUBJUNCTIVE MOOD
bhuailinn (vooalin) I would strike.
bhuaileadh (vooalagh) **tu** you would strike.
bhuaileadh e, i he, she would strike.
bhuaileamaid (vooalamech) we would strike.
bhuaileadh sibh you would strike.

bhuaileadh iad they would strike.
am buailinn? would I strike?
cha bhuailinn (vooalin) I would not strike.
nach buailinn? would I not strike?
tha e ag ràdh gum buailinn he says that I would strike.
tha e ag ràdh nach buailinn he says that I would not strike.
nam buailinn if I would strike, if I struck.
mur buailinn if I would not (did not) strike.
ged a bhuailinn though I would strike, though I struck.
ged nach buailinn though I would not (did not) strike.

The form **bhuaileas** is also used after the relatives **a** (who, whom) and **na** (what):
an duine a bhuaileas mi, the man whom I will strike.
chì mi na bhuaileas tu, I see what you will strike.

The FUTURE TENSE is used also to express an habitual present and the SUBJUNCTIVE MOOD to express an habitual past, hence the following different meanings:

buailidh mi   I will strike.
                     I strike.
                     I do strike.
buailidh e an cù gach là he strikes the dog every day.
bhuailinn   I would strike.
                     I struck.
                     I used to strike.
bhuaileadh iad an clann gu tric they struck their children often.

PAST TENSE

bhuail (vooal) **mi** I struck.
bhuail thu you struck.
bhuail e, i he, she struck.
bhuail sinn we struck.
bhuail sibh you struck.
bhuail iad they struck.
an do bhuail mi? did I strike?
cha do bhuail mi I did not struke.
nach do bhuail mi? did I not strike?
tha e ag ràdh gun do bhuail mi he says that I struck.
tha e ag ràdh nach do bhuail mi he says that I did not strike.
ma bhuail mi ⎫
                ⎬ if I struck
nan do bhuail mi ⎭
mur do bhuail mi if I did not strike.
ged a bhuail mi though I struck.
ged nach do bhuail mi though I did not strike.

IMPERATIVE MOOD

buaileam (booalam) let me strike!
buail strike! (familiar form).
buaileadh e, i let him, her strike.
buaileamaid (booalamech) let us strike!
buailibh (booaliv) strike! (plural or polite form).
buaileadh iad let them strike!

the particle **na** is used for the negative imperative:
na buail do not strike.
na buaileamaid let us not strike.

PASSIVE VOICE

These forms are the same for all persons:

Future	**Buailtear mi, thu** I, you shall be struck.
Past	**Bhuaileadh mi** I was struck.
Subjunctive	**Bhuailteadh** (vooalchagh) **mi** I would be struck.
Imperative	**Buailtear** (booalchar) **mi** let me be struck!

SPELLING

Because of the Gaelic spelling rule 'leathan ri leathan is caol ri caol' (broad to broad and slender to slender), slender vowels (**e**, **i**) must be followed by slender ones, and broad vowels (**a**, **o**, **u**) by broad. This need not affect pronunciation. If the last or only vowel of a verb's stem is broad, e.g. **cùm**, it will have different endings from those of buail.

FUTURE	**buailidh cumaidh**
	ma bhuaileas ma chumas
SUBJUNCTIVE	**bhuailinn chumainn**
	bhuaileadh chumadh
	bhuaileamaid chumamaid
IMPERATIVE	**buaileam cumam**
	buaileadh cumadh
	buaileamaid cumamaid
	buailibh cumaibh

DEPENDENT FORMS OF IRREGULAR VERBS

In the Subjunctive the dependent form of the verb takes the same endings as the independent form. Thus, although the dependent form is shown only in the first person singular the other persons will take the endings shown in the independent form.

For example **chì faic** see:

INDEPENDENT FORM	**DEPENDENT FORM**
chithinn	**faicinn**
chitheadh tu	**faiceadh tu**
chitheadh e, i	**faiceadh e, i**
chitheamaid	**faiceamaid**
chitheadh sibh	**faiceadh sibh**
chitheadh iad	**faiceadh iad**

am faiceadh tu? would you see?
chan fhaiceadh tu you would not see

BI (bee) be
VERBAL NOUN **bith** (bee) being
INFINITIVE **a bhith** (a vee) to be

FUTURE TENSE

bithidh (beehee) **mi** I will be
bithidh t(h)u you will be
bithidh e, i he, she will be
bithidh sinn we will be
bithidh sibh you will be
bithidh iad they will be

am bi mi? will I be?
cha bhì (vee) **mi** I will not be
nach bì mi? will I not be?

tha e ag ràdh gum bi mi he says that I will be
tha e ag ràdh nach bì mi he says that I will not be

ma bhitheas (veehass) **mi** if I will be
mur bi mi if I will not be

ged a bhitheas mi though I will be
ged nach bi mi though I will not be

PRESENT TENSE

tha (hah) **mi** I am
tha thu you are
tha e, i he, she is
tha sinn we are
tha sibh you are
tha iad they are

a bheil (vel) **mi?** am I?
chan eil (khanyel) **mi** I am not
nach eil mi? am I not?
tha e ag ràdh gu bheil mi he says that I am
tha e ag ràdh nach eil mi he says that I am not

ma tha mi if I am

mur eil mi if I am not

ged a tha mi though I am
ged nach eil mi though I am not

SUBJUNCTIVE MOOD

bhithinn (veein) I would be
bhitheadh (veeagh) **tu** you would be
bhitheadh e, i he, she would be
bhitheamaid (veeamech) we would be
bhitheadh sibh you would be
bhitheadh iad they would be

am bithinn? (beein) would I be?
cha bhithinn I would not be
nach bithinn? would I not be?

tha e ag ràdh gum bithinn he says that I would be
tha e ag ràdh nach bithinn he says that I would not be

nam bithinn if I was
mur bithinn if I was not

ged a bhithinn though I would be
ged nach bithinn though I would not be

PAST TENSE

bha (vah) *mi* I was
bha thu you were
bha e, i he, she was
bha sinn we were
bha sibh you were
bha iad they were

an robh (roh) *mi?* was I?
cha robh mi I was not
nach robh mi? was I not?
tha e ag ràdh gun robh mi he says that I was
tha e ag ràdh nach robh mi he says that I was not

ma bha mi
nan robh mi if I was

mur robh mi if I was not

ged a bha mi though I was
ged nach robh mi though I was not

123

IMPERATIVE MOOD

bitheam (beeham) let me be!
bi be!
bitheadh (beeagh) **e, i** let him, her be!
bitheamaid (beeamech) let us be!
bithibh (beeiv) be!
bitheadh iad let them be!
na bi do not be!
na bitheamaid let us not be!

IMPERSONAL FORMS

PRESENT	**that(h)ar** or **that(h)as a' dèanamh** it is being done.
PAST	**bhat(h)ar** or **bhat(h)as a' dèanamh** it was being done.
FUTURE	**bit(h)ear** or **bitheas a' dèanamh** it will be done.

ABAIR (aper) say
VERBAL NOUN **ràdh** (rah) saying
INFINITIVE **a ràdh** to say

FUTURE TENSE

their (her) **mi** I will say
their thu you will say
their e, i he, she will say
their sinn we will say
their sibh you will say
their iad they will say

an abair mi? will I say?
chan abair mi I will not say
nach abair mi? will I not say?

tha e ag ràdh gun abair mi he says that I will say
tha e ag ràdh nach abair mi he says that I will not say

ma their mi if I say
mur abair mi if I do not say

ged a their mi though I will say
ged nach abair mi though I will not say

SUBJUNCTIVE MOOD

theirinn (herin) I would say
theireadh (heragh) **tu** you would say
theireadh e, i he, she would say
theireamaid (heramech) we would say
theireadh sibh you would say
theireadh iad they would say

an abairinn (aperin)? would I say?
chan abairinn I would not say
nach abairinn? would I not say?

tha e ag ràdh gun abairinn he says that I would say
tha e ag ràdh nach abairinn he says that I would not say

nan abairinn if I said
mur abairinn if I did not say

ged a theirinn though I would say
ged nach abairinn though I would not say

124

PAST TENSE

thuirt or **thubhairt** (hooarch) **mi** I said.
thuirt thu you said.
thuirt e, i he, she said.
thuirt sinn we said.
thuirt sibh you said.
thuirt iad they said.

an tuirt or **tubhairt mi?** did I say?
cha tuirt mi I did not say.
nach tuirt mi? did I not say?

tha e ag ràdh gun tuirt mi he says that I said.
the e ag ràdh nach tuirt mi he says that I did not say.

ma thuirt mi
nan tuirt mi   if I said
mur tuirt mi if I did not say.

ged a thuirt mi though I said.
ged nach tuirt mi though I did not say.

IMPERATIVE MOOD

abaiream (aperam) let me say!
abair say!
abradh (apragh) **e, i** let him, her say!
abramaid (apramech) let us say!
abraibh (apriv) say!
abradh iad let them say!

na abair do not say.
na abramaid let us not say!

PASSIVE VOICE

FUTURE	**theirear** (herar) or **abrar** (aprar) **mi** I will be said.
PAST	**thuirteadh** *or* **thubhairteadh** (hooarchagh) **mi** I was said.
SUBJUNCTIVE	**theirteadh** (herchagh) **mi** I would be said.
IMPERATIVE	**abairtear** (aperchar) **mi** let me be said!

125

BEIR (behr) bear, catch
VERBAL NOUN **breith** (breh) bearing
INFINITIVE **a bhreith** (vreh) to bear

FUTURE TENSE

beiridh (behree) **mi** I will bear
beiridh t(h)u you will bear
beiridh e, i he, she will bear
beiridh sinn we will bear

beiridh sibh you will bear
beiridh iad they will bear

am beir mi? will I bear?
cha bheir (vehr) **mi** I will not bear
nach beir mi? will I not bear?

tha e ag ràdh gum beir mi he says that I will bear
tha iad ag ràdh nach beir mi they say that I will not bear
ma bheireas (vehrass) **mi** if I bear
mur beir mi if I do not bear

ged a bheireas mi though I will bear
ged nach beir mi though I will not bear

bheirinn (behrin) I would bear
bheireadh (vehragh) **tu** you would bear
bheireadh e, i he, she would bear
bheireamaid (vehramech) we would bear

bheireadh sibh you would bear
bheireadh iad they would bear

am beirinn (behrin)? would I bear?
cha bheirinn I would not bear
nach beirinn? would I not bear?

tha e ag ràdh gum beirinn he says that I would bear
tha iad ag ràdh nach beirinn they say that I would not bear
nam beirinn if I bore
mur beirinn if I did not bear

ged a bheirinn though I would bear
ged nach beirinn though I would not bear

PAST TENSE

rug (rook) **mi** I bore, caught.
rug thu you bore etc.
rug e, i he, she bore.
rug sinn we bore.
rug sibh you bore.
rug iad they bore.
an do rug mi? did I bear?
cha do rug mi I did not bear.
nach do rug mi? did I not bear?
tha e ag ràdh gun do rug mi he says that I bore.
tha e ag ràdh nach do rug mi he says that I did not bear.

ma rug mi
nan do rug mi   if I bore.

mur do rug mi if I did not bear.
ged a rug mi though I bore.
ged nach do rug mi though I did not bear.

IMPERATIVE MOOD

beiream (behram) let me bear!
beir bear!
beireadh (behragh) **e, i** let him, her bear!
beireamaid (behramech) let us bear!
beiribh (behriv) bear!
beireadh iad let them bear!

126

PASSIVE VOICE

FUTURE	**beirear** (behrar) **mi** I will be born(e).
PAST	**rugadh** (rookagh) **mi** I was born(e).
SUBJUNCTIVE	**bheirteadh** (vehrchagh) **mi** I would be born(e).
IMPERATIVE	**beirtear** (behrchar) **mi** let me be born(e)!

CLUINN (klaoin) hear.
VERBAL NOUN **cluinntinn** (klaoinchin) hearing.
INFINITIVE **a chluinntinn** (khlaoinchin) to hear.

Only the PAST TENSE of this verb is irregular. All other tenses follow the pattern of **buail:**

cluinnidh (klaoinyee) **mi** I will hear.
an cluinn (klaoin) *mi?* will I hear?

PAST TENSE

chuala (khooala) **mi** I heard.
chuala t(h)u you heard.
chuala e, i he, she heard.
chuala sinn we heard.
chuala sibh you heard.
chuala iad they heard.
an cuala (kooala) **mi?** did I hear?
cha chuala mi I did not hear.
nach cuala mi? did I not hear?
tha e ag ràdh gun cuala mi he says that I heard.
tha e ag ràdh nach cuala mi he says that I did not hear.
ma chuala mi
nan cuala mi if I heard.
mur cuala mi if I did not hear.
ged a chuala mi though I heard.
ged nach cuala mi though I did not hear.

DEAN (jen) do, make.
VERBAL NOUN **dèanamh** (jenav) doing, making.
INFINITIVE **a dhèanamh** (yenav) to do, to make.

FUTURE TENSE

nì (nyee) **mi** I will do, make
nì thu you will do
nì e, i he, she will do
nì sinn we will do
nì sibh you will do
nì iad they will do

an dèan mi? will I do
cha dèan mi I will not do

SUBJUNCTIVE MOOD

dhèanainn (yenin) I would do
dhèanadh (yenagh) **tu** you would do
dhèanadh e, i he she would do
dhèanamaid (yenamech) we would do
dhèanadh sibh you would do
dhèanadh iad they would do

an dèanainn (jenin)? would I do
cha dèanainn I would not do

nach dèan mi? will I not do?

nach dèanainn? would I not do?

tha e ag ràdh gun dèan mi he says that I will do

tha e ag ràdh gun dèanainn he says that I would do

tha e ag ràdh nach dèan mi he says that I will not do

tha e ag ràdh nach dèanainn he says that I would not do

ma nì mi if I do

nan dèanainn if I did

mur dèan mi if I do not do

mur dèanainn if I did not do

ged a nì mi though I do

ged a dhèanainn though I would do

ged nach dèan mi though I do not do

ged nach dèanainn though I would not do

PAST TENSE

rinn (raoin) **mi** I did, made.
rinn thu you did.
rinn e, i he, she did.
rinn sinn we did.
rinn sibh you did.
rinn iad they did.
an do rinn mi? did I do?
cha do rinn mi I did not do.
nach do rinn mi? did I not do?
tha e ag ràdh gun do rinn mi he says that I did.
tha e ag ràdh nach do rinn mi he says that I did not do.
ma rinn mi
nan do rinn mi   if I did.
mur do rinn mi if I did not do.
ged a rinn mi though I did.
ged nach do rinn mi though I did not do.

IMPERATIVE MOOD

dèanam (jenam) let me do!
dèan do!
dèanadh (jenagh) **e, i** let him, her do!
dèanamaid (jenamech) let us do!
dèanaibh (jeniv) do!
dèanadh iad let them do!

PASSIVE VOICE

FUTURE	**nithear** (neehar) **mi** I will be made.
PAST	**rinneadh** (raoinagh **mi** I was made.
SUBJUNCTIVE	**dhèantadh** (yentagh) **mi** I would be made.
IMPERATIVE	**dèantar** (jentar) **mi** let me be made!

FAIC (fek) see.
VERBAL NOUN faicinn (fekin) seeing.
INFINITIVE a dh' fhaicinn (ghekin) to see.

FUTURE TENSE

chì (khee) *mi* I will see
chì thu you will see
chì e, i he, she will see
chì sinn we will see
chì sibh you will see
chì iad they will see

am faic mi? will I see?
chan fhaic (ek) mi I will not see
nach fhaic mi? will I not see?
tha e ag ràdh gum faic mi he says that I
   will see
tha e ag ràdh nach fhaic mi he says that I
   will not see

ma chì mi if I see
mur faic mi if I do not see

ged a chì mi though I will see
ged nach fhaic mi though I will not see

SUBJUNCTIVE MOOD

chithinn (kheein) I would see
chitheadh (kheeagh) tu you would see
chitheadh e, i he, she would see
chitheamaid (kheeamech) we would see
chitheadh sibh you would see
chitheadh iad they would see

am faicinn? (fekin)? would I see?
chan fhaicinn (ekin) I would not see
nach fhaicinn? would I not see?
tha e ag ràdh gum faicinn he says that I
   would see
tha e ag ràdh nach fhaicinn he says that I
   would not see

nam faicinn if I saw
mur faicinn if I did not see

ged a chithinn though I would see
ged nach fhaicinn though I would not see

PAST TENSE

chunnaic (khoonik) mi I saw.
chunnaic thu you saw.
chunnaic e, i he, she saw.
chunnaic sinn we saw.
chunnaic sibh you saw.
chunnaic iad they saw.
am faca (faka) mi? did I see?
chan fhaca (aka) mi I did not see.
nach fhaca mi? did I not see?
tha e ag ràdh gum faca mi he says that I saw.
tha e ag ràdh nach fhaca mi he says that I did not see.
ma chunnaic mi
nam faca mi   if I saw.
mur faca mi if I did not see.
ged a chunnaic mi though I saw.
ged nach fhaca mi though I did not see.

IMPERATIVE MOOD

faiceam (fekam) let me see!
faic see!
faiceadh (fekagh) e, i let him, her see!
faiceamaid (fekamech) let us see!
faicibh (fekiv) see!
faiceadh iad let them see!

PASSIVE VOICE

FUTURE	**chithear** (kheear) **mi**	I will be seen.
PAST	**chunnacas** (khoonakass) **mi**	I was seen.
SUBJUNCTIVE	**chìteadh** (kheechagh) **mi**	I would be seen.
IMPERATIVE	**faictear** (fekchar) **mi**	let me be seen!

FAIGH (fahee) get, find.
VERBAL NOUN faighinn (faheein) or **faotainn** (faotin) getting, finding.
INFINITIVE a dh' fhaighinn (ghaheein) or **a dh' fhaotainn** (ghaotin) to get, to find.

FUTURE TENSE

gheibh (yaof) **mi** I will get
gheibh thu you will get
gheibh e, i he, she will get
gheibh sinn we will get

gheibh sibh you will get
gheibh iad they will get

am faigh mi? will I get?
chan fhaigh (ahee) **mi** I will not get
nach fhaigh mi? will I not get?

tha e ag ràdh gum faigh mi he says that I will get
tha e ag ràdh nach fhaigh mi he says that I will not get

ma gheibh mi if I get
mur faigh mi if I do not get

ged a gheibh mi though I will get
ged nach fhaigh mi though I will not get

SUBJUNCTIVE MOOD

gheibhinn (yaovin) I would get
gheibheadh (yaovagh) **tu** you would get
gheibheadh e, i he, she would get
gheibheamaid (yaovamech) we would get

gheibheadh sibh you would get
gheibheadh iad they would get

am faighinn? would I get
am faighinn? would I get?
nach fhaighinn? would I not get?

tha e ag ràdh gum faighinn he says that I would get
tha e ag ràdh nach fhaighinn he says that I would not get

nam faighinn if I got
mur faighinn if I did not get

ged a gheibhinn though I would get
ged nach fhaighinn though I would not get

PAST TENSE

fhuair (hooar) **mi** I got, found.
fhuair thu you got.
fhuair e, i he, she got.
fhuair sinn we got.
fhuair sibh you got.
fhuair iad they got.
an d' fhuair (dooar) **mi?** did I get?
cha d' fhuair mi I did not get.
nach d' fhuair mi? did I not get?
tha e ag ràdh gun d' fhuair mi he says that I got.
tha e ag ràdh nach d' fhuair mi he says that I did not get.
ma fhuair mi
nan d' fhuair mi if I got.
mur d' fhuair mi if I did not get.
ged a fhuair mi though I got.
ged nach d' fhuair mi though I did not get.

IMPERATIVE MOOD

faigheam (faheeam) let me get!
faigh get!
faigheadh (faheeagh) e, i let him, her get!
faigheamaid (faheeamech) let us get!
faighibh (faheeiv) get!
faigheadh iad let them get!

PASSIVE VOICE

FUTURE	gheibhear (yaovar) mi I will be got, found.
PAST	fhuaradh (hooaragh) or fhuaras (hooarass) mi I was got.
SUBJUNCTIVE	gheibhteadh (yaoftagh) mi I would be got.
IMPERATIVE	faightear (faheechar) mi ket ne be git!

RACH (rakh; go.
VERBAL NOUN dol (dol) going.
INFINITIVE a dhol (ghol) to go.

FUTURE TENSE	SUBJUNCTIVE MOOD
thèid (hehch) mi I will go	rachainn (rakhin) I would go
thèid thu you will go	rachadh (rakhagh) tu you would go
thèid e, i he, she will go	rachadh e, i he, she would go
thèid sinn we will go	rachamaid (rakhamech) we would go
thèid sibh you will go	rachadh sibh you would go
thèid iad they will go	rachadh iad they would go
an tèid (chehch) mi? will I go?	an rachainn would I go?
cha tèid mi I will not go	cha rachainn I would not go
nach tèid mi? will I not go?	nach rachainn? would I not go?
tha e ag ràdh gun tèid mi he says that I will go	tha e ag ràdh gun rachainn he says that I would go
tha e ag ràdh nach tèid mi he says that I will not go	tha e ag ràdh nach rachainn he says that I would not go
ma thèid mi if I go	nan rachainn if I went
mur tèid mi if I do not go	mur rachainn if I did not go
ged a thèid mi though I will go	ged a rachainn though I would go
ged nach tèid mi though I will not go	ged nach rachainn though I would not go

PAST TENSE

chaidh (khahee) **mi** I went.
chaidh thu you went.
chaidh e, i he, she went.
chaidh sinn we went.
chaidh sibh you went.
chaidh iad they went.
an deach (jekh) **mi?** did I go?
cha deach mi I did not go.
nach deach mi? did I not go?
ma chaidh mi
nan deach mi   if I went.
mur deach mi if I did not go.
ged a chaidh mi though I went.
ged nach deach mi though I did not go.

IMPERATIVE MOOD

racham (rakham) let me go!
rach go!
rachadh e, i let him, her go!
rachamaid let us go!
rachaibh (rakhiv) go!
rachadh iad let them go!

RUIG (raoik) reach, arrive at.
VERBAL NOUN **ruigsinn** (raoikshin) reaching.
INFINITIVE **a ruigsinn** to reach.

FUTURE TENSE

ruigidh (raoikee) **mi** I will read
ruigidh tu you will reach
ruigidh e, i he, she will reach
ruigidh sinn we will reach

ruigidh sibh you will reach
ruigidh iad they will reach

an ruig mi? will I reach?
cha ruig mi I will not reach
nach ruig mi?

tha e ag ràdh gun ruig mi he says that I will reach
tha e ag ràdh nach ruig mi he says that I will not reach

ma ruigeas (raoikass) **mi** if I reach
mur ruig mi if I do not reach

ged a ruigeas mi though I will reach
ged nach ruig mi though I will not reach

SUBJUNCTIVE MOOD

ruiginn (raoikin) I would reach
ruigeadh (raoikagh) **tu** you would reach
ruigeadh e, i he, she would reach
ruigeamaid (raoikamech) we would reach
ruigeadh sibh you would reach
ruigeadh iad they would reach

an ruiginn? would I reach?
cha ruiginn I would not reach
nach ruiginn? would I not reach?

tha e ag ràdh gun ruiginn he says that I would reach
tha e ag ràdh nach ruiginn he says that I would not reach

nan ruiginn if I reached
mur ruiginn if I did not reach

ged a ruiginn though I would reach
ged nach ruiginn though I would not reach

PAST TENSE

ràinig (rahnik) **mi** I reached.
ràinig **thu** you reached.
ràinig **e, i** he, she reached.
ràinig **sinn** we reached.
ràinig **sibh** you reached.
ràinig **iad** they reached.
an d' ràinig (drahnik) **mi?** did I reach?
cha d' ràinig mi I did not reach.
nach d' ràinig mi? did I not reach?
tha e ag ràdh gun d' ràinig mi he says that I reached.
tha e ag ràdh nach d' ràinig mi he says that I did not reach.
ma ràinig mi
nan d' ràinig mi if I reached.
mur d' ràinig mi if I did not reach.
ged a ràinig mi though I reached.
ged nach d' ràinig mi though I did not reach.

IMPERATIVE MOOD

ruigeam (raoikam) let me reach!
ruig reach!
ruigeadh e, i let him, her reach!
ruigeamaid let us reach!
ruigibh (raoikiv) reach!
ruigeadh iad let them reach!

PASSIVE VOICE

FUTURE	**ruigear** (raoikar) **mi**	I will be reached.
PAST	**ràinigeadh** (rahnikagh) **mi**	I was reached.
SUBJUNCTIVE	**ruigteadh** (raoikchagh) **mi**	I would be reached.
IMPERATIVE	**ruigtear** (raoikchar) **mi**	let me be reached!

THIG (heek) come.
VERBAL NOUN **tighinn** (cheein) coming.
INFINITIVE **a thighinn** (heein) to come.

FUTURE TENSE

thig mi I will come
thig thu you will come
thig e, i he, she will come

thig sinn we will come

thig sibh you will come
thig iad they will come

an tig (cheek) **mi?** will I come?

SUBJUNCTIVE MOOD

thiginn (heekin) I would come
thigeadh (heekagh) **tu** you would come
thigeadh e, i he, she would come

thigeamaid (heekamech) we would come

thigeadh sibh you would come
thigeadh iad they would come

an tiginn (cheekin)? would I come

133

FUTURE TENSE

cha tig mi I will not come
nach tig mi? will I not come?

tha e ag ràdh gun tig mi he says that I will come

tha e ag ràdh nach tig mi he says that I will not come

ma thig mi if I come
mur tig mi if I do not come

ged a thig mi though I will come
ged nach tig mi though I will not come

SUBJUNCTIVE MOOD

cha tiginn I would not come
nach tiginn? would I not come?

tha e ag ràdh gun tiginn he says that I would come

tha e ag ràdh nach tiginn he says that I would not come

nan tiginn if I came
mur tiginn if I did not come

ged a thiginn though I would come
ged nach tiginn though I would not come

PAST TENSE

thàinig (hahnik) **mi** I came.
thàinig thu you came.
thàinig e, i he, she came.
thàinig sinn we came.
thàinig sibh you came.
thàinig iad they came.
an tàinig (tahnik) **mi?** did I come?
cha tàinig mi I did not come.
nach tàinig mi? did I not come?
tha e ag ràdh gun tàinig mi he says that I came.
tha e ag ràdh nach tàinig mi he says that I did not come.

ma thàinig mi
nan tàinig mi   if I came.

mur tàinig mi if I did not come.
ged a thàinig mi though I came.
ged nach tàinig mi though I did not come.

IMPERATIVE MOOD

thigeam (heekam) let me come!
thig come!
thigeadh e, i let him, her come!
thigeamaid let us come!
thigibh (heekiv) come!
thigeadh iad let them come!

THOIR (hor) or THABHAIR (havar) give, take, bring.
VERBAL NOUN **toirt** (torch) or **tabhairt** (tavarch) giving.
INFINITIVE **a thoirt** (horch) or **a thabhairt** (havarch) to give.

FUTURE TENSE

bheir (ver) **mi** I will give, take, bring
bheir thu you will give
bheir e, i he, she will give
bheir sinn we will give
bheir sibh you will give
bheir iad they will give

an toir mi? will I give?
cha toir mi I will not give
nach toir mi? will I not give?

tha e ag ràdh gun toir mi he says that I will give
tha e ag ràdh nach toir mi he says that I will not give

ma bheir mi if I give
mur toir mi if I do not give

ged a bheir mi though I will give
ged nach toir mi though I will not give

SUBJUNCTIVE MOOD

bheirinn (verin) I would give etc.
bheireadh (veragh) **tu** you would give
bheireadh e, i he, she would give
bheireamaid (veramech) we would give
bheireadh sibh you would give
bheireadh iad they would give

an toirinn (torin)? would I give
cha toirinn I would not give
nach toirinn? would I not give?

tha e ag ràdh gun toirinn he says that I would give
tha e ag ràdh nach toirinn he says that I would not give

nan toirinn if I gave
mur toirinn if I did not give

ged a bheirinn though I would give
ged nach toirinn though I would not give

PAST TENSE

thug (hook) **mi** I gave, took, brought.
thug thu you gave.
thug e, i he, she gave.
thug sinn we gave.
thug sibh you gave.
thug iad they gave.
an tug (took) **mi?** did I give?
cha tug mi I did not give.
nach tug mi? did I not give?
tha e ag ràdh gun tug mi he says that I gave.
tha e ag ràdh nach tug mi he says that I did not give.
ma thug mi
nan tug mi if I gave.
mur tug mi if I did not give.
ged a thug mi though I gave.
ged nach tug mi though I did not give.

IMPERATIVE MOOD

thoiream (horam) let me give!
thoir give!
thoireadh e, i let him, ger give!
thoireamaid (horamech) let us give!
thoiribh (horiv) give!
thoireadh iad let them give!

PASSIVE VOICE

FUTURE	**bheirear** (verar) **mi** I will be given.
PAST	**thugadh** (hookagh) **mi** I was given.
SUBJUNCTIVE	**bheirteadh** (verchagh) **mi** I would be given.
IMPERATIVE	**thoirtear** (horchar) **mi** let me be given!

AINMEAN PEARSANTA/ PERSONAL NAMES

When calling people by name or addressing them in correspondence the Vocative case is used. In practice this is the Genitive form preceded by the particle **a** elided before vowels.

Examples: **A Mhàiri** (a vahree) Mary! or Dear Mary.
A Sheumais (a hehmish) James! or Dear James.
Iain (eeaheen) John! or Dear John.

FIR/MEN

Ailean (alan) -ein, Alan.
Alasdair (alaster) -air, Alexander.
Anndra (owndra) Andrew.
Aonghas (unaoass) -ais, Angus.
Cailean (kalan) -ein, Colin.
Calum (kalam) -uim, Malcolm.
Coinneach (konyakh) -ich, Kenneth.
Dàibhidh (daheevee) David.
Diarmad (jeermat) -aid, Dermid.
Dòmhnall (dohal) -aill, Donald.
Donnchadh (donakha) -aidh, Duncan.
Dùbhghlas (dooghlass) -ais, Douglas.
Dùghall (dooal) -aill, Dugald.
Eachann (yekhan) -ainn, Hector.
Eanraig (yowrek) Henry.
Eòghainn (yoheen) Ewen.
Fearchar (farakhar) -air, Farquhar.
Fearghas (feraghass) -ais, Fergus.
Fionnlagh (fyoonlagh) -aigh, Finlay.
Gilleasbuig (gilespik) Archie.
Iain (eeaheen) John.
Iomhar (eevar) -air, Edward.
Mata (mata) Matthew.
Mìcheil (meekhel) Michael.
Murchadh (murakhagh) -aidh, Murdo.
Niall (neel) -eill, Neil.
Pàdraig (pahdrek) Patrick, Peter.
Pàrlan (paralan) -ain, Bartholomew.
Pòl (pohl) -òil, Paul.
Raghnall (raoal) -aill, Ranald, Ronald.
Raibeart (raperch) -eirt, Robert.

Ruairidh/Ruaraidh (rooaree) Roderick, Derick.
Seòras (shohrass) -ais, George.
Seumas (shehmass) -ais, James.
Somhairle (soarla) Samuel.
Teàrlach (charlakh) -aich, Charles.
Tòmas (tohmass) -ais, Thomas.
Tormod (toramot) -oid, Norman.
Torcall (torkal) -aill, Torquil.
Uilleam (oolyam) -eim, William.
Uisdean (ooshjan) -ein, Hugh.

MNATHAN/WOMEN

Anna (ana) Ann, Anne, Annie.
Beathag (beak) -aig, Sophie, Rebecca.
Cairistìona (karishcheeana) Christina, Christine.
Caitrìona (katreeana) Catherine.
Ealasaid (yelasech) Elizabeth.
Eilidh (elee) Helen.
Frangag (frahngak) -aig, Frances.
Mairead (maheerat) -eid, Margaret.
Màiri (mahree) Mary.
Marsaili (marssalee) Marjory.
Mòr, Mòrag (mohr(ak)) -òir, -aig, Marion, Sarah.
Oighrig (oirik) Euphemia, Effie.
Raonaid (raonech) Rachel.
Seònaid (shohnech) Janet.
Sìne (sheena) Jean, Jane.

NA SLOINNIDHEAN/SURNAMES

In the following the prefix **Mac** means 'son of'. Women's surnames have the prefix **Nic** (nik) signifying 'daughter of'.

Examples: **Iain MacCoinnich** John Mackenzie.
           Anna NicCoinnich Anne Mackenzie.
The Genitive of **Mac** is **Mhic** (veek).
Example: **Faclair MhicCoinnich** Mackenzie's Dictionary.

Bochanan (bokhanan) Buchanan.
Caimbeul (kaheembal) Campbell.
Camshron (kamaron) Cameron.
Ceannadach (kenatakh) Kennedy.
Deòir (johr) Dewar.
Dòmhnallach (dohnalakh) MacDonald.
Friseal (frishal) Fraser.
GilleChrìost (geelakhreest) Gilchrist.
GillEasbuig (gilespik) Gillespie.
Grannda (grownta) Grant.
Mac a' Bhreatannaich (makavretanikh) Galbraith.
Mac a' Bhriuthainn (makavrooeen) MacBrayne, Brown.
Mac a' Ghobhainn (makaghoeen) Smith, MacGowen.
Mac a' Phearsain (makafersen) MacPherson.
Mac a' Phì (makafee) MacPhee.
MacAmhlaigh (makowlahee) MacAulay.
Mac an Aba (makanapa) Macnab.
Mac an Fhleisteir (makanleshcher) Fletcher.
Mac an Lèigh (makanlay) Livingston(e).
Mac an t-Sagairt (makantakerch) Mactaggart.
Mac an t-Saoir (makantaor) Macintyre.
Mac an Tòisich (makantohshikh) Macintosh.
MacAoidh (makaoee) Mackay.
MacAonghais (makanaosh) Macinnes.
MacArtair (makarster) MacArthur.
MacAsgaill (makaskil) MacAskill.
MacCalmain (makalamen) Murchison.
MacCoinnich (makonyikh) Mackenzie.
MacDhòmhnaill (makghohil) MacDonald.
MacDhonnchaidh (makghonakhee) MacConnochie, Robertson.
MacDhùghaill (makghooil) MacDougal.

MacEòghainn (makyohin) MacEwen.
MacFhearchair (makerakher) Farquharson, Carrocher.
MacFhearghais (makeraghish) Ferguson.
MacFhionghuin (makinaghaoin) Mackinnon.
MacFhionnlaigh (makyoonlahee) Macinlay.
MacGilleathain (makgilaheen) Maclean.
MacGilleDhuibh (makyeelaghaoi) Blackie.
MacGillIosa (makgileeassa) Gillies.
MacGriogair (makgreeker) MacGregor.
MacGumaraid (makgoomarech) Montgomery.
MacIain (makeeaheen) Johnston.
MacIomhair (makeever) Maciver.
MacLabhruinn (maklowrin) MacLaren.
MacLeòid (maklohch) MacLeod.
MacMhaoilein (makvaolen) Macmillan.
MacMhathain (makvaheen) Matheson.
MacMhuirich (makvoorikh) Currie (also MacPherson).
MacNeacail (maknekel) Nic(h)olson.
MacNèill (maknehl) MacNeill, MacNeil.
MacPhàdraig (makfatrik) Paterson.
MacPhaidein (makfajen) MacFadyen.
MacPhàil (makfahl) MacPhail.
MacPhàrlain (makfahrlaheen) MacFarlane.
MacRath (makrah) Macrae.
MacSuain (maksooen) MacSween.
MacThòmais (makhohmish) Thomson.
Moireasdan (morastan) Morrison.
Ros, Rosach (ross(akh)) Ross.
Rothach (roakh) Munro.
Seadh (shah) Shaw.
Stiùbhart (styooart) Stewart.
Urchardan (oorakharatan) Urquhart.

AINMEAN AITEACHAN/ PLACE NAMES

Inhabitants of the following places are usually indicated by the suffix **-ach** sing. **- aich** pl. Languages are indicated by the suffix **-is**.

Examples: **Frangach** *m* a Frenchman.
ban-Fhrangach (ban-rangakh) *f* a Frenchwoman.
Fraingis (frangish) *f* French (*lang.*).

Arainn (areen) Arran.
Arcaibh (arkif) Orkney.
Baile Mhoireil (bala vorel) Balmoral.
Barraigh (barahee) Barra.
Beinn nam Faodhla (behn (n)avaola) Benbecula.
Blàr an Athoil (blahra-hil) Blair Atholl.
Bràigh Mhàir (brahee vahr) Braemar.
Breatainn (breten) Britain.
Canaigh (kanahee) Canna.
Cill Rìmhinn (kilreevin) Saint Andrews.
Cille Chuimein (kila khoomen) Fort Augustus.
Colla (kola) Coll.
Còrn, A' Chòrn (a khohrn) *f* Cornwall.
Cuan Sgìth (kooan skee) *m* The Minch.
Cuan Siar (-sheer) *m* Atlantic.
Cuil-lodair (kooloter) Culloden.
Cuimrigh, A' Chuimrigh (akhooimree) *f* Wales.
Danmhairg, An Danmhairg (an Danverak) Denmark.
Dùn Breatann (doonbretan) Dumbarton.
Dùn-deagh (doonjeh) Dundee.
Dùn Eideann (ddon ejan) Edinburgh.
Eadailt, An Eadailt (an edelch) *f* Italy.
Eaglais, An Eaglais Bhreac (an eklish vrek) Falkirk.
Earraghaidheal (yaraghehl) Argyll.
Eige (eka) Eigg.
Eilean Mhanainn (elan veneen) Isle of Man.
Eilean nam Muc (-na mook) Isle of Muck.
Eilean Sgiathanach (-skeeanakh) Isle of Skye.
Eirinn (ehrin) *f* Ireland.
Eirisgeigh (ehrishkeh) Eriskay.
Fraing, An Fhraing (an raheeng) *f* France.
Gaidhealtachd, A' Ghaidhealtachd (a ghehltakhk) *f* The Highlands.
Galltachd, A' Ghalltachd (a ghowltakhk) *f* The Lowlands.
Gearasdan, An (gerasten) Fort William.
Gearmailt, A' Ghearmailt (a yeramelch) *f* Germany.
Glaschu (glassakhoo) Glasgow.
Gleann Comhainn (glown coin) Glencoe.
Grèig, A' Ghrèig (a shrehk) *f* Greece.
Ile (eela) Islay.
Inbhir Nis (iner nish) Inverness.
Innse Gall (insha gowl) Hebrides.
Leòdhas (lyohass) Lewis.
Lochlann (lochlan) *m* Norway.
Lunnainn (looneen) London.
Muile (moola) Mull.
Na Hearadh (na heragh) Harris.
Obair Dheadhain (opereheen) Aberdeen.
Oban, An t-Oban (an tohpan) Oban.
Olaind, An Olaind (olench) *f* Holland (**Duidseach** (doochshakh) Dutch).
Peairt (pyarshch) Perth.
Port-rìgh (porst ree) Portree.
Ratharasigh (ra-harssahee) Raarsay.
Ròimh, An Ròimh (an roi) Rome.
Ruis, An Ruis (an Roosh) Russia.
Sasainn (sasseen) *f* England.
Sealtainn (shelteen) *m* Shetland.
Sgalpaigh (skalpahee) Scalpay.
Spàin, An Spàin (an spaheen) *f* Spain.
Stàitean, Na Stàitean Aonaichte (na stahchan oinikhcha) The United States.
Steòrnabhagh (styohrnavagh) Stornoway.
Struighlea (stroola) Stirling.
Suain, An t-Suain (an tooaheen) *f* Sweden.
Suòmi (soo-ohmi) *f* Finland.
Tiriodh, Tiridhe (cheeree) Tiree.
Tobar Mhoire (topar vora) Tobermory.
Uibhist a Deas (ooishch a jess) South Uist.
Uibhist a Tuath (ooishch a tooa) North Uist.

139